美學與人文精神

東海大學文學院編

文史哲出版社印行

國家圖書館出版品預行編目資料

美學與人文精神 / 東海大學中國文學系編. -- 初版
. -- 臺北市 :文史哲, 民 90
　　面；　公分

　　ISBN 957-549-377-x (平裝)

1.文學 – 論文,講詞等 2.美學 - 論文,講詞等

810.7　　　　　　　　　　　　　　90012498

美學與人文精神

編 輯 者：東 海 大 學 中 國 文 學 系
出 版 者：文 史 哲 出 版 社
登記證字號：行政院新聞局版臺業字五三三七號
發 行 人：彭　　　　正　　　　雄
發 行 所：文 史 哲 出 版 社
印 刷 者：文 史 哲 出 版 社
　　　臺北市羅斯福路一段七十二巷四號
　　　郵政劃撥帳號：一六一八○一七五
　　　電話 886-2-23511028・傳真 886-2-23965656

實價新臺幣四二○元

中 華 民 國 九 十 年 八 月 初 版

序

李 立 信

本校自創校以來，就一直十分重視人文教育而人文精神更是本校創校精神之根本所在。

由人文及其所衍生的美感經驗，是人類文明史上一直存在的課題，但是，近百年來的科技昌明，固然使我們的物質文明大有進步，但相對的人文精神的失落，卻日益嚴重；工商業的發達，的確帶來社會的繁榮，而人文之不受重視，已是無可諱言的事實。一個大學，尤其是文學院，發揚美學與人文精神，乃係一種天職，義不容辭，所以本次大會以「美學與人文精神」爲主題，期與本院同仁及與會人士互勵共勉。

本院包括中文、歷史、哲學、外文、日文、音樂、美術等七個學系。由於學界近來頗提倡跨領域的學術整合，大會議題，正好可供這七個系的老師，作爲共同討論的主題。

此次會議論文，有從近代西方理論檢視傳統古典的人文美學者；也有由當代文化變遷所引發的人文美學問題的新關注；亦有探討現代新觀點與傳統銜接的問題等內容極爲豐富，關注面亦極廣。這本小册子，正呈現了此次大會獲至的成果。

本次會議欲發表論文者頗爲踴躍，唯經審查結果及受到經費所限只發表了十二篇論文，頗有遺珠之憾，希望下次的會議有更多的學者可以參與，發表更多的論文。

美學與人文精神

目　次

論北宋江西詞派的風格與特色

徐　照　華

中興大學中文系教授兼系主任

一、前　言

　　宋代詞壇分別在北宋，南宋先後出現兩個「江西詞派」，其一是以晏殊、歐陽修等人爲主的北宋「江西詞派」，其二是以宋末元初《名儒草堂詩餘》諸作者爲主的「江西詞派」；兩派的風格雖然殊異，但其間的衍變脈絡，卻是有跡可尋。所謂北宋的「江西詞派」，其說始於清末的馮煦：

　　　　宋初大臣之爲詞者、寇萊公、晏元獻、宋景文、范蜀公與歐陽文忠並有聲藝林，然數公或一時興到之作，未爲專詣，獨文忠與元獻，學之既至，爲之亦勤，翔雙鵠於交衢，駃二龍於天路。且文忠家廬陵，而元獻家臨川，詞家遂有江西一派。①

　　劉毓盤亦謂：「晏家臨川，歐家廬州，王安石、黃庭堅皆其鄉曲小生，接足而起。詞家之西江派，尤早於詩家」②。至於南

---

① 馮煦：〈蒿庵論詞〉，唐圭璋：《詞話叢編》（北京：中華書局，1990年10月，2刷），冊4，p3585。

② 劉毓盤：《詞史》（上海：新華書局，1985年，第一版），p68。

宋的「江西詞派」，其說則出自厲鶚：

> 送春苦調劉須溪，吟到壺秋句絕奇。不讀鳳林書院體，豈
> 知詞派有江西。③

《名儒草堂詩餘》或稱《元草堂詩餘》，是元初江西鳳林書院無名氏所編，入選於該集者，多是南宋愛國志士和遺民，如文天祥、劉辰翁、鄧剡、羅壺秋等，厲鶚所謂的「江西詞派」就是以此諸家為代表。

歷來的詞學研究對於北宋江西詞派雖多所著墨，但對於南宋江西詞派，則少有論及。本論文本擬就此二詞派，分別疏鑿其脈絡，釐清其面目，並就二者之間的源流衍嬗及風格特色等深入探討之，今因篇所限，此次會議僅以北宋江西詞派為主，溯其淵源，探其面目，尋其流變；至於以派別稱之，則是出於反復思考後決定的。雖然有些人反對以流派區分宋詞，像胡雲翼④、謝桃坊等⑤，他們以為如果沒有一定的組織形式和某種聯盟，也沒有提出新的理論綱領，那麼，即使某一時期有某些作家，其思想相同、風格相近，或者互相間有一點交往，這樣是不能構成一個文學流派的，他們認為「風格」是作家作品所體現的藝術精神風貌，而「派別」是同時代作家群所構成的文學史實體，二者不能等同，宋詞雖有群體風格的概念，但並不隨意區別文學流派；可是歷來學界所謂的文學流派，則是指在一定歷史時期裡，思想傾

---

③ 厲鶚：〈論詞絕句〉之七，《樊榭山房集》（江蘇：上海古籍出版社，1992 年 6 月），冊 1，p513。

④ 謝桃坊：〈宋詞流派及風格問題商兌〉，《宋詞辨》（江蘇：上海古籍出版社，1999 年 9 月），p47 － p61。

⑤ 胡雲翼：《宋詞研究》（四川：巴蜀書社，1989 年），p62。

向、文學見解和創作風格近似的作家，自覺或不自覺地形成的文學派別。而風格與派別雖不等同，卻有內在的關係，一個作家作品的總體風貌或主要特徵就是風格，一個風格大體相近的作家群就形成了流派，這是學術界通行的說法；持此觀點者如王季思、夏承燾、唐圭璋等⑥，他們都在風格層面上去區分詞人的流派歸屬，將某些風格類型相似的詞人歸劃為同一流派，而流派中自可見其風格，更何況文獻有據，馮煦、厲鶚等詞學先賢早已名之，故本文乃以「江西詞派」稱之。茲因篇幅所限，底下僅就北宋江西詞派主要詞人之風格與特色深入分析，並探討其淵源流變，以尋繹其於詞史上衍嬗之軌跡。

二、北宋江西詞派之淵源

㈠江西地區的歷史背景

江西在兩漢時期是屬於豫章郡的轄區範圍，西漢末年王莽將之改名為九江郡，東漢時又恢復豫章舊名，唐朝時則歸在全國十個道之內，屬江南西道，其地共領八州三十七縣，即：

1. 洪州：領南昌、豐城、高安、建昌、新吳、武寧、分寧七縣。

2. 江州：領潯陽、都昌、彭澤三縣。

3. 饒州：領鄱陽、餘幹、樂平、浮梁四縣。

4. 信州：領上饒、弋陽、貴溪、玉山四縣。

---

⑥ 像王季思的〈五代兩宋詞評價問題〉（見《文學遺產選集》三輯）、夏承燾的〈論姜白石的詞風〉（見《姜白石詞編年箋校》）、唐圭璋的《唐宋詞鑑賞辭典》等，儘管對宋代詞派的看法不同，但將宋詞分派，且認為宋詞有流派，他們的觀點是一致的。

5. 袁州：領宜春、萍鄉、新喻三縣。

6. 撫州：領臨川、南城、崇仁、南豐四縣。

7. 吉州：領盧陵、泰和、安福、新幹、永新五縣。

8. 虔州：領贛、虔化、南康、雩都、信豐、大庾、安遠七縣。

宋朝改「道」爲「路」，稱「江南西路」，其範圍比唐代更小。有宋一代今江西境內共爲十三州（軍），即：洪州（南宋改稱隆興府）、江州、虔州（南宋紹興末年改爲贛州）、吉州、袁州、撫州、筠州（南宋寶慶初年改爲瑞州）、饒州、信州、南康軍（今星子、都昌、永修一帶）、南安軍（今大庾、南康、上猶）、臨江軍（今清江、新幹、新喻）、建昌軍（今南城、資溪、南豐、廣昌一帶）。北宋時饒州、信州、江州、南康軍歸江南東路，江南西路只領其他九個州，另加興國軍（轄三縣，屬今湖北省），南宋時江州仍劃歸江南西路，而「江南西路」簡稱「江西」。

江西的開發是在西漢時屬豫章郡後，才逐漸加快，雖然文化方面其時尙未有何特色，但農業經濟的生產卻已得到相當的發展。到了永嘉之亂後，中原人士爲了避難，人口大量南移，江南的經濟開發有了空前的發展，而江西地區尤其是鄱陽湖平原（亦稱贛北平原，或豫章平原），其地北起九州、都昌，南達新淦、臨川，東抵貴溪，西至新喻、上高，整個平原地勢平坦，土地肥沃，河渠交匯，水網密佈，運輸便利，因而成爲經濟較爲開發的地區。到了唐代安史之亂、藩鎮割據之後，中原人士又一次大量南遷，經濟重心開始南移，江南各地發展因此更加迅速，尤其是大規模的興修水利，促進農業的發達，帶動了經濟的發展，人口也更快速增加。

五代十國時期，江西先屬楊行密的吳政權，後爲李昇的南唐

所有；至南唐中主李璟，為懾於後周之侵略野心，遷都並建設南昌，一些王公貴族，滿載財富，亦紛紛奔赴南昌，太子李煜則留建康，其後並於建康即位。宋代以後，江西在經濟上進入了繁榮昌盛的階段，其地因位居南北交通之樞紐，又加以農業生產之迅速，逐漸地文明開發，人文薈萃，並成就了璀璨光耀的江西文壇。

談到江西文學，由於陶淵明的詩名顯赫，及宋代江西文人的卓特表現，故論者多以為起於東晉，而盛於兩宋。而其間由初唐、盛唐、中唐、到晚唐，江西文人的數目已漸次地由極低落至快迅的成長[7]，逮晚唐五代則急劇上升，這是因為中唐後全國經濟文化重心再度南移所致；所以宋代江西文學的高度興盛繁榮，是建立在盛、中唐時期便開始慢慢崛起，並於晚唐五代加快了崛起的速度，這才使得宋代江西文學有了挺拔巍峨的成就。故此研究宋代江西詞派的淵源，當亦溯源其本，遠則不論，近則至少應論及晚唐五代的「馮延巳」。

(二)北宋江西詞派之淵源——代表詞人：南唐馮延巳

詞起於唐，從盛唐民間詞至中晚唐文人詞的發展，其中文人詞由花間至南唐，在意境與風格上有了極大的不同。花間詞是屬「綺筵公子，繡幌佳人、遞葉葉之花箋，文抽麗錦，舉纖纖之玉指，拍案香檀」的創作，其文類不出綺怨，多為花間樽前、舞榭歌臺中，男女怨別，閨閣離愁之作。而南唐詞與花間不同，龍沐勛謂「當由道里隔絕，又年歲不相及，有以致然」，[8]王國維則

---

[7] 周文英、劉珈珈：《江西文化》（遼寧：遼寧教育出版社，1997 年 10 月），p71。

[8] 龍沐勛：《唐宋名家詞選》（台灣：開明書局，1990 年 10 月，17 版），p40。

以為是風格的不同：

> 馮正中詞雖不失五代風格，而堂廡特大，開北宋一代風
> 氣，與中後二主詞，皆在花間範圍之外，宜花間集中，不
> 登其字隻也。⑨

蓋花間所寫的閨閣亭園、男女相思怨別等，都較為具體、落
實；而南唐詞的特色是富於詩人興發感動及聯想的質素，詞作中
多盤旋鬱結的感情，非僅限於男女之情，而多的是創作主體的身
世家國之患，是一種憂生憂世之感，這就是所謂「堂廡特大」，
這是詞史上的一大演進，這種改變並源遠流長地影響到北宋江西
詞人的晏殊與歐陽修；而最早帶起這種詞風的改變與體現的就是
南唐的馮延巳。

馮延巳，廣陵人，父令頵，事南唐烈祖李昇，官至吏部尚
書。延巳有辭學，多伎藝，辯說縱橫，二十餘歲時以白衣見烈
祖，起為秘書郎。與李璟遊，璟初為吳王，後封齊王，皆為掌書
記。而唐五代十國的戰亂中，南唐偏安江南，朝廷主戰、主和，
黨爭不斷，中主李璟即位後，馮延巳為其宰相，異母弟馮延魯急
於趨進，力主伐閩，延巳旋因兵敗而罷相，出撫州節度使（撫州
治在江西臨川）。出任三年，以母憂去職，復出後又拜相。不
久，以伐楚戰爭之先勝後敗，二次罷相。⑩馮延巳一生曾有四次
罷相的際遇，其仕途經歷如此，故結合了個人身世及國家命運之
感，再加上江南文化的滋養⑪，使得馮延巳在娛賓遣興的閨閣愁
情之作中，自覺或不自覺地將時代風雨飄搖、天地裂變將至的憂

---

⑨ 王國維：《人間詞話》，《詞話叢編》，同註1，冊5，p4243。
⑩ 夏承燾：《唐宋詞人年譜》（台北：金園出版社，1982年12月），p35
— p71。

患寄寓其間。王鵬運就說「馮正中〈蝶戀花〉十四闋，鬱伊惝
恍，義兼比興」。⑫雖然馮延巳之詞也多半是應歌之作，但格局
已擴大，因在時代動盪之下，身處南唐內憂外患的環境，即使是
宴樂之詞，卻也融入了作者的憂患意識──充滿了家國之思，人
生之慨，一種忠愛纏綿的憂世憂生之感，故其詞一洗花間之脂
膩，而開南唐之閎約。王兆鵬說：「他（馮延巳）畢竟第一次把
這種男性士大夫的情緒、體驗，寫入詞中，標誌著五代詞的內質
由女性化向著男性士大夫化又邁進了一步」⑬。陳廷焯《白雨齋
詞話》謂：「馮正中詞，極沈鬱之致，窮頓挫之妙，纏綿忠厚，
與溫韋伯仲之間」，這是說馮延巳詞是以香草美人體現其憂時傷
世之感，並藉著深委含蓄、幽微惝恍的藝術手法，尤其善於使用
以景寓情的象喻之辭，遂將詞境擴大，意境加深；譚獻云：「金
碧山水，一片空濛，此周氏所謂有寄託入，無寄託出也，行雲、
百草、千花、香車、雙燕，必有所託」⑭其所寄託，雖若隱若
現，迷離惝恍，但卻深深蘊藏著感發與聯想的質素，故深婉優
雅，沈著蘊藉。馮煦在《陽春集・序》中說：

　　南唐起於江左，祖尚聲律。二主倡于上，翁和於下，遂爲

---

⑪ 江西屬五代十國之南唐版圖，南唐享國雖短，但由於統治者的「生長兵
　間，知民厭亂，在位七年，兵不妄動，境內賴以休息。」且薄賦輕傜、
　獎勵農桑，因而境內富饒，山澤之利，歲不入資，故社會繁華，文化進
　步。詳見馬令：《南唐書・烈祖本紀》，《四部叢刊續編　》（上海：
　商務印書館，1984 年 7 月）。

⑫ 王鵬運：《半塘定稿》，（台北：台灣學生書局，1972 年），卷一，
　p14。

⑬ 王兆鵬：《宋南渡詞人群體研究》（台北：文津出版社，1992 年 3
　月），p169。

⑭ 譚獻：《復堂詞話》，《詞話叢編》，同註 1，冊 4，p3990。

> 詞家淵藪。翁俯仰身世，所懷萬端，繆悠其辭，若隱若
> 晦。揆之六義，比興爲多，若〈三台令〉、〈歸國謠〉、
> 〈蝶戀花〉諸作，甚旨隱，其詞微，類勞人思婦，羈臣屛
> 子，鬱伊愴悗之所爲。翁何致而然耶？周師南侵，國勢岌
> 岌，中祖既昧本圖，汶闇不自強，強鄰又鷹瞵而鶚睨之
> ……翁具才略，不能有所匡救，危苦煩亂之中，鬱不自達
> 者，一于詞發之。⑮

此外馮詞兼有溫庭筠、韋莊之長，但也各去除了二家之短；
他的詞一方面有著韋詞般能給讀者強烈感動的力量，卻不像韋莊
寫得那麼具體、直接，而爲現實的情事所局限。一方面他也具有
溫詞般能給讀者豐富、自由的聯想、感發的因素，但卻不像溫庭
筠般寫得那麼客觀冷靜，而不能使讀者有強烈的直接感動。所以
《陽春詞》旣能予人強烈的感動，也能引人自由、豐富的聯想；
但他寫的不是具體的感情的事件，而是心中極幽微要眇的一種感
情的意境，乃足以帶給閱讀者十分豐富高遠的聯想，又足以強烈
深刻的打動讀者的感情。⑯其得溫韋之長，再加上感時念亂的憂
患意識之結合，這乃是使得小詞得走向開闊博大的另一原因。

同樣的時代背景，南唐二主也在詞風的轉變中，使得詞不僅
是遣興佐歡的娛樂之作，而且具有更深廣的思想內涵與自身的感
慨，遂一洗花間的冶艷綺麗，變而爲沈鬱深委，故馮煦曰：「詞
至南唐，二主作於上，正中和於下，詣微造極，得未曾有」⑰王

---

⑮　馮煦：《重校陽春集‧序》（台北：世界書局，1970 年 5 月），首頁。

⑯　以上參考葉嘉瑩：〈從人間詞話看溫韋馮李四家詞的風格〉，《迦陵論
　　詞叢稿》（上海：上海古籍出版社，1980 年 11 月）。

⑰　馮煦：《蒿庵論詞》，同註 1，冊 4，p3585。

國維說：「詞至李後主而眼界始大，感慨逐深，遂變伶工之詞而為士大夫之詞」[18]而作為一國之君的中主、後主詞，前者如「菡萏香銷翠葉殘，西風愁起綠波間」的衆芳蕪穢、美人遲暮之感，後者如「問君能有幾多愁，恰似一江春水向東流」的血淚之痛，他們強烈的切膚之受，尤其像後主「儼有釋迦、基督，擔荷人類罪惡之意」[19]的概承廣攝，及「生於深宮之中，長於婦人之手」[20]的任眞赤純，其藝術成就雖高，感動人的力量雖強，但若非特殊帝王身份與江山易人的慘痛際遇者，誠難於把握、效仿與體會。而馮延巳以一個身為末代王朝的大臣，其惝恍幽微，抑鬱不能自達的憂生憂世之情，與對美好生命、事物的執著，乃至於詞境中深廣高遠的聯想空間等，皆較二主詞更具有感人的普遍性，也更易於為後學者所模仿，故其影響層面也較大、較廣，是以馮煦說：「上翼二主，下啓晏歐，實正變之樞貫，短長之流別。」[21]

　　又馮延巳詞風格，除了詞情悱惻，沈鬱深婉之外，另兼有一種執著的悲劇美，如「梅落繁枝千萬片，猶自多情學雪隨風轉」（〈蝶戀花〉之一），「誰道閒情拋棄久，每到春來惆悵還依舊。日日花前常病酒，不辭鏡裡朱顏瘦」（〈蝶戀花〉之二），「酒罷歌餘興未闌，……須盡笙歌此夕歡」（〈拋球樂〉）都是一種知其不可為而為的堅持，充滿了痛苦的掙扎與執著的追求的悲劇意識。儘管南唐的國勢已回天無力，但作為老臣的自己，又

---

[18]　王國維：《人間詞話》，《詞話叢編》，同註1，冊5，p4242。

[19]　同上，p4243。

[20]　同上，p4242。

[21]　馮煦：〈唐五代詞選序〉，《唐宋詞集序跋匯編》（台灣：商務印書館，1993年2月），p437。

如何能夠不盡力挽救，這種「知其不可爲而爲」的精神，抒洩於詞中的就是一種鞠躬盡瘁、殉身無悔的感情，顯現出的就是一種悲劇美。因而馮延巳詞乃結合了地域文化——南唐的山澤之利、富庶繁華，與歷史背景——國家的飄搖、時代的風雨，再加上作者的學問、性情、襟懷與際遇，尤其因身處煩亂危苦的境遇，對於朝廷中敵對黨人的誹謗，日感沈重，對於國家日漸消亡，心感劇痛，而俯仰身世，回挽無力，對於旋轉乾坤之無人，亦難以明言，故心中的種種隱憂與痛苦，陶寫於詞中的，只得「繆悠其詞」、「若顯若晦」，正是一種徬徨迷亂、抑鬱悲憤的幽微情思，而且還洋溢著寂寞的悲涼與執著的熱情。

其實馮詞除了前面所論沈鬱深婉的主體風格之外，另有一種閒雅俊逸的次要風格，前者普遍爲人所知，後者較少有人注意。而這兩種風格分別影響了北宋晏歐兩人，此即劉熙載所謂「馮延巳詞，晏同叔得其俊、歐陽永叔得其深」[22]，「深」者前所分析者即是，「俊」者舉例如下：

> 逐勝歸來雨未晴，樓前風重草煙輕。谷鶯語軟花邊過，水調聲長醉裡聽。款舉金觥勸，誰是當筵最有情。（〈拋球樂〉）

> 年少王孫有俊才，登高歡醉夜忘回。歌闌賞盡珊瑚樹，情重重斟琥珀杯。但願千千歲，金菊年年秋解開。（〈拋球樂〉）

> 盡日登高興未殘，紅樓人散獨盤桓。一鉤冷霧懸珠箔，滿面西風憑玉闌。歸去須沈醉，小院新池月乍寒。（〈拋球樂〉）

---

[22] 劉熙載：《詞概》，唐圭璋：《詞話叢編》，同註1，冊4，p3689。

酒闌睡覺天香暖，繡戶慵開，香印成灰，獨背寒屏理舊
眉。　　朦朧卻向燈前臥，窗月徘徊，曉夢初回，一夜東風
綻早梅。（〈采桑子〉）

醉憶春山獨倚樓，遠山迴合暮雲收，波間隱隱認歸舟。
早是出門長帶月，可堪分袂又經秋，晚墜斜日不勝愁。
（〈浣溪沙〉按此闋別作張泌，前半云：馬上凝情憶舊游，照花淹
竹小溪流，鈿箏羅幕玉搔頭）

　　這幾首詞用筆較爲輕靈俊美，較前面沈鬱、深摯、纏綿的寫
法不同，是一種疏朗俊雅的風格；而細膩清新的筆調所表現的或
是儁放的感情、或是淒涼的意緒、或是淡漠幽微的情愁，也就是
這種詞影響啓發了其後晏殊詞的「閒雅」風格。而〈浣溪沙〉一
首，譚獻評曰：「開北宋疏宕一派」，蓋俊逸者，較容易灑脫，
較容易放開，故此一風格特色，演變至最後，就是疏儁豪放的一
派。

三、北宋江西詞派的代表人物──晏殊與歐陽修

　　馮延巳與南唐二主在詞的意境風格上的開發與拓展，使得詞
由伶工之詞變而爲士大夫之詞，而其中尤其以憂生憂世、深婉沈
鬱的馮延巳詞，對北宋初年詞壇的晏殊、歐陽修影響最大。葉嘉
瑩說：

罷相當年向撫州，仕途得失底須憂。若從詞史論勛業，功
在江西一派流。[23]

　　馮正中在仕途上的失敗挫折，相對的卻在詞史上成就了他的

---

[23] 葉嘉瑩：《唐宋詞名家論稿》（河北：河北教育出版社，1997 年 7
月），p35。

勛業──別開江西一派的事功。如前所述,福州兵敗後,馮延巳
上表自咎而罷相,為太子少傅,頃之出為撫州節度使。江西任上
三年(西元 948-951),馮詞於撫州一帶,多有傳唱;而晏殊為
撫州臨川人,歐陽修為盧陵(吉安)人,二人因對馮詞極為欣
賞,故頗受其影響。劉攽《貢父詩話》謂:「晏元獻尤喜江南馮
延巳歌詞,其所自作,亦不減延巳樂府」㉔,而歐陽修為晏殊門
下,受其影響自可想見的,晏歐詞就有多首〈蝶戀花〉與馮延巳
詞互見,可見三人詞風實有類似之處。

　　晏殊、歐陽修之所以深受馮延巳影響的另一原因是:三人的
文章、才華、地位、經歷都甚為相似:三人皆為朝中重臣,且學
問淵博、文章穎發、名冠天下;三人並都因朝廷黨爭而先後被
貶;且三人皆因心懷天下,有致君堯舜之想,故難平其用世之
志;所以在宋初詞壇,晏歐獨能深會馮詞的蘊藉幽微之美,因而
其詞的意境與風格,亦多含蓄深婉,蘊發聯想。

　　而晏殊、歐陽修因身居高位,為宋代的的名公巨卿,其作詞
的目的與背景多半是朋友讌集,相與雅會之間,於酒筵歌席上用
以「娛賓遣興」、「相佐談笑」㉕、「聊佐清歡」㉖之用。亦即

㉔ 劉攽:《貢父詩話》,《百部叢書集成・百川學海》(台北:藝文印書
　　館,1965 年),p9 上。

㉕ 葉夢得《避暑錄話》卷上:「晏元獻公雖早富貴,而奉養極約,惟喜賓
　　客,未嘗一日不燕飲,而盤饌皆不預辦,客至旋營之。頃有蘇丞相子容
　　嘗在公幕府,見每有嘉客必留,但人設一空案、一杯,既命酒,果實蔬
　　茹漸至,亦必以歌樂相佐,談笑雜出。數行之后,案上已燦然矣。稍闌
　　即罷遣歌樂曰:『汝曹呈藝已遍,吾當呈藝。』乃具筆札,相與賦詩,
　　率以為常。」《叢書集成初編》(北京:中華書局,1991 年),p35。

如此，晏殊、歐陽修的詞學觀仍然囿於唐五代的傳統觀念，把詞當作是樽前花間、酒酣耳熱之際，一觴一詠的娛樂性創作，故而晏殊、歐陽修的詞作與馮延巳一般，亦多抒寫男女怨慕、傷離念遠之情，但其中更多的是個人閑適生活中的情致意緒；然而即使是前者男女怨慕、或念遠傷別之作，卻因詞中意境的深化及感發聯想的質素，所以往往給予讀者產生種種意蘊深微的託喻聯想。而不論前者、後者，雖均屬遊戲筆墨，但在創作的下意識中，卻也流露出作者性情、學養所發耀出的人格風采；而屬於後者，雖為閑適意緒的抒發，終也走上了與詩一般的士大夫「言志抒情」的詩化階段。──此正由「歌辭之詞」逐漸走向「詩化之詞」，由「伶工之詞」走向「士大夫之詞」之重要關鍵所在。試看下例諸詞：

> 小徑紅稀，芳郊綠遍，高臺樹色陰陰見。春風不解禁楊花，濛濛亂撲行人面。　翠葉藏鶯，朱簾隔燕。爐香靜逐游絲轉。一場愁夢酒醒時，斜陽卻照深深院。（〈踏莎行〉）
> 檻菊愁煙蘭泣露、羅幕輕寒，燕子雙飛去。明月不諳離恨苦，斜光倒曉穿朱戶。　昨夜西風凋碧樹，獨上高樓，望盡天涯路。欲寄彩箋兼尺素，山長水闊知何處。（〈蝶戀花〉）
> 　　　　　　　　　　　──以上二首為晏殊之作
>
> 侯館梅殘，溪橋柳細，草薰風暖搖征轡。離愁漸遠漸無窮，迢迢不斷如春水。　寸寸柔腸，盈盈粉淚。樓高莫近危闌

㉖ 歐陽修〈西湖念語〉亦云：「雖美景良辰，固多于高會；而清風明月，幸屬于閒人。并游或結于良朋，乘興有時而獨往。……因翻舊闋之辭，寫以新聲之調，敢陳薄伎，聊佐清歡。」唐圭璋：《全宋詞》（台北：中央興地出版社，1970 年 7 月），冊 1，p120 － p121。

倚。平蕪盡處是春山，行人更在春山外。（〈踏莎行〉）

庭院深深深幾許，楊柳堆煙，簾幕無重數。玉勒雕鞍遊冶處，樓高不見章臺路。　雨橫風狂三月暮。門掩黃昏，無計留春住。淚眼問花花不語，亂紅飛過秋千去。（〈蝶戀花〉）

尊前擬把歸期說，未語春容先慘咽。人生自是有情痴，此恨不關風與月。　離歌且莫翻新闋，一曲能教腸寸結，直須看盡洛陽花，始共東風容易別。（〈玉樓春〉）

—— 以上三首為歐陽修之作

　　這些詞作皆語言深婉閑雅，節奏舒緩紆徐，感情深摯蘊藉，思致綿邈悠長，且都容易引發讀者意蘊幽微的聯想；這是北宋晏、歐詞在風格、意境上與馮延巳一脈相承的地方。

　　如前所述晏歐雖然以馮詞為範式，直承其詞風而深受其創作傾向的影響，且將詞視為親舊朋僚讌集雅會時，娛賓遣興之歌辭而已。他們對詞的看法仍然不出於「艷科」、「詩餘」的範圍，所以下意識地就恪守著傳統觀念中的「詩莊詞媚」，形式上多屬「婉約」，內容上注重「情思」；然而晏歐詞中，其「情思」不再限於狹隘的男女閨幃之情，而更普遍地可概括朋友間的聚散之情，士大夫閑居時的清雅之趣，或人生無常、仕途多舛的感歎。而其抒寫模式則更多無定指的抒情者口吻，可以是紅粉佳人，也可以是多情才子；雖然其抒情範式，還是遵循花間傳統的非我化，類型化⑳的寫法，但他更多地將個體中，屬於士大夫的人生感受、內心的生活，融化於詞，遂使得詞的內容具有多重思考的空間，可以引起讀者多種不同的聯想與感發；於是風格上「莊雅

---

⑳ 詳見王兆鵬：《宋南渡詞人群體研究》（台北：文津出版社，1992年3月），p173。

婉約」逐漸地取代了「柔媚濃艷」，在內容上「士大夫之志」逐漸地取代了「閨閣男女之情」，此即前面所謂的，「伶工之詞」逐漸轉爲「士大夫之詞」「歌辭之詞」逐漸變爲「詩化之詞」，這也就是後來蘇辛詞斬決地由「媚」向「莊」，由「情」向「志」轉化的序曲前奏。當然這種改變，在馮延巳詞中已開風氣之先，但是到了晏歐，則是量變、質變上的漸次提昇與擴大，至於到了蘇辛，則已是面目一新，全然更旗改轍了。所以晏歐詞在北宋之初已經逐步地讓「花間」浮艷的脂粉，纏綿的情思漸次屏退，他們是在南唐馮延巳等詞人的繼承之上，進一步導引詞風走向「雅化」的路向，也開拓了詞體「言志」的功能。

　　總體而言，這是晏歐詞在詞史上的兩大貢獻；其一是詞體的「雅化」，此開後世復雅、崇雅之先聲；其二是拓展詞體「言志」的功能，此開後世「無意不可入，無事不可言」的述志詠懷的蘇辛途徑。由「俊」而轉「雅」，晏殊的貢獻前者大於後者，其詞更多的是對前人的繼承和總結；由「深」轉「闊」、轉「厚」、進一步擴「大」，歐陽修的貢獻後者大於前者，更多的是對後人的啓發，此正所謂「疏雋開子瞻，深婉開少游」。[28]

　　然而不管晏歐受到馮延巳如何深遠的影響，畢竟時代不同，身世際遇及性情思想各異，所以人格各自有別，故而每位作家個人的獨特文化品格決定了他們不同的審美理想，從而創造了他們不同的美學風格。所以晏歐作品，對於馮延巳詞不是一味的模仿，不是一味的回歸與重復，而是各有所承攝，也各有所發展，是在踵繼其華之後，再度開拓、再度超越。因此劉熙載的「晏同

---

[28] 邱昌員：〈簡論晏殊歐陽修的詞學觀及詞作風格〉，《贛南師範學院學報》，1999年第4期，p26－p31。

叔得其俊，歐陽永叔得其深」，此僅就晏歐對馮延巳的繼承部分
而言，還不能全面地說明二家的風格特色。故底下再就晏歐分述
之：

㈠晏殊

晏殊，字同叔，撫州臨川人。十四歲以神童薦，十五歲賜同
進士出身，歷仕翰林學士、樞密使，同平章事、西京留守。性剛
峻悁急，爲人眞率，歌辭婉麗，尤喜馮延巳之作。[29]但晏殊所處
的時代是北宋承平盛世，相對於馮延巳的南唐衰世而言，已經沒
有風雨飄搖、國事蜩螗，朝不保夕的憂患，所以晏詞中自然少了
馮詞的幽微惝悅與悲涼沈痛，而自有他自己的另一種承平氣象。

蓋晏殊年少得志，仕途騰達，雖不免略有挫折，但一生富
貴，名重天下。因爲名高望崇的社會地位，加上優裕閑適的生活
環境，所以晏詞中自然流露出一種清新俊逸，高華閒雅，且略帶
有幾分富貴雍容的氣度。舉例如下：

> 金風細細，葉葉梧桐墜。綠酒初嘗人易醉，一枕小窗濃
> 睡。　紫薇朱槿花殘，斜陽卻照闌干。雙燕欲歸時節，銀
> 屏昨夜微寒。（〈清平樂〉）

> 小閣重簾有燕過，晚花紅片落庭莎。曲闌干影入涼波。
> 一霎好風生翠幕，幾回疏雨滴圓荷。酒醒人散得愁多。
> （〈浣溪沙〉）

> 紅箋小字，說盡平生意。鴻雁在雲魚在水，惆悵此情難
> 寄。　斜陽獨倚西樓，遙山恰對簾鉤。人面不知何處，綠
> 波依舊東流。（〈清平樂〉）

> 綠楊芳草長亭路，年少拋人容易去。樓頭殘夢五更鐘，花

---

[29]　〈二晏年譜〉，見唐圭璋：《唐宋詞人年譜》，同註9，p197－p270。

底離愁三月雨。　　無情不似多情苦，一寸還成千萬縷。天
涯地角有窮時，只有相思無盡處。（〈玉樓春〉）

　　第一首〈清平調〉筆觸輕靈俊逸，色調清新淡雅，用「細
細」狀金風，則去秋季蕭颯之感，用「葉葉」狀梧桐，則無凋零
淒屬之情，此二疊字，充滿悠緩的節奏、次序，顯得悠閒、平
靜。再加上「初」、「嘗」、「小窗」、「殘」、「斜」、
「卻」等齒音字的配合，使得筆觸更顯輕靈，像淡淡的水墨畫一
般，把淡淡的惆悵，寫得細膩而幽微，而在不經意處，輕輕施上
「綠」酒、「紫」薇、「銀」屏等，則閑雅的情致中又略帶一份
華貴的氣象。

　　而〈浣溪沙〉前五句寫景，看似平淡，卻極傳神；或濃或
淡，或動或靜，淒清冷落之愁，盡由景生，寂寞空虛之感，盡在
言外。淡淡筆調，淡淡的閑愁，布局落墨，進退有度，一似宗廟
舞樂，博大高華，充滿富貴氣象。吳處厚《青箱雜記》卷五，即
點出這種風格特色：

> 晏元獻公雖起田裡，而文章富貴，出於天然。嘗覽李慶孫
> 〈富貴曲〉云：「軸裝曲譜金書字，樹記花名玉篆牌。」
> 公曰：「此乃乞兒相，未嘗諳富貴者。」故公每吟詠富
> 貴，不言金玉錦繡，而唯說其氣象。若「樓臺側畔梅花
> 過，簾幕中間燕子飛」，「梨花院落溶溶月，楊柳池塘淡
> 淡風」之類是也。故公自以此句語人曰：「窮家兒有這景
> 致也無？」[30]

於此頗能道出晏殊「富貴」詞之獨特風格，不在於有形的金玉錦

---

[30] 吳處厚：《青箱雜記》卷五，《叢書集成》（北京：中華書局，1991
年），p23。

繡的字面堆砌，而在節奏、筆觸、聲調、色澤與氣氛上的拿捏，是發諸人格氣質、文化品格的流露，故其吟詠富貴，不言金玉錦繡，卻自現其氣象。

而〈清平樂〉「紅箋小字」抒情細膩婉曲，語言雅致，「斜陽」、「遙山」、「人面」、「綠水」、「紅箋」、「簾鉤」數句，全似不著力，卻寫情深摯感人，是為淡語而有味，輕筆而有致，乃以四兩撥千金，故摯而不刻，閑雅從容，寫艷情而不艷，寫哀愁而不哀。

至於〈玉樓春〉「綠陽芳草」則寫閨怨，雖婉轉纏綿，深情一往，然筆調曲折流利，耐人尋味，蓋晏殊一生富貴，故其寫女性，寫艷情，亦皆出以清新閑雅、俊逸高華之筆，故開拓了情詞雅化的另一境界。

從以上幾首詞看來，不管寫的是濃情或淡愁，晏詞皆表現不俗不膩，不著任何濃艷的文字，沒有激言烈響，也沒有深悲極恨。所謂「閑雅而有情思」（《宋史‧晏殊傳》）是其一致的風格，也就是言淺而情深，蘊藉而味長，這正是繼承馮延巳「俊雅」詞的基礎後，再加超越，再加上自己的拓展而成的；而閑雅中，時而多了一份富貴雍容的氣象。

此外晏詞中另一特色就是董理情感時的一份理性的情致。詞人的敏銳使他面對大自然的消長成敗必然感到痛苦，面對生命無常感到哀惋，面對年華流逝，宦海浮沈感到無奈；但看待這一切時，晏殊卻能以一種理性的思維及圓融的智慧將這些情感加以反省節制，如：

> 一曲新詞酒一杯，去年天氣舊亭臺。夕陽西下幾時回？無可奈何花落去，似曾相識燕歸來，小園香徑獨徘徊。（〈浣溪沙〉）

一向年光有限身，等閒離別易銷魂，酒筵歌席莫辭頻。

滿目山河空念遠，落花風雨更傷春。不如憐取眼前人。

（〈浣溪沙〉）

先看第一首〈浣溪沙〉，上闋見出自然人生推移循環中的同與異，表現的是時光流逝，人事變異的悵惘，以及對美好事物重現希望之微茫。下片「無可奈何花落去，似曾相識燕歸來」對仗工巧渾成，流利而蘊藉，是此詞所以傳唱的名句。張宗橚云：「細玩『無可奈何』一聯，情致纏綿，音調諧婉，的是倚聲家語」。[31] 其實，此聯除了善用虛字外，最精釆的是在他幽微的意蘊：「無可奈何花落去」謂對美好事物之凋逝，其惋惜是無濟於事的，其與「夕陽西下」、「春光遠去」、「美人遲暮」一樣，皆為不可抗拒的自然規律，所以接以「似曾相識燕歸來」──那翩翩飛回的燕子，不就像曾經在此安巢的舊時相識嗎？此則意味著一切美好事物之消亡雖都是必然的，像成、住、壞、空的自然律般，是無法阻止的，但也不必一味的消沈哀傷，因為在其消逝的同時，仍然有其他美好事物的再現。「花」去仍然有「燕」來，所以生活並不會因而變得一片空無，雖然他不是昔日美好的重現，因而整首詞的情致是在惋惜後有欣慰，欣慰之後又略帶悵惘。故上片寫不變的表象之下實皆已變的感喟，下片則寫消逝後的再現，變化後的不變，不變中卻已有變，即東坡所謂「自其變者而觀之，萬物與我皆不能以一瞬也」，「自其不變者而觀之，萬物與我皆無窮也」；然東坡所寫是明確的思想闡析，而晏殊所寫的是惋惜、欣慰、悵惘等感傷的意緒，以及觀照這一切的一種

---

[31] 張宗橚：《詞林記事》（台北：木鐸出版社，1982 年 4 月），p74。

通觀的意蘊㉜。故此詞不僅閑雅蘊藉，情思深微，更有一種觀照自然後所得的哲理性沈思。而「夕陽」、「花落」、「燕歸」等雖就眼前情事即景興感，但實際上已不限於眼前的情事，而是擴大到整體人生的體悟；故詞中顯露著一種現實精神與圓融的智慧，爲理性的達觀與情感的嘆喟所結合的創作。

再說第二首〈浣溪沙〉。大晏詞的風格一向閑雅蘊藉，這首詞卻一變其常，取景大、筆力重，在感時、怨別、傷春、念遠之中，筆觸沈著深重，卻又能保持一種溫婉的氣象。上闋先由時空說起，謂春光易逝，年華難駐，而短暫的生命中卻又盡多離別之苦；至第三句則一振：「酒筵歌席莫辭頻」，謂感嘆無濟於事，不如對酒當歌，及時行樂。下闋言：「登臨」無益，徒然增加對遠方行人的想念罷了，「觀花」何用，亦頻添傷春之痛而已，故末句再一振「不如憐取眼前人」，謂沈湎在過去的追憶中，則不如掌握現實中一切可掌握的。其在山河風雨、花落別離的感慨嘆息之中，寄寓的是他對人生哲理的感悟，則大晏實不願讓自己深陷於怨別傷春之中，因而努力要從痛苦中超越、解脫，這也是一種理智的情致；作爲理性詞人的晏殊，他不會讓痛苦的情懷去折磨自己，而在詩酒享樂、感官懽愉的同時，晏殊在對人生的感慨之餘，常常發耀出這種理性的思致，以及對人生無常圓融觀照的光輝。其他如「春光一去如流電，當歌對酒莫沈吟，人生有限情無限。」（〈踏莎行〉）、「不如憐取眼前人，免使勞魂兼役夢」（〈木蘭花〉），在這幾首詞裏，全都表現著一種哲理的反省與節制，立足現實，掌握眼前，不要一味的沈湎在對過去的感

㉜ 葉嘉瑩：《唐宋詞名家詞賞析》（台北：大安出版社，1988 年 12 月），p14。

傷中，那是徒勞無益的，這也是一種經歷患難的修養，作者把感情表達得很曠達，很爽朗，也自然流露出他的胸襟與識度，這種理性的情致，正是大晏詞的特色，所以晏殊因而被稱爲理性詞人。這種由理性的達觀及圓融所流露的曠達、高朗，其衍變到歐陽修，即顯現爲一種疏宕雋放的風格；而源遠流長，加上質變量變，最後乃開拓了東坡一派的豪放。世人但知歐詞之疏雋開啓了東坡，殊不知歐詞的跌宕，實溯源於晏殊的曠達，更遠則當是馮延巳的俊逸了。

　　晏殊詞集名爲《珠玉詞》，此因其詞「風調閑雅」[33]「溫潤秀潔，亦無其比。」[34]這是說大晏詞就像珠一般的圓潔，似玉一般的溫潤。他屛棄花間的濃脂膩粉，在閑雅高格中時而帶著理性的俊逸，時而帶著富貴的雍容，表現出一種典雅蘊藉的美學風格，從而建立其「北宋倚聲家初祖」的地位。

　　㈡歐陽修

　　如前所述，北宋之初，詞仍被視爲「艷科」、「詩餘」等小道末事，是不登大雅之堂的。所以身爲文壇領袖、詩文改革的倡導者，歐陽修並未刻意於開展它或改革它，因而他的詞作大體上仍然有著接近花間及南唐的跡象，這可從他詞集中有不少被視爲「淺近」、「浮艷」、「鄙褻」者可見；有人懷疑這些作品當是仇家所爲，並以此爲其開脫。事實上，宋初文人詞多半仍不出花間南唐之風，絕大部分還涉及艷情游冶的內容，因爲在當時士大夫之塡詞也僅爲了娛賓遣興，贈別酬答，與經世濟國之大業無

㉝　〈魏慶之詞話〉引晁咎評，《詞話叢編》，同註1，冊1，p201。

㉞　王灼：《碧雞漫志》卷二，《詞話叢編》，同註1，冊1，p83。

關，是純為娛樂消遣，㉟故文人們對寫作艷詞，並不諱言。所以歐陽修的大部分詞作，也仍然不外是男女怨別的舊題材，其學習花間是真的，但更多的是學習南唐馮延巳；除了劉熙載以外，王國維亦有此說：

> 余謂馮正中〈玉樓春〉詞「芳菲次第長（還）相續，自是情多無處足。尊前百計得春歸，莫為傷春眉黛蹙。」永叔一生似專學此種。㊱

又從歐陽修〈蝶戀花〉數首與馮延巳詞之互見，且觀其風格實相彷彿；而到底是馮作抑是歐作，至今仍各說紛紛，很難判定，這更證明歐詞之取徑正中，尤其是深婉沈著一類的藝術風格，其承繼馮延巳的跡象是很明顯的。

但是從歐陽修在文壇領袖的地位，以及他對古文運動的倡導，對西崑體的改革等來看，他對文學創作的觀念，是要比晏殊通脫豁達得多，再加上他的仕途經歷也比晏殊更加坎坷，因而也更多地接受各種不同文化層次的審美情趣，是故其整體的文化品格表現了更大的包容性與豐富性；所以儘管他不曾對詞體倡導任何改革，但在詞體的創作上他卻勇於作開創性的探索。不僅取徑於花間、南唐而已，在對馮延巳「深雅」風格的繼承後，他又向「俗艷」的一面去嘗試，在踵繼了文人詞的傳統之後，也向民間詞去吸取營養，既有「婉約」的作品，又開展了「疏曠」的風格，所以形成了典雅與俗艷，婉約與疏雋並存的風貌。

㉟ 錢惟演謂：「坐則讀經史，臥則讀小說，上廁所則小詞」，見歐陽修：《歸田錄》卷二，《百部叢書集成·學津討源》（台北．藝文印書館，1965 年），p5 － p6。

㊱ 王國維：《人間詞話》，《詞話叢編》，同註 1，冊 5，p4244。

　　歐詞中以深婉的作品爲其主體風格，這些詞作語多典雅，情多深摯，如：

> 庭院深深深幾許，楊柳堆煙，簾幕無重數。玉勒雕鞍遊冶處，樓高不見章臺路。　　雨橫風狂三月暮。門掩黃昏，無計留春住。淚眼問花花不語，亂紅飛過秋千去。（〈蝶戀花〉）
> 侯館梅殘，溪橋柳細，草薰風暖搖征轡。離愁漸遠漸無窮，迢迢不斷如春水。　　寸寸柔腸，盈盈粉淚。樓高莫近危闌倚。平蕪盡處是春山，行人更在春山外。（〈踏莎行〉）

　　〈蝶戀花〉一詞乃寫閨情，其情思綿邈，意境深遠，所以耐人尋味。張惠言《詞選》指其「庭院深深，閨中既以邃遠也。樓高不見，哲王又不悟也。章臺游冶，小人之徑。雨暴風狂，政令暴急也。亂紅飛去，斥逐者非一人而已。」[37]毛先舒以爲：「詞家意欲層深，語欲渾成。作詞者大抵意層深者，語便刻劃；語渾成者，意便膚淺，兩難也。偶拈永叔詞『淚眼問花花不語，亂紅飛過千秋去』此可謂層深而渾成。……語愈淺，而意愈入，又絕無刻劃費力之跡，謂非層深而渾成耶。然作者初非措意，直如化工生物，笋未出而苞節已具，非寸寸爲之也。」[38]——這是說「淚眼」兩句雖包含著深摯的傷春之情，但作者語言渾成，而無刻劃費力之跡。一般來說，語言渾成與情意深掘是難以兼得的，而歐詞卻兩者兼之；詞人一層一層深入挖掘其情感，但用語卻自然渾成，並非刻意雕琢，這是本篇一大特色。

　　〈踏莎行〉「侯館梅殘」一首，亦寫情深婉，含蓄蘊藉。其上片寫行人，下片寫思婦，而上片結句之「迢迢不斷如春水」則

---

[37]　張惠言：〈張惠言論詞〉，《詞話叢編》，同註1，冊2，p1613。

[38]　王又華：《古今詞論》，《詞話叢編》，同註1，冊1，p608。

以春水寫愁，以春山寫騁望，情境之悠遠令人神往。而歇拍二句：「平蕪盡處是春山，行人更在春山外」，俞平伯謂：「似乎可畫卻又畫不到」㊴。──此謂其離愁之深遠，一如行人遠在春山外，春山卻又遠於平蕪之盡處，一層深過一層一層遠過一層，故望而不可及，畫又畫不到，寫更寫不出。此將離愁深化，其情境之深遠實非言語所能道，而實中寫虛，情辭並美，形神一體，不可湊泊。

以上兩首詞皆深婉蘊藉，其寫情遙深而真摯，筆調婉曲而有味，詞意與馮延巳〈蝶戀花〉「幾日行雲何處去」相較，不僅手法、風格相似，就其藝術特色及詞境而言，可謂繼承馮詞中「深」的一面，而又出乎其上，是歐詞中最具代表性的主體風格。

歐詞中另有一個特色，那就是歐陽修也善於汲取民間詞的某些特點而拓增其詞的風味，例如〈漁家傲〉二十四首，分別詠唱十二個月分的節氣風物與景色之美。另有〈采桑子〉「輕舟短棹西湖好」以下十首，分別描寫西湖各種不同的景物情事，這些詞組都明顯地帶有民間曲子的風格，它們都是運用民間流行的「定格聯章」的形式，它是源於敦煌曲子詞裏的一種歌唱方式，大約從中晚唐以後，一直流行到北宋，歐陽修〈漁家傲〉、〈采桑子〉等連章歌詞的創作，就是從這一形式演變而來的，㊵它們既繼承了文人的寫作，也吸收了民歌的影響，也是詞與俗樂的結合。另外有〈生查子〉一首，其詞頗似民間小調：

　　去年元夜時，花市燈如畫。月上柳梢頭，人約黃昏後。

㊴ 俞平伯：〈唐宋詞選釋〉，《俞平伯全集》（河北，花山文藝出版社 1997 年 11 月），p216。

㊵ 葉嘉瑩：《唐宋詞名家詞賞析》，同註 29，p41。

今年元夜時，月與燈依舊。不見去年人，淚滿春衫袖。

　　此兩片文義並列，上下片字句乍看之下大同小異，看似重疊，實寓變化，將民歌疊唱方式運用於全章，而音節迴旋往復，歌辭簡樸有味，充滿明快、淺切、自然的民歌風味。唯上下片地點雖同，美景相似，而情境、時間卻已更異，而詞中樂景哀情相互比襯，以頓挫之筆來加強抒情的力度，是篇膾炙人口的名著。這一類作品雖然不多，但就其汲取民間歌辭使搏揉於文人詞的成就而言，是具有創造性的意義的；這也是他接受多種文化層次的審美情趣後所展現的文化品格。

　　誠如前面所述，歐詞的藝術風格中除了典雅深婉以外，還有一種就是「跌宕疏雋」。這一類作品，主要是歐陽修在幾經貶謫後，因仕途多蹇，際遇無常，對人生感慨加深時所作；儘管是遊戲之作，是酒筵歌席中聊佐清歡的娛樂歌詞，但其個性、氣度在詞裡也時露崢嶸，他灑脫地將適於敘寫閨閣兒女怨慕之情及離愁別怨的小詞，轉而為自我情志的抒寫；其「情」不再限囿於男女之情，而拓展為自己的感慨，自己的生活情趣，這類詞儼然衝破了詞為「艷科」的限制，轉而為士大夫「言志」功能。雖然馮延巳、晏殊詞中已略有這種內容與題材，但他們多半還是遵守花間的「非我化」、「類型化」的抒情範式，其內容儘管已非男女之情可以局限，但其抒情主人翁仍是可男、可女的無定指人稱。而歐詞中這類疏宕清曠的作品，其抒情範式已漸趨於「個體化」、「自我化」的表現，並且在「質變」、「量變」上已較馮延巳、晏殊有一定程度的拓展。茲以下列數詞為例：

　　　平山欄檻倚晴空，山色有無中。手種堂前垂柳，別來幾度春風。　文章太守，揮毫萬字，一飲千鐘，行樂直須年少，尊前看取衰翁。（〈朝中措〉送劉仲原甫出守維揚）

平生爲愛西湖好，來擁朱輪。富貴浮雲。俯仰流年二十春。　歸來恰似遼東鶴，城郭人民。觸目皆新。誰識當年舊主人。（〈采桑子〉）

五嶺麥秋殘。荔子初丹。絳紗囊裡水晶丸。可憐天教生處遠，不近長安。　往事憶開元。妃子偏憐。一從魂散馬嵬關。只有紅塵無驛使，滿眼驪山。（〈浪淘沙〉）

〈朝中措〉中面對「文章太守」的尊前「衰翁」，〈采桑子〉中「平生爲愛西湖好，來擁朱輪」的「當年舊主人」，顯然就是作者歐陽修的自我寫照，而詞的內容無非都是作者自我際遇中對人生無常、世事滄桑的感慨，這些詞，已非「花間範式」、「非我化」、「類型化」的寫法，顯然它已經是「個體化」、「自我化」的抒寫模式，而其後「東坡範式」的產生已經更接近了。詹安泰評〈朝中措〉說：「沒有接觸到美人芳草，沒有關涉到兒女私情，沒有運用比興象徵一類的表現手法。寫景色，寫物象，寫生活，寫感想，坦率說出，毫無假借，直起直落，大開大闔，這特色，藝術風格上是屬於疏宕一路的。」[41]其實〈采桑子〉這一首的風格特色也是如此。〈浪淘沙〉一首借今昔時空的對比，造成筆勢的翻騰跌宕，從而以荔枝牽引出歷史內容，詞人藉此寄寓其詠史的感慨及深沈的憂患意識，直似詩體一般，韻趣高深，意境開闊。他如：「世路風波險，十年一別須臾。人世聚散長如此，相見且歡愉」（〈聖無憂〉），又如：「憂患凋零，老去光陰速可驚」（〈采桑子〉），這些感情的抒寫大多顯得沈著疏放，大膽表現他開放的心態，活力彌滿，生香真色。這一類

---

[41] 詹安泰：〈簡論晏歐詞的藝術風格〉，《詹安泰詞學論集》（福建：汕頭大學出版社，1997 年 10 月），p379。

型的作品其共同特色就是詞情沸涌，勢若流走，而旨趣濃厚，在藝術風格上均屬疏雋清曠的一路。

　　但歐詞中寫得最好的，其實是二者的結合，也就是深婉中帶著豪宕的作品，如前面晏歐總論所舉〈玉樓春〉「尊前擬把歸期說」一詞，所寫的是離情悱惻之苦，但作者卻在上下闋中各加入兩句理性的議論：「人生自是有情痴，此恨不關風與月」、「直須看盡洛城花，始共東風容易別」，這是歐陽修向悲哀反撲的逸興，也就是面對悲苦的現實時所帶有的一份遣玩意興的「豪宕」情懷，此王國維所謂「於豪放之中有沈著之致，所以尤高」[42]，其理在此。又如〈玉樓春〉「雪雲乍變春雲簇，漸覺年華堪縱目。北枝梅蕊犯寒開，南浦波紋如酒綠。　芳菲次第還相續，不奈情多無足。樽前百計得春歸，莫為傷春歌黛蹙。」，「北枝梅蕊」一句，「犯寒開」三字即沈著悲哀與逸興豪放兩種情感的結合，跌宕有力，自然展現出一種極高的境界。而「南浦波紋如酒綠，亦沈著豪放兼具，而下片先寫「無奈情多無處足」的悲哀本質，是闔，而歇拍一句「莫為傷春歌黛蹙」則又一開，以上揚的逸興向悲苦反撲，故哀腕中有奔放，沈痛中有豪宕。其他如〈采桑子〉「群芳過後西湖好」一首，亦豪宕中帶有沈著之致，都是歐詞中境界最高者。

　　如前所述，歐陽修的詞開放地接受了多方面的嘗試，故其風格是繁複多樣的：有文人詞的精神，也有民間詞的風味，有典雅，也有俗艷；但一般而論，歐詞較顯著的藝術風格有二，一是「深婉」，一是「疏雋」，深婉者主要是繼承唐五代馮延巳的詞風再予新變的，其繼承與總結的成分較多；而「疏雋」則是歐詞

---

[42]　王國維《人間詞話》《詞話叢編》冊 5，p4245。

自我的超越與開拓，其創造性較強，自我性格的表現較多，取材較廣，對於促進宋詞新風的發展以及格局的開拓有重要的導向作用。而歐詞的「深婉」和「疏雋」，對於宋代詞壇也分別產生了重要的影響，此即馮煦所謂的：「（歐陽修）即以詞言，亦疏雋開子瞻，深婉開少游。」[43]所以歐詞的主要貢獻在於對後人的啟發，儘管他始終未曾提出對詞學改革的任何主張，但在有意、無意間，他更跨大了一步，將詞的內容加深、加廣，使詞的意境擴大，風格多樣化，雖然他還沒完全脫離前代詞人的影子，但卻給詞壇帶來了新的契機，並拓展了更開闊的格局。

四、江西詞派的影響

　　以晏歐為代表的北宋江西詞家，於詞史之發展影響甚巨，功勞厥偉；由於他們的努力，使得詞加入了壯大體質的新血，從而使詞這種新興的文體更加地發展茁壯，並得到更多文人的參與和肯定。自此，詞在諸多詞家不斷的變革與創新中，逐漸地波瀾壯闊而蔚為大國。而歐陽修之後，受其影響的詞人中，以蘇軾、秦觀的成就最為可觀，他們分別承繼著歐詞的特色，開展了自己的途徑，並且主導著北宋中、後期詞的兩種藝術風格及創作特徵——

　　承繼著歐陽修在詞體功能的大幅度開拓後，蘇軾以其才氣之恢宏，大膽突破傳統艷科小道的詞學觀，以詞述懷言志，使詞的內涵更豐富，風格更多樣，真正做到「無意不可入，無事不可言」的境地，遂一改軟香綺艷，婉曲含蘊的風調，而出以雄豪橫放的氣概；這種風格的形成，乃因作家主體意識高揚，故採取自

---

[43]　馮煦：《宋六十一家詞選・例言》，《詞話叢編》，同註 1，冊 4，p3585。

我化、個體化的抒寫模式，遂使詞境擴大，品位提高，而成為詩化之詞。

而在同時，蘇軾對詞體的革新，雖然為北宋詞壇帶來了新氣象、新局面，其影響自不可小觀，然而長期以來花間開啓的傳統風格與本色說的觀念，早已深固持續地在作家心目中成為一種「定勢」的文化積澱，那股力量是難以輕易去除的。所以李清照講「詞別是一家」，陳師道稱「本色」，晁補之也謂「當家語」；而秦觀就是遵循這「深婉」的本色觀念去作詞的，周濟說他是「將身世之感，打幷入艷情，又是一法。」⁴⁴這是說他不須假借閨怨離情之固有的類型、題材以求深婉本色，卻仍然承載「詩化」的功能，表現自我的意緒及身世之感等，而僅僅添加些沈咽怨哀的情味使仍具有詞的本色，這是非常困難的，所以況周頤說：

> 蘇長公提倡風雅，為一代斗山，唯少游自闢蹊徑卓然名家，蓋其天分高，故能抽秘騁妍於尋常濡染之外，而其所以契合長公者獨深。⁴⁵

這就見出秦觀與蘇軾異同之處：同者，其內容皆為自我身世而慨嘆遭際，抒寫愁思，而異者，秦觀雖與蘇軾同樣寫的是自我情志、身世遭遇，但在形式風格上卻仍保有深婉含蓄的本色，不似蘇軾的疏雋清曠。

同樣是感喟生平、傷別念逝的內容題材，秦觀仍出以「深婉含蓄」的傳統創作範式，但此必逮其後周邦彥的努力、發展、改

44　周濟：《宋四家詞選》評〈滿庭芳〉，《百部叢書集成》（台北：藝文印書館，1965 年）。

45　況周頤：《蕙風詞話》卷二，《詞話叢編》，同註 1，冊 5，p4426 — p4427。

造，方才達到成就的顛峰；那是一種以理性的思致專心於章法、佈局、語詞、典故等精整完美的藝術建構，一套化人巧為渾厚的抒寫範式，故稱為「集大成」。惟客觀而論，秦觀承繼了歐詞中「情致深婉」的風格，恪守傳統「本色」的觀念，但卻在內容上有了自我化、個體化的表現，這是他學習歐陽修，也超越了歐陽修的地方，故況周頤說他是「天分高」、「自闢蹊徑卓然名家」，誠非過譽。

五、結　論

　　江西一派的晏歐詞在北宋初期起了很大的效應，可以說以晏歐為代表的江西詞人，主導了北宋前期的詞壇。雖然，北宋名家除了江西人之外，還有宋祁、張先、賀鑄等非江西籍的詞家，但他們的成就實難與江西詞人相比。至於王安石、黃庭堅等雖為江西詞人，亦偶有佳作，但其成就不高，更無法與晏歐相提並論。至於晏幾道則以情詞取勝，其小山詞，情致纏綿，蘊藉旖旎，格調特高，矜貴有餘，但在詞體風格的開拓上遠不如晏歐，此次篇幅所限，故不加評論。

　　本篇以江西詞人的晏歐為主，並上溯馮延巳，述其風格特色，源流衍變。雖然他們仍然未脫離晚唐五代詞為艷科、詩莊詞媚的傳統本色觀點，卻逐漸地超越了花間詞的俗膩與濃艷；一方面開拓出典雅深婉、逸俊雍容的審美風格，將詞導向「雅化」的路向，一方面又深化了詞的意境，擴大詞的內容、題材，漸次地拓展了詞這種載體在「言志」述懷上的功能，使詞逐漸地「詩化」；而前者影響了秦觀、周邦彥的雅詞，後者對蘇軾的豪放詞有所啟發，所以江西詞人不但奠定了北宋詞繁榮的基礎，對宋詞別開生面的整體發展亦有著承先啟後的意義。

〈論北宋江西詞派的風格與特色〉審查意見

魏　仲　佑

東海大學中文系教授兼系主任

1. 第五頁、第二段、第七行，「尤其像後主儼然 "釋迦" "基督" 擔荷人類罪惡之意的概承廣攝…云云」，把李後主作品中寫國破家亡之感，說為「擔荷人類罪惡」，顯不適當。

2. 第七頁、第三段，「晏殊，歐陽修…云云」，我以為邏輯上有待商榷。

3. 第十一頁倒數十四行，「無可奈何花落去……云云」，我以為有過度詮釋之嫌。

外語教學中的人文教育

王　啓　琳

東海大學外文系副教授

摘　要

　　本文以當前一些社會現象為例，說明人文精神教育在今日台灣社會的急迫性與必要性。並由教材內容與教學方法兩方面，探討如何在外語教學新趨勢中落實人文教育，培養學生的思考、表達能力，並教導學生尊重他人與應對進退的禮節。

前　言

　　一個和諧、有秩序的社會，並非建立在發達的高科技或是繁榮的經濟上，而是建立在人文素養上。今天的台灣社會號稱民生富庶、科技發達。然而是非不明、犯罪猖獗、人心不安、青山綠水也成了禿山毒水，就是輕忽人文教育所種下的惡果。我們的教育，如果只重知識技能的傳授，而忽略了人格的培養，那麼學生所學的專業知能，究竟是用於造福社會，或是危害社會，難以逆料。美國外語教育學者巴魯斯(Bahruth)曾經說：「語言教學工作者，和其他任何教育工作者一樣，如果不教學生如何與人和諧相處，就是對不起學生和社會。」他並且舉例說：「假設有位卑

鄙、貪婪、不誠實的人來成為我們的學生。我們只教他說流利的外語，卻不教他誠實、正直、尊重他人、尊重環境、與人分享、還有同理心等等這些重要的事情。那麼，我們將培育出一位卑鄙、貪婪、不誠實，並且能說流利外語的學生。此人學成後如虎添翼，只怕對社會危害更大。」①巴魯斯的說法，已屢屢印證在一些以專業知能危害他人的所謂「智慧型犯罪」的案例上。本文即以當前一些社會現象為例，說明人文教育的重要性，並探討如何在外語教學的新趨勢中，落實人文教育。

壹、什麼是人文教育

　　人文教育是培養學生人文素養的教育，讓學生認識人文精神內涵，並且能在生活中實踐。人文學科的教學是人文教育的手段②，經由人文學科的教學，發展學生的邏輯思考、判斷能力、語文表達能力，教導學生待人接物的態度與方法，及培養學生關懷他人、關懷環境的愛心。有人文素養的人，看到美好的事物，會欣賞、會珍惜、會感恩，也會懂得與人分享，不會想破壞掠奪，據為己有。根據美國教育學者赫斯伯(T.M. Hesburgh)的說法，人文素養的內涵至少包括以下幾點③：

　　一、能對人類關鍵性問題做深刻、廣泛、清晰、合乎邏輯的思考。

　　二、能條理清晰地表達，並能流暢而優雅地運用語文。

　　三、懂得欣賞並能評鑑文學藝術作品。

---

① 見 Bahruth, R. E. 2000，第 4 頁。

② 見郭為藩 1998，第 8 頁。

③ 見郭為藩 1998，第 9-10 頁。

四、懂得立身處世的道理，保持寧靜的胸懷。

貳、當前一些社會現象所代表的意義

由我們生活中隨處可見的一些現象，以及大眾傳播媒體所呈現的實例，可以看出當今社會中是如何地缺乏人文素養和人文精神。先來看看媒體報導中的例子。

是非顛倒，價值觀混淆

新聞報導中最常見的例子，就是將社會事件中的人物，尤其是犯罪嫌疑人，當作明星甚至英雄偶像來描述。當報導搶劫、殺人等案件時，記者總要加上一句「嫌犯因缺錢花用，所以搶劫路人」、或「因缺錢買毒品，所以搶劫超商」、或「因缺乏賭資，才擄人撕票」、或「因討債不成，才預謀殺人」、或「因一時氣憤而拿出預藏的尖刀殺人」。這種主動將犯罪行為合理化的報導，不僅極不專業，而且嚴重誤導社會大眾，彷彿「缺錢花用」就搶劫，「討債不成」就殺人，是合乎常理的行為。而以意指「不得已的選擇」的「才」字來描述犯行，也令人啼笑皆非。不僅媒體記者缺乏立場與專業知識來判定犯罪原因；將「預藏尖刀」與「一時氣憤」擺在一起，其缺乏基本思考判斷能力，即可見一斑。而思考判斷能力，正是人文內涵中重要的一部份。這些無意中為犯罪者行為辯護的報導言詞，完全漠視了尊重他人、與尊重生命的基本概念，忘了任何人都沒有權利、沒有藉口去侵犯他人，或傷害他人。

不尊重他人隱私

在最近一則電視廣告中，我們看見在露天咖啡座，一位美女趁著陌生人帥哥短暫離席的空檔，擅自使用他咖啡桌上的手提電腦，並趁電腦主人返座之前，帶著得意的微笑，飄逸地離去。電

視字幕上說，「這意外地讓我有機會立刻上網收發我的電子郵件。」。這廣告固然很有創意，也很吸引人。然而，這個故事表達的價值觀是，未經同意竊用他人物品，是一件很炫、很浪漫、很值得沾沾自喜的事；使人忘了這是竊盜、是侵犯他人、是可恥的行為。

在電視新聞中，常見畫面上出現刑案受害者，甚至證人的住處及門牌號碼。或在訪問時打出目擊證人的姓名字幕。醫師應媒體要求，隨意公佈病患傷者病情，診所也未經病患同意，就提供病歷資料，任由媒體拍攝公諸於世。這些都是嚴重侵犯隱私權的行為，但在我們的社會中，大家卻見怪不怪，習以為常。就如記者們任意進入急診室，拍攝傷病者痛苦狼狽的慘狀，除了嚴重侵犯隱私之外，更顯示部分媒體工作者，及喜歡看熱鬧的社會大眾，是多麼地缺乏「己所不欲，勿施於人」的同理心。

麻木不仁

多年前，大師級畫家席德進臨終病榻前，獲高官贈獎牌致敬，記者群幾乎擠垮病床，用刺目燈光照著痛苦的病人，爭相要已經虛弱不堪的席大師說幾句得獎感言。折磨垂危病人，何等殘酷無人性，然而媒體工作者卻很少能站在病患或其家屬的立場，想想對方的感受。就如在報導不幸消息時，偶爾仍有主播面帶職業性的笑容說「傷者全都不治死亡了。」又如描述社會新聞事件中受害者時所用的詞彙，諸如被害人當場「腦漿四溢」、「肚破腸流」等字眼，對受害者是何等的不敬，對其家屬以及還有人性的觀眾，又是何等的傷害。這些例子，在在說明了缺乏同理心的普遍性和嚴重性。

至於在我們生活的週遭，缺乏人文精神與人文關懷的實例，也是俯拾皆是。

忘了他人存在

　　社會秩序的混亂，常常源於有些人心中「只有自己」，忘了這世界上還有其他人。例如三、五人並排同行在走廊上或樓梯上，並不懂得讓開一半路給迎面走來的對向行人。又如在走廊上疾走或跑步，卻不曾想到可能與他人對撞。有許多原可避免的不幸交通事故不斷發生，就是因為大家常常忘了週遭還有「別人」。

　　在公共場所，有些人的行為也只能用「旁若無人」來形容。最常見的就是在人群中「旁若無人」地對著行動電話，高聲談笑。從前，搭乘火車或長途客運車的乘客，還可在車上小睡片刻，或安靜欣賞車外風光。現在，乘客們必須被迫一路忍受擾人的電話鈴聲和高分貝的電話交談聲。英文成語有云「你若無法改變他們，就加入他們吧！」誰說我們的生活進步了？缺乏人文素養，科技的進步只會帶來更高的痛苦指數。

缺乏對他人及對環境的尊重

　　近年來流行的一句名言「只要我喜歡，有什麼不可以」所代表的自私任性心態，正大行其道，並且把「缺乏尊重」的文化，發揚光大。公共場所「禁止攝影」、「請勿喧嘩」、「請排隊」等等告示牌形同虛設。禁止攝影的表演或展覽場所，無論主辦單位如何一再制止，仍見鎂光燈不停閃爍。演奏會優雅的樂聲中，夾雜著此起彼落的卡嚓聲，不但不尊重表演者，更不尊重來聆聽音樂的觀眾。雅緻的書店裡，孩童高聲喧鬧奔跑，一旁的家長也視若無睹、聽若罔聞。動物園中，工作人員不斷勸導，遊客們仍我行我素，恣意喧嘩或拍打玻璃。馬路上，車輛行人大欺小，強欺弱，被認為是天經地義。學生宿舍中，常見安寧權受到侵犯的同學，成了忍氣吞聲的受害者，嚴重影響學生身心健康，讀書效率及人際關係。

至於天然資源與景觀，則大家各盡所能，爭先恐後地掠奪與破壞，不思珍惜保護，只求圖利自己。到風景區旅遊，一定要帶些紀念品回家，才算不虛此行，以至常有樹皮被剝光及楓葉被採光的怪現象。至於森林與坡地遭到濫墾濫建，河川湖泊遭到污染，幾乎無一倖免。

「耍酷」風氣的誤導

英文"cool"一詞的原意是「真不錯」的讚美之詞，幾經引申、借用與誤用之後，今天中文的「酷」已經有些偏離原意，常被用做冷漠姿態的同義詞。學子們爭相膜拜態度高傲的藝人為偶像，誤以為必須擺張臭臉才稱得上「酷」。這「酷」字也被用來形容「不在乎」、「不受約束」、「不守規矩」、甚至「離經叛道」的態度。有些入學時還彬彬有禮的學生，很快就揚棄了多年來父母師長教導的「溫、良、恭、儉、讓」，而義無反顧地去追逐合乎同儕們認為「酷」的行為與態度。至於像奉公守法、謙沖為懷、甚至向師長道早安這類很遜的事，都要盡力拋諸腦後，甚至嗤之以鼻。

缺乏思考能力

在傳統的記憶式學習與被動式學習的影響下，許多學生缺乏主動思考和主動尋求答案的習慣，只期待老師提供重點，餵食答案，回家背誦後，以備應考之用。當學習活動中，要求學生經由思考來解決問題，或發表個人的看法時，學生常覺得很困難。總是希望老師快些公佈「標準答案」，以便有所遵循。此外，在英文翻譯練習中，學生常將字典中查到的中譯詞拼湊在一起，交差了事。例如字典裡hit的中文翻譯有「打中、打擊、攻擊」等等。有些學生不經思考，只管照抄，以至於將 Three typhoons hit Taiwan last summer.譯為「去年夏天，有三個颱風打中台灣／攻擊台

灣／打擊台灣。」直到老師要求學生再想一想，是否有更恰當的說法，學生才恍然大悟地說：「噢，颱風侵襲台灣。」；又如英文課文中提到 upper limbs（上肢）與 lower limbs（下肢），學生只在字典中查到 limbs 為「四肢」，雖然課文中的上下文提供了清楚的線索，只要稍加思考，就能明白 upper limbs 與 lower limbs 的意思，學生卻怎麼也猜不出來。這類學生們只是一味地依賴辭典和老師供給所有的答案，實為舊式教學法之下的受害者。

參、外語教學新趨勢與人文教育的關係

過去，以行為主義為基礎的各種傳統式外語教學法，只注重字彙、句型、文法、發音等等片段知識的記憶背誦，把學習語言看做是一種習慣的養成，並未考慮學生的思想或心境。近年來，以認知心理學為基礎的各種新式外語教學法則強調語言的功能、鼓勵學生在有意義的、有目的活動中學習用外語來溝通。也可以說，在傳統舊法中，學生只被當成是能夠記憶及吐出字句的機器，是被動的學習者。新法則把學生看做是活生生的、能思考的、應受尊重的「人」。這種理念與以人為本的人文精神不謀而合。④

回顧近數十年來，外語教學理論的演進，就是不斷朝著人本教育的方向走。就以目前最為普遍，已成為外語教學主流的溝通式語言教學(communicative language teaching)⑤與極受重視的全語言教學(whole language approach)⑥為例，其理念與原則無不與人

---

④ 關於外語教學理論及教學法的沿革，請參閱廖美玲 1999。

⑤ 關於溝通式教學法的詳細討論，請參閱陳月妙 1999，及 Nunan 1991。

⑥ 全語言教學的介紹，請參閱陳秋蘭 1999。

文精神息息相關，茲將其主要理念簡述如下：

以學習者爲中心

重視學生的需求、想法、興趣、與生活經驗，並使其與外語學習相結合。在學習過程中，賦予學生相當程度的自主權。

強調語言流利的重要

外語學習的重點應該在於是否能流暢、得體地表達意思，以達成溝通的任務。而不是錙銖計較發音、文法等等是否百分之百的「正確」。

提倡社會式學習

社會式學習源於俄國學者維歌斯基(Lev. S. Vygotsky)的社會文化理論。主張最好的學習方式，應該在人與人的互動與互助中進行⑦。學生在這種以人爲本，資深者協助資淺者的合作式學習中，能培養良好的人際關係，發揮助人的愛心。

提供有意義的學習活動

學習不應該與實際生活脫節。讓學生在有意義的、有目的的學習活動中，學會用外語來達到溝通的目標。學生所寫的句子、所說的話，必須是自己想說的話。這樣才能得到最好的學習效果。

肆、如何在外語教學中落實人文教育

新式外語教學法的各種活動，由於互動性高，提供了絕佳的人文教育環境。在許多配對與分組活動中，學生由被動的學習

---

⑦ 關於維歌斯基的社會式學習理論及其對外語教學的影響，請參閱陳秋蘭，第 61-62 頁，劉顯親 1999，第 81-82 頁，及黃素月 1999，第 103 頁。

者，變爲主動的參與者與領導者。爲了完成老師指定的任務或作業，每位同學必須學習以下的功課：

1. 運用思考、判斷、找出答案、解決問題。

2. 勇敢發表自己的看法與創見。

3. 耐心傾聽其他同學的發言。

4. 耐心傾聽並尊重不同的意見。

5. 學習以不卑不亢的態度與同學互動。

6. 學習以同理心，去體諒程度不如自己的同學，在學習過程中的掙扎。

7. 學習以積極參與的態度與同組同學互助合作，完成老師指定作業。

8. 學習經由溝通與協商，與同組同學達成共識。

至於如何落實，可以分教學活動和教材內容的選擇兩方面來談。

教學活動

1. 師生的互動

在師生互動中，老師必須切記，語文是用來溝通的，而不單只是學習的科目。當學生鼓起勇氣開口說外語，不論是提問題、答問題，或是發表意見，老師應該先對其發言的內容作回應，再幫助學生改正錯誤。不要把焦點集中在糾正錯誤與「灌輸」語文知識，忽略了學生試圖以外語表達時，所做的努力，及其應得的鼓勵。這種應答間的師生互動，其實就是學習外語的重要過程。以下的例子可以說明老師對學生所說的話，兩種不同的回應所代表的含意。

（口語作業：學生介紹自己的家庭）

對話一

學生：My parent divorce. 我的父母離婚了。

老師：No. No. Say, "My parents are divorced." （老師糾正文法錯誤）

Could you say it again? Say it again. （老師要求學生以正確文法重述一次）

對話二

學生：My parent divorce. 我的父母離婚了。

老師：Oh, I'm so sorry to hear that. （老師表示遺憾與同情）

You said your parents are divorced? （藉由表達關心的確認問句，老師提供正確文法的示範）

學生：Yes. They are divorced. （學生由老師的問句中學會正確的文法，並用在實際的對話中）

在〈對話一〉中，老師的反應只集中在糾正學生錯誤，並不關心學生說話的內容，忘了學生是「人」，不是吐字的機器；而學生只覺得一開口就立刻遭到老師的批評，自信心受到打擊，並且有不受尊重的感覺，以後更加不敢開口說英語。相反的，在〈對話二〉中，老師的答覆不但充滿人性的關懷，同時對學生的表達能力給予肯定，使學生樂意開口說英語。更重要的是，老師對於「得體的應對」做了極佳的示範。日後學生遇到類似的對話情境，也能說出得體的話來表達遺憾與同情。這就達到了學習「語文」與學習「人文」的雙重目標。

2.學生彼此間的互動

在學生彼此的互動中，老師扮演著諮商者和仲裁者的角色。當學生的分組討論需要協助時，老師可以提供建議；當學生對語言知識的認定有差異或爭執時，老師可以提供客觀的仲裁；最重要的

是老師必須時時提醒學生，在互動中要尊重他人、尊重不同的意見，並勇敢發表自己的看法。讓學生學習在充分發揮自主權的同時，也能維持人際關係的和諧。對於學生之間互動的過程，老師應該仔細觀察學生口語及肢體語言。對於不得體的表現，應隨時給予機會教育。以下即為一實例：

（大一英文英語短劇班級內初賽）

第一組同學表演，需要用到第一排中間四、五個座位。該組同學中的甲和乙，一上台即對前排同學說"Go. Go. Go."同時揮手將該排同學趕開。老師見狀，立即介入，請那些帶著錯愕表情剛離座的同學回座，並要求同學甲、同學乙依老師的示範，對前排同學說，"Excuse us. Could we have the seats, please? Sorry for the inconvenience." （可否請讓座？造成不便請多包涵）。前排同學欣然讓座。結果第一組表演完，甲乙同學很禮貌地對讓座同學說，"Thank you for the seats. You can come back now." （多謝讓座，請回座）老師則立即給予稱讚與鼓勵。

教材的內容

外語教學的教材選擇，應將其題材是否能對人文教育有所貢獻作為重要的選擇標準。

教導人文精神的內涵

選擇閱讀教材時除了考量難易程度與篇章文筆、結構優劣外，更應該考慮其內容是否提供學習人文精神的題材。以下即以 Multicultural Workshop, Book Three 一書為例，討論如何在學習閱讀中，落實人文教育。書中選讀的範文涵蓋價值觀建立(Why I Quit the Company)、自信心的建立(So-so Student, Nobel Prize Winner)、兩性平權與相互尊重(What Are the Effects of Gender Stereotyping?)、理性抗爭(Gandhi)、道德勇氣(Would You Have the Courage to Say No?)、以及對大自然的關懷與珍惜(Can One Person Make a Difference?)等等。學生不但可以在研讀一篇篇觸及人文關懷的文章中,學習句法、篇章結構、遣詞用字等語文知識,也必須在閱讀前(pre-reading)及閱讀後(post-reading)的小組討論和習作活動中,思考這些話題,並表達自己的看法。

教導各種語言功能、教導學生得體應對

在學生學習外語的聽與說的同時,也必須學會基本的溝通技巧,與他人做良好的互動。教導口語與聽力的教材內容應有以下的語言功能:

如何開始與結束對話

如何道謝、如何致歉、如何說明、如何回應

如何提出請求、如何拒絕請求

如何查詢／提供資訊

如何表示同情與關心

如何表達不滿與抗議

如何提供建議與忠告

以下即為在學習對話中,同時學習如何表達同情的例子⑧。

A： Susie and I broke up a few months ago.我和女友分手了。

B： I'm sorry to hear that. 真令人遺憾。

A： I miss her a lot. I wish we could get back together again.真希望再復合。

B： I'm sure you will. 一定會的。

A： I'd like to move to another city. I need to live somewhere more exciting.

---

⑧ 對話節錄及改編自 New Interchange, Book Two, 第 17 頁。

　　眞想搬到別的城市，這個鎮太無聊了。

B：I know what you mean. It sure can get boring here at times.

　　我瞭解，這裡有時是蠻無聊的。

　　學生可以討論對話中訴苦者與安慰者在言詞互動中的心情，並模擬生活中各種應該對別人表示同情、關懷、與鼓勵的情境，學習恰當的用語。

訓練學生思考判斷

　　新式外語教學法強調學習者的自主性，以及以學習者為中心的教材設計。許多教材中提供各種小組活動與作業讓學生學習思考、分析、判斷以便作決定(making decisions)、作抉擇(making choices)，以及解決難題(solving problems)。

教導使用適切的語句

　　在言談溝通中，語句使用的適切性(appropriateness)有時比文法或發音的正確性還來得重要。如果用得不恰當，輕則引起誤會，貽笑大方，重則冒犯他人而不自知。

　　1. 俚俗語的使用

　　介紹俚俗語的書籍很多，也常被採用為口語教材。然而，教材編寫者，與使用這類教材的教師，都有責任教導學生分辨哪些用語適用或不適用於哪些場合與文境。假使學生只是照單全收，即學即用，常可能說出很失禮的話。以下即為一例：

His old man kicked the bucket last night.

　　他的父親昨晚過世了。

　　英文部分比較接近「他老頭昨晚翹辮子了。」是帶著不敬的敘述語。如果學生只看中文翻譯，就拿這個英文句子學以致用，必然會造成很失禮的情形。並非所有俚俗語都有不敬的意思，有些只是比較口語化，適用於非正式場合的交談。對外語學習者而

言，聽懂俚俗語遠比使用俚俗語來得重要。

　　*2.*縮寫字詞的使用

　　同樣用在非正式對話場合的，就是英語中的縮寫字詞，如 I'll (I will), I've (I have), wanna (want to), gonna (going to)等等。這些詞彙並無任何不敬的意思，但卻不宜用於正式的演講、作文或公務書信中。縮寫式詞彙普遍用於一般會話中，外語學習者必須至少能夠聽得懂，並且要曉得何時用才得體。

　　*3.*對他人的稱謂

　　學外語同時要學會恰當的稱呼他人。例如問路或購物時稱陌生人為 Sir, Ma'am（先生、女士）；對警察尊稱 Officer 或 Sir, Ma'am，不可稱呼police或cop；對老師的稱呼，則應以其姓氏冠以頭銜如 Professor, Dr., Mr., Miss, Mrs., 或 Ms.等等。有些學生誤以為在英語系國家，對老師可以一律以名字相稱。其實是不正確的觀念。除非老師主動要求學生稱呼其名，否則即使在西方文化中，未經老師同意就直呼其名，仍然被認為是不禮貌的。

透過對異國文化的認識與比較，提昇人文關懷

　　談到禮貌，就不可不提到學習異國文化中的禮儀與禁忌，學習外語的同時，也必須了解在對方文化中，該談與不該談的話題，及該問與不該問的問題。例如在說英文時，問對方的收入、問年齡、為什麼不結婚、為什麼沒有小孩、新衣服花了多少錢等等都是不禮貌的問題。至於受到恭維與讚美時，則應大方的接受並道謝，不可以用否定句回應。外語學習者也可以隨時對本國和他國文化作比較與分析，截長補短，豐富自己的文化。

伍、結　語

　　人文教育在教導人如何做人、如何生活。語文教育應該教導

人如何運用語言知識，好好做人、好好生活。要落實人文教育，
必須有明確可行的目標。不需要唱高調，不必要求學生做個無私
無我的聖人；只要教學生做個懂得分享、懂得與人相處的社會
人。以人爲本，以學生爲中心的新式外語教學理念，正可以幫助
學生在社會化的學習過程中，做個能尊重他人，尊重環境的知識
份子。唯有落實人文教育，將來的社會，才可能人人活得有尊
嚴。

【參考書目】

中文部分

王爾敏，1976，人文教育的重要。〈中國論壇〉，第二卷，第五
　　期，24-26 頁。

徐宗林，1991，人文教育的特徵。〈教師天地〉，第五十五期，
　　19-22 頁。

黃素月，1999，國中國小英語寫作教學之原則。在陳秋蘭、廖美
　　玲主編，〈嶄新而實用的英語教學〉，97-117 頁，台北：敦煌
　　書局。

郭爲藩，1988，落實人文教育的途徑。〈教與學〉，第十四卷，
　　8-12 頁。

陳月妙，1999，溝通式語言教學法。在陳秋蘭、廖美玲主編，
　　〈嶄新而實用的英語教學〉，41-57 頁，台北：敦煌書局。

陳秋蘭，1999，全語言理念與英語教學。在陳秋蘭、廖美玲主
　　編，〈嶄新而實用的英語教學〉，59-73 頁，台北：敦煌書局。

湯廷池，1992，語言學與語言教學的回顧與展望。在國立台灣大
　　學文學院主編，＜大學人文教育的回顧與展望：大學人文教育

教學研討會論文集＞，81-98 頁。

逯耀東。1977。建築在沙灘上的大廈：談當前的人文教育。〈仙
　　人掌雜誌〉，第一卷，第一期，191-194 頁。

廖美玲，1999，第二語言發展理論與教學方法的沿革。在陳秋
　　蘭、廖美玲主編，〈嶄新而實用的英語教學〉，15-39 頁，台
　　北：敦煌書局。

劉顯親，1999，如何應用電腦來輔助社會式的英語教學。在陳秋
　　蘭、廖美玲主編，〈嶄新而實用的英語教學〉，77-96 頁，台
　　北：敦煌書局。

羅光，1989。人文教育的基本觀念。〈中國語文〉，第六十五
　　卷，第四期，4-9 頁。

英文部分

Bahruth, R.E. (2000). Changes and challenges in teaching the word
　　and the world for the benefit of all of humanity. In Selected Papers
　　from the Ninth International Symposium of English Teaching, pp.
　　1-7. Taipei: The Crane.

Blanton, L.L. and Lee, L. (1995). The Multicultural Workshop, Book
　　Three. New York: Heinle and Heinle.

Nunan, D. (1991). Communicative tasks and the language curriculum.
　　TESOL Quarterly, 25 (2), 279-295.

Richards, J.C., Hull, J., and Proctor, S. (1998). New Interchange, Book
　　Two. Cambridge, U.K.: Cambridge University Press.

〈外語教學中的人文教育〉審查意見

廖 美 玲

東海大學外文系副教授

　　王啓琳教授「在外語教學中人文教育」一文中，首先闡述人文素養的定義，接著以許多可以信手拈來、比比皆是的實例，點出當下社會嚴重缺乏人文素養與人文精神的現象。最後，也是本文最為精闢處，是王教授以英語教育學者的專業知識與涵養剖析英語教學與人文精神養成的關係。她深具透視力的分析、深入淺出的說明，使我們能瞭解到英語教學中這一重要卻往往被忽視的功能；王教授的分析不僅提醒了英語教學者認清自身對社會風氣、學生情操培養的責任，也對時下許多以為學習英語僅止於淺薄的「認識另一種文字符號」或「說一口流利洋文」的人，有當頭棒喝的作用。

《周易》的美學思想

陳 榮 波

東海大學哲學系副教授兼系主任

綱　要

一、前言：《周易》是一門安身立命之學，講究和諧、平衡與整體的道理，尤其是，它的美學思想是易學之道的彰顯與應用，值得後人加以研究與弘揚。

二、《周易》美學思想要義：包括有㈠《周易》美學思想的形上基礎：生生之道㈡美的意義㈢審美經驗的來源：象㈣審美觀照方法：言不盡意、立象盡意㈤美感經驗產生的創作過程：感物生情（如咸卦）㈥審美發展論：時中變通成文㈦藝術作品與藝術創作者之關係：創作者的人品修養會影響藝術作品㈧審美的理想境界：神妙知幾，化成天下，天人合一。

三、《周易》乾、坤、賁、離、大壯、渙等六卦的美學意涵

四、《周易》美學思想的特色：特色有五：㈠彰顯人文精神㈡創造生命精神㈢審美的陰陽辯證思想㈣發揚憂患意識的奮發進取精神㈤保存中國古代民間歌謠的文化價值

五、《周易》美學思想對劉勰《文心雕龍》與石濤

《畫語錄》之影響

　　六、結語：《周易》美學強調宇宙生命的美與活
力，謳歌天人合一的大圓之美

關鍵字：易 美 乾 坤 賁 離 咸 象 意 和 神 思

一、前　言

　　《周易》是一門安身立命之學，講究和諧、平衡與整體的哲
學。此書是中國文化的源頭活水，其義理精湛睿智，發人深省，
令人百讀不厭，回味無窮！它真可說是中國文化思想的核心。
《周易》美學是《周易》生生之道的彰顯與展現，其內容值得吾
人研究與弘揚。本文重要思想內容包括有㈠《周易》美學思想要
義㈡《周易》乾、坤、賁、離、大壯、渙等六卦的美學意涵㈢
《周易》美學思想的特色㈣《周易》美學對劉勰《文心雕龍》與
《畫語錄》之影響等內容，依次說明之。

二、《周易》美學思想要義

㈠《周易》美學思想的形上基礎：生生之道

　　劉綱紀和范明華合著《易學與美學》一書中說：「從美學上
看，《周易》的美學思想主要包括在〈易傳〉中。」①現把有關
《周易》生生之道的重要三句臚列說明化下：

　　1.《周易・繫辭上傳》第五章：「生生之謂易。」②

---

① 參閱劉綱紀和范明華合著《易學與美學》頁二，瀋陽：瀋陽出版社，
　　1997 年 5 月。

2.《周易‧繫辭上傳》第五章：「一陰一陽之謂道。」③

3.《周易‧繫辭上傳》第十二章：「形而上者謂之道，形而下者謂之器。」④

在第一句中，「生生」兩字不是「生」字的重複字，而是指「生之又生」而言，其意表現「創造又再創造」(creation and re-creation)的剛健不已精神。可見《周易》是謂「天行健，君子以自強不息」⑤的天人相通相應的宇宙無限生命永恆生生不已之創造思想。有關第二句，王明居在其所撰《宗白華先生的周易美學研究》一文中說：「中國人的最根本的宇宙觀是《易經》上所說的"一陰一陽之謂道"。這是從哲學本體論上去揭示《周易》的根本特質的，所謂"一陰一陽之謂道"，乃是易傳的總綱和原則。所謂道，就是宇宙間萬事萬物生成、發展的根本規律，也就是易傳中所說的天道、地道、人道，它是由一陰一陽構建的相反相成的整體。」⑥現分析第二句之意涵有三：㈠孤陽不生，孤陰不長。這說明事物不可太孤立、太偏狹，否則無法活用與變動。例如：眼睛不能只張開不閉。㈡陽極而生陰，陰極而生陽。這說明萬事萬物「物極必反」的道理。㈢陽中帶陰，陰中帶陽：萬物正反兩面互為一體，彼此互利互用的陰陽調和之整合體。至於第

---

② 參閱〔宋〕朱熹撰《易本義》頁五八，台北：世界書局，民國六十一年四月再版。

③ 同②。

④ 同③，頁三。

⑤ 同④，頁三。

⑥ 參閱葉朗主編《美學的雙峰-朱光潛、宗白華與中國現代美學》中，頁四四四至四四五，合肥：安徽教育出版社，1999 年 7 月第 1 版。

三句作何解釋呢？「形而上」一詞相對於「形而下」一詞。所謂「形而下」是指視之能見，聞之能知，搏之能得，換言之，是指看得到、聽得到、摸得到的具體有形的東西而言。然而，「形而上」恰恰相反，反而是指「視之不見、聞之不知、搏之不得」而言，換言之，「形而上」是指「看不到、聽不到、摸不到」的無形者而言。本人稱「形而下」之物爲「物象」（有形之象），並稱「形而上」爲「象外之象」（無形之象）。此兩者息息相關，爲一體之兩面，不可分離，二而一、一而二。進一步地，吾人能夠從「看得到、聽得到、摸得到」進而體驗到「看不到、聽不到、摸不到」的意象之境，則吾人必能澈見道之所在。此種體驗能力便是一種洞見(Insight；Einsicht)的智慧把握。因此，吾人研究《周易》美學必要從象知意的體悟中，詩情畫意地展現美感經驗。綜合上述三句，可得知，作爲《周易》美學的形上之道（創造之道或生生之道）是創生天地萬物之根源，也是人類心靈活動的創作之道。總之，生生之道具有無限創造功能，可說是中國《周易》美學的深奧妙處，它賦予了道的活力與生命力。

(二)美的意義

何謂「美學」？根據劉叔成、夏之放與劉昔勇合著《美學基本原理》中解釋：「一七五○年，德國哲學家鮑姆加登(Baumgarten，1714-1762)的美學專著《Ästhetik》第一卷的出版在美學發展史上，具有劃時代的意義。鮑姆加登認爲，人的心裡活動包括知、情、意三個方面，應該相映地有三門學科來加以研究。研究「知」的學科是邏輯學，研究「意」的學科是倫理學，研究「情」的學科是"Ästhetik"-即感性學或美學。從此，「美學」這一名稱才逐漸獲得學術界的公認，美學也就成了一門有別於哲學、邏輯學、倫理學、藝術理論等的獨立的學科。」⑦又云：

「美學就是研究美以及人對美的感受和創造的一般規律的學科。」⑧進一步的追問，何謂「美」？根據許慎的解釋如下：「美，甘也，從羊從大，羊在六畜主給膳也，美與善同意」⑨依照許慎的詮釋，「美」具有「利益」之義，並可與「善」互相通用。凡是天地自然界有利於人者，稱之為「美」。此種「美」，劉綱又把它叫做自然美。然而，《周易》所講的「美」具有兩種意涵：一、大利：《周易・乾卦・文言傳》：「乾元者。始而亨者也，利貞者，性情也。乾始能以美利利天下，不言所利，大矣哉！」⑩乾始之元道化育萬物，「生而不有，為而不恃」⑪，大利於萬物而不言有利，此種大無畏施惠不已的大利，便是《周易》乾道之美。這是《周易》美之第一涵義。第二涵義為大和：《周易・乾卦・彖傳》：「大哉乾元，萬物資始，乃統天。雲行雨施，品物流行。大明終始，六位時成，時乘六龍以御天。乾道變化，各正性命，保和大和，乃利貞。」⑫此種由陰陽協調統一的大和便是一種美，它不同於「同」：前者是一種含有差異事物的統一，而後者是排除具體差異性的一種抽象普遍化的相同性。

---

⑦　劉叔成、夏之放與樓昔勇合著《美學基本原理》頁五至六，上海人民出版社，1998 年 2 月出版。

⑧　同⑦，頁一二。

⑨　參閱〔漢〕許慎撰、〔宋〕徐鉉校定《說文解字》卷四頁七八上，香港：中華書局 1993 年 7 月。

⑩　同⑧，頁四。

⑪　參閱樓宇烈《老子・周易王弼注校釋》頁二四，台北；華正書局，民國七十二年九月初版

⑫　同⑩，頁二。

因此，大和之涵義與生命健康發展具有密切相關。劉綱紀和范明華合著《易學與美學》佐證如下：「而所謂「大和」，並不是一種處在靜止狀態中的協調統一，而是一種處在不斷的運動，生長發展中的協調統一。因此，《周易》所講的「大和」或「大和之美」決不只是西方美學上所說的多樣統一，而更主要的是指陰陽以及由此派生出來的剛柔、方圓動靜、開合、順逆、進退等對立面的協調統一。」⑬又云：「在中國美學史上，美的問題同生命的問題是密切相關的。從生命的觀點看，美即是生命的發展與創造的肯定或表現，沒有生命也就沒有美。」⑭由上述美的「大利」和「大和」兩涵義，得知《周易》之美是一種開展宇宙生命與創造生命的和諧之美。此種美是人與大自然統一所展現的利生萬物、大和圓融之美。

㈢審美經驗的來源：象

《周易》認為象可包括下列兩種：一為物象，二為卦象。前者指天地自然萬物而言。《周易・繫辭上傳》第一章：「在天成象，在地成形，變化見矣。」⑮換言之，如天上的日月星辰以及地上的山川草木鳥獸皆是屬於物象。而後者是指八經卦以及六十四別卦。八卦如何獲得？《周易・繫辭下傳》第二章：「古者包犧氏之王天下也；仰則觀象於天，俯則觀法於地，觀鳥獸之文，與地之宜，近取諸身，遠取諸物，於是始作八卦，以通神明之德，以類萬物之情。」⑯卦象是聖人根據他對於自然現象的觀

---

⑬ 同①，頁四至五。

⑭ 同⑬，頁三至四。

⑮ 同⑫，頁四。

⑯ 同⑯，頁五。

察、模似與反映而創造出來的。用八卦（乾、坤、坎、離、巽、震、艮、兌）來彰顯與象徵八種自然現象（天、地、水、火、風、雷、山、澤）之變化。此種八經卦為人類象形文字（或形象符號）之基型。八卦重卦轉化為六十四卦別卦。同樣地，六十四別卦亦具有象徵物象、援引物象之功能。例如：*1.*益卦：巽上震下（風雷）益卦，巽象徵「木」，亦象徵「入」，雷象徵「動」，此卦用來說明耒耜等農業木具上入下動，以利耕作之方便進行。[17] *2.*渙卦：巽上坎下（風水）渙，巽象徵「木」，坎象徵「水」，此卦表示木舟行於水上，以濟不通。[18] *3.*大壯卦：震上乾下（雷天）大壯，用來表示房屋之堅固可避上之雷風之侵襲。[19]

㈣審美觀照方法：言不盡意，立象盡意

　　《周易》審美觀照方式是一種全方位、仰俯通觀來博采萬物之眾美，而不是一種定點觀照法。其審美觀照方法是採取寫意的表現法。《周易·繫辭上傳》第十二章：「子曰：書不盡言，言不盡意。然則聖人之意其不可見乎？子曰：聖人立象以盡意，設卦以盡情偽，繫辭焉以盡其言，變而通之以盡利，鼓之舞之以盡神。」[20] 為何言不盡意？葉朗解釋如下：「依靠概念的邏輯語

---

⑰　同⑯，頁五，《周易·繫辭下傳》第二章：「包犧氏沒，神農氏作，斲木為耜，揉木為耒，耒耨之利，以教天下，蓋取諸益。」

⑱　同⑰，頁五，「刳木為舟，剡木為楫，舟楫之利，以濟不通，致遠以利天下，蓋取諸渙。」

⑲　同⑱，頁五，「上古穴居而野處，後世聖人易以宮室，上棟下宇，以待風雨，蓋取諸大壯。」

⑳　同⑲，頁五六。

言，不可能充分表現（窮盡）特殊、個別的事物。」㉑何謂「立象盡意」？「意」指意境而言，「象」具有象徵性的義涵，並作爲表達意境的圖像縮影。葉朗接著解釋如下：「立象以盡意，有以小喻大，以少總多，由此及彼，由近及遠的特點。"象"是具體的，變化多端的，而「意」則是深邃的，幽遠的。《繫辭傳》的這段話接觸到了藝術形象以個別表現一般，以單純表現豐富，以有限表現無限的特點。這對於後人理解藝術形象的審美特點啓發是很大的。」㉒立象盡意是從具體的象（事）詩情化、整體地體驗象外之象的意（理）以表現理事無礙交融。唯有通觀象之深遠極幾之至，才能全面觀照眞相，進而把握主客互通互具的境地。

㈤美感經驗產生的創作過程：感物生情

審美主體接觸客觀事物所產生的審美經驗內容以感（感應、交感）作爲其媒介。關於「感」義可以咸卦作爲其代表來加以說明：《周易·咸卦·彖傳》：「咸，感也。柔上而剛下，二氣感應以相與，止而說，男下女，是以亨，利貞，取女吉也。天地感而萬物化生，聖人感人心而天下和平。觀其所感，而天地萬物之情可見矣。」㉓大象曰：「山上有澤，咸；君子以虛受人。」㉔咸卦表達「感應」之意思，並以天人感通爲其立論前提，進而論述人道倫理之互通交融和諧之情意。「感」除了「感應」涵義

㉑ 參閱葉朗著《中國美學史大綱》頁七〇，上海：上海人民出版社，1985年11月。

㉒ 同㉑，頁七一至七二。

㉓ 同㉒，頁二九。

㉔ 同㉓，頁二九。

外，也可作「交感」來詮釋：「天地交而萬物通也，上下交而其志同也。」㉕其相反義爲「不交感」：「天地不交而萬物不通也，上下不交而天下無邦也。」㉖唯有主客彼此交感互通才能昇華，才有美境、美意。

㈥審美發展論：時中通變成文

本人引用《周易》重要語句說明如下：

1. 《周易·繫辭下傳》第十章：「道有變動，故曰爻。爻有等，故曰物。物相雜，故曰文。文不當，故吉凶生焉。」㉗

2. 〈繫辭下傳〉第二章：「窮則變，變則通，通則久，是以自天佑之，吉無不利。」㉘

3. 〈繫辭下傳〉第一章：「變通者，趣時者也。」㉙

在第一句中指出《周易》之道在於變化，象徵這種變化稱爲爻。爻有不同類別，表現這些不同類別者稱爲物象。不同的物象相互錯綜關係稱爲文彩。文彩表現適當與否就顯現出吉凶之不同。這說明「變」是道成天地之文，而第二句認爲變通是創造之道的核心靈魂，也是吉利的預兆。第三句指出配合時之宜，才是變通之精義。唯有掌握適宜禮義文化教養，才能時中變通萬物以利貞天下。

㈦藝術作品與藝術創作者的關係

藝術創作者的人品修養與否會影響藝術作品之良窳。葉朗

㉕ 同㉔，頁一四，出自於〈泰卦·象傳〉

㉖ 同㉕，頁一五，出自於〈否卦·象傳〉

㉗ 同㉖，頁六八至六九。

㉘ 同㉗，頁六四。

㉙ 同㉘，頁六四。

說：「在易傳的這種思想的影響下，在中國美學史上形成了一個傳統的思想，強調作品和人格是統一的，也就是說，藝術作品的審美價值的高低同藝術家本人的道德品質、思想修養的高低是一致的。藝術家要創造審美價值高的作品，首先必須要有高尚的道德品質和高深思想修養。」[30]因此，藝術創作者要從生命深處真誠流露出來，修辭立誠忠信，實踐《周易》九卦要義[31]，才能使藝術作品達到上乘之作。

(八)審美的理想境界：神妙知幾，化成天下，天人合一

審美的理想境界便是窮神知化，妙味無窮。何謂「神」？所謂「神」是易體陰陽兩儀對立統一所產生的一種無限妙用，出神入化，妙味無盡，化成天下。例如〈繫辭上傳〉第四章：「神無方而易無體。」[32]〈繫辭上傳〉第五章：「陰陽不測之謂神。」[33]以及〈繫辭上傳〉第十一章：「是故闔戶謂之坤，闢戶謂之乾；一闔一闢謂之變，往來不已謂之通；見乃謂之象，形乃謂之器，制而用之謂之法，利用出入，民咸用之謂之神。」[34]此三句皆說明「神」之義是指人把握了宇宙萬物微妙變化的規律之妙用狀態。何謂「幾」？〈繫辭下傳〉第五章：「幾者，動之微，吉之先見者也。君子見幾而作，不俟終日。」[35]所謂「幾」是指事

---

[30] 同[21]，頁八。

[31] 何謂「九卦」？九卦是指《周易・繫辭傳下》第七章所提的履、謙、復、恒、損、益、困、井、巽等九卦。

[32] 同[31]，頁五八。

[33] 同[32]，頁五八。

[34] 同[33]，頁六二。

[35] 同[34]，頁六六。

物發展變化的預兆。如能夠知幾神妙，化成天下，則可與天地並生，而與萬物合一。

三、《周易》乾、坤、賁、離、大壯、渙等六卦的美學意涵

《周易》乾、坤、賁、離、大壯、渙等六卦的美學意涵分述如下：

㈠**乾卦的美學意涵**：乾卦表達了剛健之美與動態之美。此種美具有一種崇高的美感經驗，有規律地、有節奏地展現宇宙生命的創造活力。

㈡**坤卦的美學意涵**：坤卦表現柔順之美與寧靜和穆之美，此種美具有一種優美的美感經驗，其特性為柔和、寬厚、包容、含蓄與平順。例如《周易·坤卦·文言傳》：「君子黃中通理，正位居體，美在其中，而暢於四肢，發於事業，美之至也。」[36]此句話表示坤卦的內在優美溫柔之德性，充分地表現於其外在行為與事業，便是它的美之極致展現。

上述乾坤二卦相互為用，展現剛柔並濟、陰陽協調的和諧之美。

㈢**賁卦的美學涵義**：賁卦表達一種文飾之美與裝飾之美。為了防止文飾之過渡膨脹，賁卦「六四」爻提出「六四，賁如，皤如」[37]之用意在於以樸素淨白為貴，講求陰陽交合，達到文質合一之目的。

㈣**離卦的美學涵義**：離卦表現一種自然之光的空間美感經

㊱　同㉟，頁六。

㊲　同㊱，頁二二。

驗。《周易‧離卦‧象傳》：「日月麗乎天，百谷草木麗乎上。」㊳離卦具有「附麗」、「光亮」之義。此卦展現虛實明暗相生的建築美學，例如用玻璃鏡子（又稱爲「借鏡」）使空間「近即遠」、「有隔有通」、「有實有虛」，達到室內外通透明亮的光明境地。

㈤**大壯卦的美學涵義**：大壯卦是由震上乾下（雷天）組成的，雷天在上，展現一種雄壯、強盛、壯麗之特性，但此卦具有柔中帶剛、剛中帶柔的中正精神，不走入亢陽之孤弊。《周易、大壯、六二爻辭》：「貞吉。」㊴此爻位下卦之中，陽爻居陰位，雖然不當位，但其上得六五爻之正應，陰陽調和，得到吉祥，故此爻勗勉人在強壯時只能守持貞正，便能無咎。

㈥**渙卦的美學意涵**：渙卦由巽上坎下（風水）組成，風行水上，有如沐春風，教化民心，展現一種文采之美的教育功能，一切順其自然，不刻意雕琢，不逞強。此卦揭示事物在發展過程中要懂得「該散則散，該聚則聚」的道理，力求「散聚有序」，以收到逢凶化吉之效果。

四、《周易》美學思想的特色

《周易》美學思想特色具有下列五點，分述說明於下：

㈠彰顯人文精神

劉綱紀先生說：「在《周易》的思想中，"文"不僅僅是物物相雜，而且還意味著陰陽、剛柔、合規律的變化。這也就是說，《周易》不是單純地考慮"文"的形式方面，而且是從宇宙

㊳ 同㊲，頁二八。

㊴ 同㊳，頁三一。

生命的變化，發展這個總的發展來看待理解「文」的。因此，從
《周易》的觀點看，「文」不是一種靜態的結構，而是宇宙生命
變化、發展規律的感性表現。」⑩「文」一字是指自然界萬事萬
物所呈現的文飾現象，如日月星辰、山河大地等等。人文是依照
天文而來，天文是人文的基礎。何謂「人文」？《周易‧賁‧彖
傳》：「賁，亨，柔來而文剛，故亨，分剛上而文柔，故小利有
攸往。剛柔交錯。天文也；文明以止，人文也。觀乎天文，以察
時變；觀乎人文，以化成天下。」⑪《周易》用「文明以止」一
辭來解釋「人文」之義。換言之，凡合乎禮儀典章制度者皆稱
「人文」。劉綱紀接著又解說如下：「用現代語言來說，「人
文」相當於我們今天所說的「精神文化」或「精神文明」。「人
文」的功能一方面在於「感化人心，使天下和平，萬國咸寧」，
但另一方面意味著創造和諧的社會秩序，用「文」來改造人心、
裝飾和美化生活。「人文」和「天文」是相應一致，兩者不可分
離。」⑫由此可知《周易》美學是以文示美，文以載道，文、
美、道、三者合一，實現三才（天地人）之美，它具有人文精神
之特色。

㈡創造生命精神

　　《周易》美學的第二特色在於創造人類生命精神，發揚生命
之光輝與生活之美實。因此，人要從物質生命進升到精神生命，
最後止於宇宙生命，使人與大自然協調統一，實踐物質生命、精
神生命與宇宙生命三者合而為一的天人合一境界。美之光在於宇

⑩　同⑬，頁五七。

⑪　同⑨，頁二二。

⑫　同⑩，頁六十。

宙生命之貞定發展與自由創造。沒有生命之適宜安頓與開展，就沒有美可言。其意既深且鉅，值得耐人尋味！

㈢審美的陰陽辯證思想

《周易》美學的第三特色是建立在其陰陽對立統一的正反和辯證和諧觀。此種和諧觀在於超越對立而又不相抗衡，而在動態的變化中，平衡對稱調和之，使其宇宙萬物依天道而各率其純眞本性去力行，無往不利。因此，陰陽對立的統一所展現的功能，如虛實相生、剛柔並濟、動靜合一、文質合一、時空一體、明暗交融、神形合一之適當協調等等都是陰陽辯證法的靈活運用，對中國文學、繪畫藝術啓發很大。

㈣具有憂患意識的奮發進取精神

《周易‧繫辭下傳》第七章：「易之興也，其於中古乎？作易者，其有憂患乎？」⑷其意是說創作《周易》的人，心中要有憂患意識；同理，藝術創作者要有憂患意識。何謂「憂患」？即是指「居安思危」的意思，具體的說，「安不忘危，存不忘亡」⑷，時時警惕戒懼，防患於未然。一切求新求變、自強不息、在變動中求不變，在混亂中求安定，突破困境，貞定完美圓滿。這就是《周易》美學的第四特色。

㈤保存中國古代民間歌謠的文化價值

《周易》一書保存了中國古代民間生活歌謠，有助於美感內涵的提昇。歌謠是反應當時人民生活方式，也是藝術創作的珍貴

⑷ 同⑷，頁六七。

⑷ 同⑷，頁六六，《周易‧繫辭下傳》第五章：「子曰：危者，安其位者也；亡者，保其存者也，亂者，有其治者也。是故君子安而不忘危，存而不忘亡，治而不忘亂，是以身安而國家可保也。」

與料。例如：(1)中孚九二爻辭：「鳴鶴在陰，其子和之。我有好爵，吾與爾靡之。」⑤這是描寫當時人民生活其樂融融之狀況，屬於「興」一種體的表達方式。(2)大過卦九二爻：「枯陽生稊，老夫得其女妻無不利。」⑯這是用枯陽樹發芽開花之事來比喻老人得少妻的情事，屬於以已知彼物比喻未知此物的「比」體表現方式。(3)中孚六三：「得敵，或鼓或罷（疲），或泣或歌。」⑰這是敘述當時打敗敵人，有所俘獲，有人興高采烈，有人悲泣萬分的情景，屬於「賦」體表達方式。由此可知，《周易》一書含有「興」、「比」、「賦」之詩歌三種表達方式，豐富其美學內容，影響了後魏晉六朝「意象」論之誕生。

五、《周易》美學思想對劉勰《文心雕龍》文學美學與石濤《畫語錄》繪畫美學之影響

　　曹利華先生說：「《周易》美學思想對中國書法、詩歌、戲曲、建築等藝術的發展產生了深遠的影響，如剛與柔、陰與陽、動與靜、虛與實、絢麗與平淡、有色與無色、形似與神似、有境與無境等藝術的表現手法，都與《周易》的美學思想有著密切的關係。」⑱由上述一段話可知悉《周易》美學對中國文學、藝術影響很大，先就以《周易》美學對劉勰《文心雕龍》與石濤《畫語錄》之影響說明於后：

---

⑤　同⑭，頁五二。

⑯　同⑤，頁二七。

⑰　同⑯，頁五二。

⑱　參閱曹利華著《中華傳統美學體系探源》頁三二至三三，北京：北京圖書館出版社，1993 年 5 月第 1 版。

㈠《周易》美學思想對劉勰《文心雕龍》之影響

本人分爲五點敘述如下：

⑴《周易》所提出的「神」影響《文心雕龍》的「神思」觀點：上面已敘述了《周易》所提出的「神」是《周易》審美的理想境界。它是由陰陽二者互透互通互化所產生無限出神入化的妙用功能，並作爲藝術作品優劣之判準。因此，劉勰受此影響很深，認爲一個文學創作需要有神思作爲其靈魂核心。唯有神思的純正精神創作之心靈想像活動，才有好的文學作品出現。「神思」一辭是由「思與神合」而來的。何謂「神思」？《文心雕龍・神思》：「古人云：形在江海之上，心存魏闕之下。神思之謂也。文之思也，其神遠矣。故寂然凝慮，思接千載，悄焉動容，視通萬里；吟詠之間，吐納珠玉之聲，眉睫之前卷舒風雲之色，其思理之致乎？」⑭所謂「神思」是人的精神專心所產生的直覺洞察能力與純正心靈活動。創作者通過神思，使心靈寧靜，超脫俗塵而進入生動深刻的純淨美感經驗中，透視眞情的體驗，然後流露出主客交融的卓越作品來。

⑵《周易》所提出的「象」影響《文心雕龍》「比」、「興」之運用。《繫辭下傳》第三章：「是故易者，象也。象也者像也。」⑮《周易》認爲卦象是一種具有象徵性的圖像功能，影響《文心雕龍》之深入區別「比」「興」兩者之不同用法：「比顯而興隱」，「比」是以彼物喻此物的表裡喻，而「興」是吟詠內在心靈的情意，由主客合一的體悟交融而生的。詳細情形

---

⑭　〔梁〕劉勰著、祖保泉解說《文心雕龍解說》頁五二○，合肥：安徽教育出版社，1993 年 5 月第 1 版。

⑮　同⑭，頁六五。

如下：「比者，附也；興者，起也。附理者，切類以指事，起情者，依微已擬議。起情故興體以立，附理故比例以生。」(51)由此可知，《文心雕龍》從起情（感物生情）來談「興」，而以附理（表理明喻）來談「比」，使得《周易》卦象的立象盡意更明確表達出來，這確是《文心雕龍》文學美學的最大特色。

⑶《周易》所言「生生之謂道」影響《文心雕龍・序志》所云「蓋文心之作，本乎道，師乎聖，體乎經，酌乎緯，變乎騷，文之樞紐，亦云極矣。」(52)《文心雕龍》的文學創作是以《周易》陰陽相生的生生之道爲準則，講求文道合一的理論，由道作爲爲文之樞紐。

⑷《周易・賁卦》上九「白賁，無咎」(53)影響《文心雕龍・情采》所云「是以衣錦褧衣，惡乎太章，賁象窮白，貴乎反本。」(54)《周易》以質樸無華來表達賁道文飾之極必反璞歸眞之道理，而《文心雕龍》亦採用文質並重之看法，不可只徒文而忘質，因爲文學之美在於文質並茂（物我交融・情理兼備）。

⑸《周易・繫辭下傳》第六章「夫易，彰往而察來，而微顯闡幽。開而當明辨物，正言斷辭則備矣。其稱名也小，其取類也大，其旨遠，其辭文，其言曲而中，其事肆而隱。」(55)《周易》之含蓄手法影響《文心雕龍・隱秀篇》文學創作結構：「情在詞外曰隱，狀溢目前曰秀。」(56)其中所謂「情在詞外」即指作品所

---

(51) 同㊾，頁九九四。

(52) 同(51)，頁九九四。

(53) 同㊿，頁二二。

(54) 同(52)，頁六〇八。

(55) 同(53)，頁六〇八。

提供的美感意象中具有無垠的言外之意、象外之象。唯有透過「比」、「興」手法把情意表露於形外。這是《文心雕龍》表現手法。

(二)《周易》美學思想對石濤《畫語錄》之影響

本人分四點說明如下：

(1)《周易》「道」概念同樣影響石濤繪畫美學：石濤著《畫語錄》是繪畫義理之學。他以「一畫」論做為他繪畫的指導原則。所謂「一畫」是說在繪畫時，心要純正，依照陰陽對立統一的生生之道（自然法則）去作畫，才能成就大作。石濤云：「立於一畫；一畫者眾有之本，萬象之根。」[57]其因在此。

(2)《周易》提出「神」同樣亦影響「神似」之看法：石濤不僅認為繪畫要形似（摹倣物象），但更要神似。所謂「神似」是說主觀情思與客觀自然事物交融合一的一種心靈情境。唯有神似，才能情與理互透互通。石濤對稱之為「不似之似」，講求氣似而形不似，以氣韻生動去寫實、去寫意，此種「神似」觀點受到《周易》「神」（出神入化）的陰陽妙用之影響。

(3)《周易》「變通」影響《畫語錄：了法章》之創作手法：《畫語錄：了法章》：「法無障，障無法。法自畫生，障自畫退。法障不參，而乾旋坤轉之義得矣。畫道彰矣一畫了矣。」[58]作畫的美境是由心靈自由自在所展現出來。由於心無掛礙，才能隨心所欲，自由創造出物之藝術作品。

---

⑤⑥　同⑤②，頁九九四。

⑤⑦　出自於石濤《畫語錄・一畫章》第一，參閱周志誠著《石濤美學思想研究》頁二○一。

⑤⑧　同⑤⑦，頁二○一。

⑷《周易》九卦之進德修業對石濤「蒙養生活」之影響：石濤說：「畫受墨，墨受筆，筆受腕，腕受心。」(59)藝術創作者的心靈修練是非常重要的。石濤所說的「蒙養」指「繪畫的技巧修養」而言，而「生活」是指「畫家的生活體驗」。因此，一幅具有創作性的藝術作品必須經由心靈進德修業之千錘百煉而成的。

六、結　語：

《周易》美學思想是以整個宇宙生命作爲其審美的對象，講求生氣韻動、活力有勁。而《周易》美學意境在於使宇宙生命韻律與心靈深處契合，進而使得人類生命順利發展與安定。王明居提出《周易》美學精髓如下：「作爲化生萬物的陰陽二氣結合而成的時空合一體中所流轉的生動氣韻、和諧節奏與生命精神，乃是《周易》美學的精髓。」(60)由此可知，《周易》大和美學思想是有節奏感、有規律性的建立在宇宙生命永恆發展與創新的基礎上，表現出生命力的美與大圓之美。因此《周易》美學所提出的原創性之美概念（如「神」、「和」、「象」、「意」、「陰陽」等），指引出中國美學未來所走的方向，值得後人加以研究與創新吧！

(59) 同(58)，頁二〇一。

(60) 同⑥，頁四四六至四四七。

〔參考書目〕

1.名譽主編 李澤厚 汝信合編　《美學百科全書》 北京:社會科學文獻出版社 1990 年 12 月第一版

2.李澤厚 劉綱紀合撰　《先秦美學史》(上)(下) 台北:金楓出版社 1987 年 7 月初一版

3.李澤厚 劉綱紀合撰　《中國美學史》 合肥:安徽出版社 1999 年 5 月第一版

4.朱良志著　《中國藝術的生命精神》合肥:安徽教育出版社 1999 年 9 月第一版

5.韓湖初著　《文心雕龍美學思想体系初探》 廣州:暨南大學出版社 1993 年第一版

6.林同華著　《中國美學史論集》上下冊 台北:丹青圖書有限公司 1986 年台第一版

7.葉朗著　《中國美學史大綱》 上海:上海人民出版社 1985 年 11 月第一版

8.金民那著　《文心雕龍的美學》 台北:文史哲出版社 1993 年 7 月初版

9.樊波著　《中國書畫美學史綱》 長春:吉林美術出版社 1998 年 7 月第一版

10.陳望衡著　《中國古典美學史》 湖南:湖南教育出版社 1998 年 8 月第一版

11.[漢]許慎撰 [宋]徐鉉校定　《說文解字》 香港:中華書局 1993 年 7 月重印

12.劉道廣著　《中國古代藝術思想史》 上海:上海人民出版社 1998 年 4 月第一版

13.劉綱紀 范明華合著　《易學與美學》瀋陽:瀋陽出版社1997年5月第一版

14.王振復著　《周易的美學智慧》長沙:湖南出版社 1991 年 12月第一版

15.劉叔成 夏之放 樓昔勇 等著　《美學基本原理》上海人民出版社 1998 年 2 月第 19 次印刷

16.施昌東著　《先秦諸子美學思想述》北京:中華書局 1979 年 5月第一版

〈《周易》的美學思想〉審查意見

魏　元　珪

東海大學哲學系兼任教授

　　本文以美學觀點，就《易傳》中取材，而《易傳》中確有美學之涵蘊，故某些寫《中國美學史》的學者，皆有《易傳》之美學思想，咸認易傳在美學史上的重要地位。

　　本文列舉《繫辭傳》以及《卦爻辭傳》中之例證，說明《易傳》對美學之貢獻，就觀物取象，藉象喻意以表明《易傳》中立象盡意之義蘊，更就美基本原理與《易傳》相參照，列舉《繫辭傳》本義及有關各卦、卦爻辭傳中之精意，旁徵博引，以發揮其中美學義蘊。

　　本文對「象」有充份之說明，更就《易傳》所倡剛柔相摩、陰陽相盪、造化自出、妙契神意，強調審美標準乃以入神入妙為主，《易傳》強調陰陽、剛柔之相稱，而得壯美與柔美之對稱與相會，更以賦、比、興之義加以發揮。

　　文中更強調憂患意識對審美功夫之重要，以及修辭立其誠人品與藝品之關係，此皆係《易傳》重要之關懷處，更以人文精神彰顯美之特質，立論確當。

　　按《易傳》構成中國古代美學思想發展的重要環節，對中國古典美學思想的發展，產生了多方面的影響，既深刻又久遠。《易傳》不但是《中國哲學史》上一部重要的著作，更是《中國美學史》和《世界美學史》上不可多得的宏論。宇宙萬有莫非是「象」，老子有得於易卦之理，審視宇宙萬有，有形無形之諸

物，以大象無形，大音希聲來描述那不可見不可聽的玄妙的境界。

　　小匠能夠造形，卻不能造妙，大匠卻深体造化的神奇，與宇宙同悠古，觀大象於無形，所畫者乃宇宙之大形。錢鐘書先生嘗言：「《易》之有象，取譬明理也，所以喻道，而非道也，求道之能喻，而理之能明，初不拘泥於某象，變其象也可；及道之即喻，而理之即明，亦不戀著於象舍象可也。」（見《管錐篇》第一冊，頁11-14），錢氏之言，誠有得於易之大象。夫小匠畫形，大匠造境，《易傳》者契合天人之書，讓人幽贊神妙之境，疏通致遠，寄意於機跡，寓境於象，最後以象通詩，以達宇宙境中人之氣象，故孔子贊《易》，《易道》與六藝相通，誠哉斯言，令人回味。按我國《詩》《易傳》《離騷》詞曲皆寓意於字辭之間，最後乃超脫字辭而達形上之迥思。

　　總言之，《易》之有象，以盡其意。《詩》之有比，以達其情，畫之有形，不可盡意，一切皆在賦、比、興中成就其高超的藝術情懷。

　　學美學與藝術者，不可不知《易傳》，蓋《易傳》為詩與美之開端，使人心懷蒼穹，放眼宇宙，以大象無形不拘於心，做個審美的達人。

　　本文描述《易傳》之美學，抒懷深切，有得於《道》，故樂為之跋焉。

理性與自然──
道家自然主義中的人文精神

劉　榮　賢

東海大學中文系副教授

提　要

　　本文在於闡發老莊道家自然主義中所隱涵的人文理性精神，以及老莊之後，以「自然」與「理性」之融合為主軸的儒道二家思想之合流，及其在中國學術思想史上的發展。本文認為：儒道兩家是中國政治思想形成的主軸，而二家思想的合流則以「自然」與「理性」兩部觀念的融合為主軸，並分別由兩漢以迄魏晉時代所發展的《老子》與《易經》的學術思潮所代表。然而「自然」與「理性」的二種思維其實在老莊的思想中已各自隱涵，而此一隱藏在老莊思想中的人文理性精神，則是中國思想史上儒家與道家思想融合的基礎，而儒道思想的融合又是秦漢以下中國政治思想發展的主流。

　　故本文先敘先秦時代由代表周文化的儒家，以至墨家首先跨出家庭倫理的範圍而注意到自然界物類，以激起老莊道家的由「心」向「物」的思想發展。再分別論述老子與莊子思想中所蘊含的人文精神，以及老莊融合

之後道家思想的走向，並論及漢魏以下在「自然」與
「理性」融合意義下的儒道思想的合流，及其在中國學
術史上的發展大要。

關鍵詞：先秦道家　老子　莊子　儒道融合　自然　理性

一、緒論：先秦由儒墨以至道家的思想發展

中國先秦時代哲學思想的發展，一般而言都從儒家孔子說
起。孔子思想的重點在於「仁」，而「仁」字的意義最初主要是
以基於血緣親情的家庭倫理為基礎，然後再將此一套家庭中的
「父子」關係轉化並擴大成為封建政治中的「君臣」關係，因此
「仁」也帶有政治上的意義。周代的封建制度基本上是「政治的
家庭化，家庭的政治化」，本質上是一套「禮樂」，這一套禮樂
以貴族的家庭為主，而其「精神」可以擴展到下層的平民社會[1]，
其目的在於促成整個社會人際關係穩定的教化。

因此由周公制禮作樂而由孔子以「仁」加以解釋的周代封建
文化，基本上都是圍繞在「人與人之間的關係」上。周代文化和
孔子思想似乎都還沒有觸及到外在的宇宙自然界，因此也幾乎不
討論所謂的「物性」問題。「禮樂」中的「仁義」精神，主要牽
涉的是基於人與人之間的同體感應所激發的心中之自覺。人由內
在「心」中的自覺所產生的方向性，成為人類社會發展之主宰性
力量，因此周代封建社會中的禮樂制度其本質上是以「人文精
神」為基礎的。

---

[1] 基於「禮不下庶民」的原則，這種影響只限於「精神」層次之感召而
已，並不是制度本身。

　　戰國初期墨家思想興起，「兼愛」、「尚賢」等觀念標幟著對周代基於家庭思維的文化體系的反抗，代表第一次中國人跨越家庭之範圍，由「人情」伸展到外在世界的「物性」的思維。由開發「物性」逐漸引申出「物類」的觀念，再由物類彼此之間「同」與「異」的上下推衍，促成了中國先秦名家思想的發展，也同時將中國人的思維由「人生界」逐漸朝向「宇宙自然界」發展。

　　在墨家思想發展的同時，戰國時代的中國社會也產生了激烈的變動。井田制度的破壞造成經濟分配方式的改變，直接牽動各國之間的國力消長，於是國與國之間的形勢由於生存的競爭而變得緊張。戰爭的需要促使科技文明的發達，同時也強化並擴大了政治統治之規模。這些政治、社會與文明條件上的變動，當然直接影響了中國人的哲學思維。

　　這種思維方向的改變，基本上是由內在主觀之「心」逐漸傾向於外在客觀之「物」，也就是逐漸由人與人之間的關係擴大到人與物或物與物之間的思維。戰國中期之後，這種由「人事」發展向「天道」的大格局思維模式，成為當時思想的主流，幾乎影響了當代所有的各家思想。在這種天道大格局的思潮之下，老子與莊子代表此一思潮之兩大主軸，也成為漢代以下所謂「道家思想」之骨幹②。

　　老莊道家的產生雖然代表先秦由人生界擴大到宇宙自然界的思想發展，老莊思想的內容也以強調「自然物性」為主軸，主張「見素抱樸，少私寡欲」、「依乎天理，因其固然」，在「勿聽之以心，而聽之以氣」的觀念下，似乎完全沒有人類的人文理性

---

② 「道家」之名起於漢代，然道家思想之實則起於先秦。

發揮的空間。然事實上並非如此，老莊的思想中仍然隱涵有強烈的人文精神。此一隱藏在老莊思想中的人文精神是中國思想史上儒道思想融合的基礎，而儒道的融合又是中國政治思想發展的主流。因此探究老莊思想中的人文精神，以理解爾後儒道思想依於此一接合點所產生的思想融合，並以解釋中國自漢魏以下學術思想史發展的主軸精神，在思想史上應該是有意義的。

當然，所謂道家的人文精神與儒家基於「仁」與人心之「善端」的人文精神，在內容上是不一樣的，老莊並沒有論及此一根源性層面的問題。本文之所謂「理性」及「人文精神」僅止於指謂與「客觀的自然物性」相對應的「以人為主軸的主觀調御能力」③。本文之目的並不在於討論「理性」及「人文」等觀念的內容意義，而是在於解釋儒道兩家思想的融合處在思想史上所呈現的意義。

二、老子思想中的人文理性成分

郭店老子竹簡出土後，學者對《老子》書的產生年代及其文本的形式有了較多的了解。今本《老子》書材料之產生有時間上前後的差別，其中最早與最晚的文本相距甚至於可能接近二百年之久④，莊子思想及其書之產生和《老子》書形成的年代應該有

---

③ 換言之，此二詞在本文中只是一通泛之義而已。

④ 郭店楚墓之墓葬時間據考古研究約在西元前三百年左右，則其文本之出現應該更早。而且就郭店本《老子》之文本形式已有後段引申解釋前段的結構層次看來，郭店《老子》絕非《老子》書最原始的面貌。因此最原始的《老子》文本可能更早，應在戰國的早中期。如此則距離戰國末期《老子》書完全定型，即有可能在一百五十至二百年之間。

一部份是重疊的。然而因為老、莊二者在先秦時代的發展時期是
分屬於各別不同的學術源流，兩者之間並沒有思想承襲上的關係
⑤。本文之目的在於探究道家思想中的人文精神，並不牽涉在思
想史上老莊二者之關係，因此對於道家中的老莊兩大主軸可以分
別討論。以下則先論述老子部份。

　　老子思想的本質在於「歸真返樸」，對人類文明的進展基本
上是持反對態度的。因此《老子》書中所謂「自然」的內容，
「空間」的意義強，而「時間」的意義弱。其所謂「無為」，即
是要人放棄主觀之作為，而依於客觀自然的物性。就此一角度來
看，老子思想中的「自然」和基於人類理性判斷的人文精神似乎
是不相干的。然而事實上並非如此，我們可以從另外一個角度來
詮釋老子思想中的人文思維。

　　《老子》書第五十一章曰：

　　　道生之，德畜之，物形之，勢成之。

　　就此章文字看來，老子的本體宇宙論可分為三個層次：第一
是「道生之」，第二是「德畜之」，第三則是「物形之」⑥。
「道」雖是生化天地萬物的根源，然而因為它無形且又不可名，
因此無法掌握；而形下之「物」既已形成，則天所賦予的物性已
定，也只能隨順。因此在老子思想中，可以為聖人之所取法，而

────────────

⑤ 莊子思想中的天道自然觀念應該是來自於當代天道大格局思維下的思
　　潮，而不是狹隘的來自於《老子》文本的影響，更不是如司馬遷在《史
　　記・老莊列傳》中所謂的「以明老子之術」或「其要歸本於老子」。請
　　參閱拙作〈從老莊之異論二者於先秦為不同的學術源流〉，《東海中文
　　學報》第 12 期（1998 年 12 月），頁 75-99。

⑥ 「勢成之」只是在於解釋「物」既然成形，則已成無法改變之勢而已。

用以從事調理天下之作爲者，則只有在雖無形而卻已可名的「德畜之」的層次了。「德」代表「道」生化萬物之過程中所形成的原則和方向，也就是《老子》書中所謂的「象」的觀念。《老子》第三十五章曰：

> 執大象，天下往。往而不害，安平太。

「大象」即是宇宙天地萬物生化所形成的大方向，這才是聖人統御政治社會之所依據。此章文字之重點除「大象」外，即在於「執」之觀念。「執」即是「掌握」、「控御」，此一觀念已帶有十分強烈的「自我」意涵。吾人讀道家書時，若稍爲細心，應可注意到老子和莊子在這一方面有很大的不同。莊子常用「依」、「因」、「遊」、「乘」等比較傾向於無我而隨順的觀念 ⑦；而老子則常用「我」、「執」、「鎭」、「守」、「必」、「固」等帶有強烈我執意涵的觀念。

「我執」與「自然」似乎是完全相反的兩個觀念，卻同時存在於《老子》書中。其原因在於《老子》書是以「法天道以行人事」爲本質的「君人南面之術」。《老子》書的眞正終極目的其實是在「人事」與「政治」，而不是在「天道」與「自然」。天道與自然只是被觀察的對象，《老子》第十六章曰：

> 致虛極，守靜篤。萬物並作，吾以觀復。夫物芸芸，各復
> 歸其根，歸根曰靜，是謂復命，復命曰常，知常曰明。不
> 知常，妄作，凶。

此章在《老子》書中頗具代表性。「萬物並作」是客觀的自然，「吾以觀復」則是主觀的掌握；「夫物芸芸，各復歸其根，歸根曰靜，是謂復命，復命曰常」是客觀世界萬物生化的自然法

---

⑦ 本文所謂莊子思想通常只指《內七篇》。

則，而「知常曰明」則又是人類主觀對萬物法則的掌控。「觀復」之目的在於「知常」，而「知常」之目的則在於避免因妄作而致凶。在老子的思想中，這正是代表人在天地之自然中所展現出來的人文理性精神。

由此可見，老子思想基本上是「人道對天道的運用」。老子對於形下的「個別物性」完全採取放任的態度，從不在這個層次上表現人類調御的理性能力。老子的注意力幾乎全部集中在以「德」、「象」等觀念所代表的「集體物性」之中。「個別物性」由於「物之形」而「勢已成」，已無人類理性足以發揮的空間，若強加人情於一個別的物性之中，則勢必與落實而固定的「物理」相衝突。然而在集體物性之中，由於它是大量個別物性的集合，多量的物性與物性之間所相互交織激盪而成的勢力推移，使得物性之集團因「龐大」及「複雜」而在方向上變得「模糊」，因而只能顯現出物性流動上的一大致方向，因此其內容中充滿著相當程度的「變化的可能性」。個別物性是固定的，然而累積無數的個別物性之後，卻因「量變」而產生「質變」，使得其中充滿變化的可能性，而成為人類的理性可以發揮的對象。

老子思想之中有一「常道」的觀念，此一觀念的內容則是「物極必反」，《老子》第四十章曾曰：「反者道之動」。「反」即是十六章所謂「歸根」、「復命」，這也是在「夫物芸芸」的集體物性之層次中所歸納出來的。

基於「反者道之動」，老子又引申出另一常道，即所謂「弱者道之用」。「守弱」可以說是老子思想的綱領⑧，也就是其所

---

⑧ 若就更古老的郭店本《老子》看來，可能是老子思想起源時的主軸觀念。《呂氏春秋‧不二篇》中曾謂「老聃貴柔」。

謂應該執持的「大象」。然而宇宙天地間萬物的生化流動，其所展現出來的輪轉倚伏，是十分複雜的。在此複雜多變的自然世界中，只就歸納出一歸根復命的循環法則，此事已足以代表人類理性能力之運作。而更進一步對此一被抉發出來的法則，作出因應，以掌握並造就在形式上最不利，但是在實質上卻是最有利的態勢，則其中所凸顯的人類以變通的理性調御自然物性的意義，是絕對不應在所謂「歸眞返樸」、「無爲自化」等觀念之掩蓋下被抹煞的。所謂「靜默之中，蓋有雷霆焉」一語，最足以表達老子在道家自然主義中所隱藏的人文精神。

　　《老子》書在第三十六章中曾曰：

　　　將欲歙之，必固張之；將欲弱之，必固強之；將欲廢之，
　　　必固興之；將欲奪之，必固與之。是謂微明。

　　此章在《老子》書中一向被認爲是最具有權謀意味的文字。然而如果我們拋開「權謀」此二字背後的負面意義，則其內容其實也是人類基於理性調適的人文精神，故《老子》書稱之爲「微明」。所謂「微明」，意思就是深沉的智慧。老子發現人生界和自然界的物性發展方向並非是直線性的，物性流動的表面性，和其終極性的方向常是相反的。因此依於老子思想，人若想要達到某一目的，則有時必須對現實的物性發展採取逆向之操作，以迎合物性發展的反面流動規律。此即是《老子》所謂「將欲歙之，必固張之」。

　　若就《老子》此章之文字來看：「歙之」與「張之」是正好相反的兩個觀念和作爲，這似乎意味著只要「機械性」的實施反面作爲，就可以達到目的。就「原則」而言或許是如此。然而如果將此原則落實在實際的作爲中時，由於「作爲」必須牽涉到實際的物性問題，因此在物性之交織與流動中的運作，勢必仍然須

要依於理性之判斷。因此，一個原則上的「守弱」觀念，在其實際內容中仍然是充滿著人類主觀理性調理之精神。這種主觀理性表現出一種能在「時間」和「空間」的變化中調御出當下最有利狀態的能力。

在守弱觀念之下這種調理當下「最均衡」「最有利」狀態之目的之達成，其手段有兩種：一種是「作為」，一種是「不作為」。前者是以主觀作為來改變某些個別物性流動的方向，藉以迎合代表天道自然的集體物性的大方向，來達到「永久」之目的。此時作為之目的在於將自身所處之時位調整到與環境之發展同流的狀態。而後者則是不主動改變個別物性之方向，而聽任個別物性之發展而自然與集體物性合流。此時的不作為是基於對環境集體物性流動方向的精確掌握，其所憑藉者其實是更深刻和更全面的對環境物性變化之評估與判斷，其所謂不作為其實是另一種形式的作為。因此，在體現老子思想的「守弱」觀念之進程中，不論是前者積極的作為或是後者消極的不作為，其實質上都牽涉到人類理性的調御與判斷，老子思想中所謂「反者道之動，弱者道之用」的常道觀念，其體現與掌握之所憑藉者，絕對不止是機械性的自然之物性流動而已。

再者，如果吾人進一步思維。老子思想中的所謂「常道」，當其反映在實際物性之流動時，其實並不是「常」，相反的卻是「無常」。換言之，「常道」本身在內容上是變動不居的。「常道」本身之變動有兩個層次：一個是「貫時的」變動，一個是「並時的」變動。所謂「貫時的變動」指的是在社會的流變中，由於時間的累積，導致空間條件的變異，造成集體物性方向的轉換，因此代表「弱道」的所謂「常」也必然隨之而變動。而所謂「並時的變動」則是指在同一段時空之中，由於「人情事故」之

瞬息萬變，所導致弱道原則的變幻莫測。在這種情形之下，必須衡量當下的內在和外在條件，尋繹出一條「形式上」的物性主流，而立刻決定出一條在「本質上」佔優勢地位的因應之道⑨。

　　前者所謂貫時變動的常道，由於立基於較大的時空範圍，屬於時代中的因應之道，基本上是較容易掌握的。而後者所謂並時變動下之常道，則是在吾人日用之間人情事故之轉移，其中的瞬息萬變更足以表現出人類理性的調理精神。老子思想中固然具有復返於原始淳樸社會的觀念，然而其思想之發揚究竟是處於戰國物性文明發達的時代。而後代之人讀《老子》書，想要有得於老子「守柔長久」之智慧，也必然須以日進的物性文明爲基礎。因此，所謂「守弱」智慧的運用，仍必須落實在日用間之調理。而這種在變動的人情事故中因時爲變，以柔弱之道得其常久的理性因應，就是隱藏在老子自然主義中的最可貴的人文精神。

　　這種在自然的物性流動中所隱藏的理性調御精神，首先表現出來的是深沉的「觀察」能力。《老子》第十章曾說：「滌除玄覽」，「玄覽」就是深刻的觀察。深入的觀察是人類理性能力之展現，而爲了開發這種深沉的觀察智慧，所進行的對內在心靈之清淨進程，則更是人類理性的最高表現。而觀察的結果是爲了要加以「分析」，分析之後則是「掌握」，這些固然都不離人類理

---

⑨ 所謂「並時變動的弱道」，筆者在此舉一親身經歷之例：在佛教寺院生活中有「出坡」（打掃環境）的作息，清理大殿佛像有大功德，洗刷溷廁也有功德。一般人都喜歡掃大殿，不喜歡掃廁所。於是師父說：做別人不願做的工作其實功德更大，因此掃廁所比掃大殿功德大。於是大衆又爭著掃廁所。然而此時掃大殿者則因人皆棄之，其實反而功德較大，此時的所謂「弱道」其實隨人情轉移而變化。

性能力之運作。而尤其是在「掌握」之過程中由於面臨到實際物性流動中的「選擇」問題，甚至是不斷變換「選擇」的所謂「調整」，更是人類主觀調御能力之運用。

《老子》思想中所隱藏的這種「選擇」和「調御」之理性精神，在馬王堆所發現而被稱為《黃帝四經》的帛書中，發展出「待時」的觀念內容。在《經法》中有「生必動，動有害，曰不時」，及「動靜不時，則天地之道逆矣」之文字⑩。而在《十大經》中則此一觀念更是被大加發揮，〈正亂〉第五中有「反義逆時」之觀念，「義」與「時」並舉，表示以「時」來解釋「義」，同時也表示「時」以「義」為內容。《十大經》中〈五正〉第三及〈姓爭〉第六兩次提出「作爭者凶，不爭亦無以成功」的觀念⑪，代表戰國時代的思想已經將老子「守弱」觀念中的理性精神抽離出來而加以發揮。此時以「守弱」為本質的「常道」觀念已被轉化成「待時以義」的觀念。由「守弱」到「待時」，並不是代表老子的思想被揚棄，而是代表老子守弱的觀念為了因應時代的演進而被進一步引申和發揮。吾人必須注意，由「守弱」到「待時」的觀念轉變，其思想之本質中仍維繫著一個不變的主軸，此即是「長久」的觀念。在永續生存的欲求之下，謹守卑弱之道的觀念中的理性運作成份，被進一步詮釋為在「雌節」與「雄節」兩端之中求得一個合乎「時中」之思維，此即是人類理性與人文精神之躍動。免於在物競天擇的條件下被淘汰的永續存在之要求，是人類理性能力發展的終極目的。

---

⑩ 見〈道法〉第一及〈論〉第六。陳鼓應《黃帝四經今注今譯》（臺北：臺灣商務印書館，1995 年 6 月，頁 51，196）。

⑪ 見陳鼓應《黃帝四經今注今譯》頁 295，323。

三、莊子思想中的「天」與「人」

　　就思想文獻上來考察，《老子》書是較長時間中累積的文本，而莊子思想則屬於戰國中期稍後的一支百家言，在時代上較《老子》書為確定。因此莊子思想應該是發生在《老子》文本流傳的時期之中，其思想當然可能受到老子文本的啓發。然而老莊二者都是戰國時代發展出來的學術源流，其間並沒有思想上承襲之關係。廣義而言，老子與莊子思想都是戰國時代天道大格局思維方向下的學術發展。其思想之目的都是在於以自然物性之流動為基礎，來思考中國社會的出路，因此基本上仍是以「人」為中心的思維。上文分析老子思想中的理性人文精神，以下則討論基本上以《內篇》為代表的莊子思想中的人文精神。

　　莊子思想中沒有老子歸眞返樸的觀念，因此其所謂「自然」比較不傾向於指謂純粹的自然物性流動，而是同時包含了人類文明的累進。因此莊子思想中有較老子更清楚的人文理性之成份。老子認為「五色令人目盲」，因此基本上反對人類文明的發展，勸人去「人」而順「天」；然而莊子則將所謂「自然」定位在「天與人之間」，主張將「人」融入於「天」。

　　莊子思想的出發點不在於君人者對政治之統御，而是亂世中一介士人的處世情懷。因此其思想的本質不在「掌握」而在「隨順」，由於目的不在掌握，因此對萬物的流動也不須「觀察」或「分析」。而隨順者主要在「無我」，也無所謂「選擇」或「調整」。因此莊子強調的是「離形去知」，主張應放棄人的分別心，以投入環境現實物性流動的「大通」中。「乘物以游心」最能表示莊子思想中的所謂「逍遙」之義。

　　莊子認為人的絕對生命精神的全幅朗現，建立在相對的分別

知見的泯除之上。在這裡有一個推論上的「弔詭」，莊子生命境界的全幅體現之進程與其在知見分別上的歸零是同步的。因此生命的提升，建立在自我的否定。「大知」的完成並不是累積「小知」之後的結果，而是在否定小知成立的基礎上，所開發出來的另一層超越之知。

莊子的「逍遙」基本上是「天」與「人」的合一，這種生命境界的達成首先建立在將「人」轉化成「天」的進程上。前文已提及，莊子並不否定人類文明演進的意義，同時也承認人的生命存在是有限的，也就是在相對的世界中，人的生命活動是苦迫而不圓滿的，這或許和莊子所處的時代充滿著戰爭、饑餓和死亡有關。在莊子的觀念中，人生本來就不能免於苦難，苦難是相對世界中的人類有限生命的本質。

想要脫離苦難勢必先「超越」人類相對有限的生命世界，但是「超越」並不意味著「捨離」。莊子超越生命層次的方法即是將相對世界中的「人為」事物轉化成為客觀世界中的「存在」。〈養生主篇〉中有一段寓言可以做為莊子此一思想內容的展現：

> 公文軒見右師而驚曰：是何人也？惡乎介也？天與！其人與！曰：天也，非人也，天之生是使獨也，人之貌有與也。以是知其天也，非人也。

右師因犯法而遭受刖足之刑，其所以遭受此一刑罰的原因，或因一時之貪念，或因一時之義憤，無論如何，莊子已不再討論，而一概歸之於「天」。此處所謂的「天」，其實並不是指「自然」，犯法而導致受刖足之苦刑，當然是出於人為。莊子之所以歸諸於天，其實是要「銷解」圍繞在此一苦難周圍的所有相對的人為的成因，而把它轉化成一客觀的「存在」。「存在」即是「天」。對於天，人之喜怒無所用之。〈山木篇〉曾說：

方舟而濟於河，有虛船來觸舟，雖有惼心之人不怒；有一人在其上，則呼張歙之；一呼而不聞，再呼而不聞，於是三呼邪，則必以惡聲隨之。向也不怒而今也怒，向也虛而今也實。人能虛己以遊世，其孰能害之！

此文雖出於《外雜篇》，然卻完全能表達莊子「以人事付天道」之義。另外〈達生篇〉中所謂「復讎者不折鏌干，雖有忮心者不怨飄瓦」也同是此義。莊子之義，欲得逍遙者，必須將一切不完美的人事世界轉換成絕對客觀的存在。「存在」本身對於相對世界中的人事苦樂而言是超越的，「存在」本身即已代表「接受」，因此確認「存在」可以銷解對造成此一「存在」的一切因緣條件中的苦樂領納所集起的苦迫感⑫。〈人間世篇〉中葉公子高將使於齊，問於仲尼。孔子告訴他父子與君臣是人類社會中無所逃於天地之間的兩種倫理關係，勸葉公對於君父之命必須「知其不可奈何而安之若命」。「安之若命」看起來似乎是放棄了人類在存在世界中的主宰力，但其實是莊子生命境界提升的一個起點。人類的生命是有限的，「有限」代表人必然被安置在一個無法隨意改變且本身即帶有逼迫性的存在之中。既然苦迫是無法被消滅的「存在的自然」，因此解決痛苦的手段只有朝相反方向的「統合」一途。

宇宙間兩種力量抗衡時，弱者對強者的反抗，到最後常表現為與對方的合一。合一之後對抗解除，而來自於對抗的壓力和苦迫也同時消失⑬。因此，莊子所謂的「安之若命」事實上就是一

---

⑫ 苦與樂都會引起苦迫。

⑬ 戰國時代中國社會由於物性文明的發達，人的心靈世界在強大物性世界之壓力下，反而促進了人與天地氣化合一的天人一體的身體思維，將人的生命內容擴大。此一思想史的發展脈絡，正可以此一原理加以詮釋。

種利用生命與環境的合一，以解除對抗和壓力的「生命層次的轉化和提升」，也即是所謂的「承擔」。「承擔」代表生命與環境的統合⑭。

　　行文至此，莊子似乎完全沒有表現出人類賴以調御及主宰天地萬物的人文理性精神，反而是將生命中的「人」轉化成代表存在與自然的「天」。然而莊子生命精神的開發，正是在將「人」完全轉化而投入於「天」之後，在天人合一之中「生命內容」才得以擴大，而「生命層次」才得以提升。對當下承擔之後，由於對抗的解構，物性流動之間原來的「對向作用力」轉為「同向作用力」，在與物性流動「同步」下，產生了「滿足」的情境。這種「滿足」的情境在莊子思想中稱為「無待」。這種和環境之間的對抗能量的消滅，就是促使莊子生命解放而達於逍遙情境的基礎。

　　這已是轉化之後的「再轉化」。莊子生命的開發，首先是將「人」轉化成「天」，再由「天」回歸於「人」。《內篇》中所述者，都是如何滌除蕩盡分別的知見，然而在「乘物以遊心」中，依任者雖在「物」，而成就者卻在「心」。心能「遊」，能達於「逍遙」之境，表示「人」仍然是這個宇宙的主宰。

　　論述莊子自然主義中的人文精神，等於論述莊子思想中的「齊物」與「逍遙」等主體觀念。原因在於莊子思想中生命境界展現之內容，其實就是人類人文理性精神的發揮。莊子將人在相對世界中的知見分別所引起的苦樂「還原」為宇宙間客觀的存在，將生命與環境的對抗能量轉為順向同步的運作。當生命情境

────────────

⑭　參看陳鼓應先生〈莊子的悲劇意識和自由精神〉。《老莊新論》（臺北：五南圖書出版有限公司，1995 年 4 月，頁 258-267）。

與物性流動同步時，物性流動的「空隙」，也就是物性流動中的
「多重可能性」⑮，也同時顯現。當人與物性之流動逆向對抗
時，這些隱藏在物性流動中的多重可能性，由於衝突時所產生的
黏著性之遮蔽而無法顯現。因此在遊乎天地之一氣之時，人類的
理性與意志反而能在物性的流動之中充分發揮作用。在莊子的思
維中，人類真正的人文理性與自由意志的發揮不但與物性不衝
突，反而是建立在對自然物性的隨順和尊重之上。

　　由此看來，莊子思想之內容其實已隱含有「自然」與「理
性」的調和。「自然」代表物性的命定，而「理性」則代表人類
生命中的絕對自由。只是由於此二者在理論建構上屬於「辯證
式」的重疊⑯，因此在強調「自然」時，人類在宇宙天地中代表
理性主宰的人文精神被隱藏。而這種在理論建構上的隱沒，莊子
則在另一方面透過生命的逍遙境界全幅的表現出來。

四、老莊之後自然與理性觀念的融合

　　上文曾提及，老子和莊子在思維立場上最大的不同在於前者
帶有復返淳樸之世的逆向思維，而莊子的自然義則是較為順應文
明發展的順向思考。老子或許在人類社會的演變中發現了一些屬
於「遠程性」的亙古不變的規則，但是在人類文明進展快速的戰
國時代的「近程性」考慮中，莊子順應社會物性發展的自然觀
念，無疑的較能適應當代思想的要求。老莊思想產生後，隨即融
入整個戰國時代的學術環境中產生相互影響的作用。戰國學術本

---

⑮　這種「多重的可能性」本質上是「發展方向上的多元性」，它來自多數
　　物性相互交織激盪的結果。

⑯　此處所謂「辯證式的重疊」指的是如佛教中的「空有不二」。

以當代實際的政治社會問題之解決為依歸，因此在思想內容上，莊子的觀念較老子更切合時代之脈動。

　　吾人若注意老子與莊子思想產生之後的戰國中晚期的某些文獻，如《莊子·外雜篇》、《黃帝四經》等材料。這些基於天道大格局思維的所謂「道家」思想的發展，在思想內容上，其實已經對老子與莊子的思想內容做了一番取捨。這些經過取捨後的思想發展大致上有下列的幾個方向：

　　一、老子思想中最具代表性的「物極必反」的「常道」觀念已幾乎不再被提起。

　　二、「守弱」的觀念完全被「因時為變」的觀念所取代⑰。

　　另外，在《老子》書中，「道」是先天地生的最根源的創造者，這個觀念固然沒有完全被揚棄，然而戰國晚期對「道」的思維其實比較傾向於「道」是天地萬物生化的全體之意義。

　　這種打破物極必反的常道觀念，而將「守弱抱樸」的觀念轉變成「因時為變」觀念的思維方向，正是人類理性調御精神受物性文明發展之刺激而增長的象徵。換言之，老莊思想內容中所隱含的人文理性精神，已由於物性文明的持續發展而逐漸被開發出來。「自然」與「理性」結合的問題，已成為道家本身及其與其他思想融合發展的主要方向。

　　前文曾述及，老莊思想之中所隱含的人文理性精神的部份，在道家思想所強調的自然主義下被「形式上的」掩沒了。可是道家思想內容中所涵蘊的這一層本質，卻在思想融合的進程上成為其與儒家思想的接合點。儒家中強調「有為」，且以理性應變為

⑰　這些原則在《莊子·外雜篇》中尤其明顯。請參看拙作〈莊子外雜篇中老莊思想之融合〉，《靜宜人文學報》第 11 期（1999 年 7 月）。

主軸的人文精神，成為開發道家思想中理性成份的最佳催化劑。戰國秦漢以下，儒道兩家的思想融合，固然可以解釋為儒家的「理性」與道家的「自然」兩種思維的有無互補，然而同時也可以解釋為道家思想中的理性本質藉著儒家的人文精神而得到發揮。

儒道兩家這種自然與理性思維的融合，其實也同樣可以解釋戰國時代的黃老思想。黃老思想雖成熟於西漢初，然其實在戰國時代已出現。「黃老」思想的主軸觀念在於：將天道大格局的思維方式運用在日益擴大的物性文明的政治社會的發展之中，而歸結於與物為一的「帝王天德」觀念，以統御整個政治社會。天德代表統治者基於自然物性下的主宰精神。黃老常被解釋為道家與法家的融合，其中所謂「法家」代表政治之運作。然而戰國時代儒法二家都從事當時政治的運作，因此所謂「黃老」，事實上也可以解釋為道家與儒家的思想融合。黃老思想的本質正是以理性的精神調理物性的流動，而達到順應社會發展之目的。

五、漢魏以下的中國思想史中自然與理性觀念融合的發展

戰國結束之後，秦漢以下，一直到魏晉時代阮籍作〈達莊論〉，開始將道家思想的重心由老子轉移至莊子的約略五百年之中，是儒家與道家思想融合而成為中國政治思想主軸的時期。在西漢王朝的初期，這種思想融合的進程基本上是以黃老思想的形式展現的。董仲舒建議漢武帝「復古更化」之後，形式上由於儒家與五經關係特深而受到鼓舞，然道家及黃老思想中尊重自然物性的觀念，由於中國社會已進入一個政治統一後的龐大社會，而必然成為政治思想中的底層。因此雖然武帝、宣帝時代「明察好

法」⑱，應可解釋爲只是實際的統治技術在應用上的偏好而已。整個漢帝國的政治思想基本上已逐漸形成以尊重自然物性爲基礎，以運用人類理性的儒道融合的思潮。

儒家與道家在中國學術史上都是以學術思潮而不是以單純的一家之言的形態存在，在各自的內容中都不止是單一的思維發展。道家思想的發展在老莊融合之後，雖然思想內容上莊子並不多讓，然而老子「君人南面之術」的立場，較之莊子的士人處世情懷，在當時以政治問題爲主的時代更顯得當令，因此道家在漢魏之間一向以「老子思想」的形態展現，莊子反而在形式上遭到隱沒。

而在儒家方面，由於實際政治事務推行上的迫切性，《春秋經》成爲儒家在政治運作上的啓示錄。然而《春秋》乃是二百四十年的史事紀錄，在政治實務的啓發性上或許有用，然而在表現儒家以應變調御天地萬化的理性精神上，則顯然不及《易經》⑲。因此在漢魏數百年的學術發展中，乃逐漸形成以《易》和《老子》來代表儒道之間「自然」和「理性」調和的政治思想。在漢代四百年的學術史中，首先表現出此一思維方向者，則是西漢後期的揚雄。

揚雄中年時曾作《太玄》一書。《太玄》形式上是仿《易》而作，然徐復觀先生指出其實其另一本質是仿曆而作⑳。準

---

⑱　漢宣帝曾對太子言「漢家自有制度，本以霸王道雜之」（見《漢書・元帝紀》）。其中「霸道」應指法家，而所謂「王道」，以宣帝之排斥「俗儒不達時宜」、「何足委任」看來，所指謂者應不是儒家「爲政以德」之德，而是黃老思想中統御萬物的「帝王之德」。

⑲　此處所謂《易經》也包括《易傳》部份。

⑳　請參看徐復觀先生《兩漢思想史》卷二〈揚雄論究〉中論《太玄》部份。（臺北：學生書局，1993 年 9 月，頁 475-500）。

「曆」者,是依於宇宙天體運行之自然,基本上是屬於物性科學上的測候;而仿《易》者則是在天地流變中歸納出人類變通主宰的理性。不論揚雄造《太玄》時,是否主觀性的意識到其中的兩種思維,這一套思維已足以代表戰國秦漢以下,基於儒道二家自然與理性之融合而追求中國政治社會出路的學術發展之進程。

另外揚雄又有〈太玄賦〉,首句即曰:「觀大易之損益兮,覽老氏之倚伏」。雖然〈太玄賦〉全文並不在於討論儒道之間自然與理性觀念的會通,而是在於發揮老子清靜自守不掛世網的處世哲學,然〈太玄賦〉與《太玄經》在思維上應該是同一方向的。〈太玄賦〉比較傾向於處世的人生觀,而《太玄經》則是揚雄對當代政治社會出路的思維。人生部份,牽涉到揚雄本人的性格,較傾向於退讓保守;而政治方面,則揚雄的「太玄」觀念中其實已含有在道家的《老子》與儒家的《易經》中加以調合以尋繹出一社會出路的企圖。最值得注意的是:此處是秦漢以下首次正式將《易經》與《老子》二書並稱者。將原本分屬於儒道的兩部重要典籍合稱,代表其思想的方向,這在中國學術發展史上有其重大的意義。

西漢晚期的揚雄將《易經》與《老子》合稱,所表現出來的中國政治思想建構上的意義,在漢魏之間終於成為學術的主流,《易》、《老》二書成為當時學術界最受重視的兩部典籍。魏晉時代許多重要的玄學學者的著作中幾乎都有這兩部書。王弼有《周易注》及《老子注》;何晏曾注《老子》,後來因為見了王弼的《老子注》後才改為〈道德二論〉[21],另外何晏有《周易

---

[21] 「何平叔注老子,始成。詣王輔嗣。見王注精奇,迺神伏曰:若斯人,可與論天人之際矣!因以所注為道德二論。」見《世說新語・文學篇》第七條。

說》、《周易私記》、《周易講說》㉒；鍾會有《老子注》、
〈周易盡神論〉、〈周易無互體論〉等；而阮籍早年也有〈通易
論〉、〈通老論〉之作。在當時凡是注意政治社會問題之討論
者，幾乎都不離於《易》、《老》二書㉓。

　　《易經》與《老子》在以政治思想為主軸的中國學術史上，
自漢代以下已有其特定的意義。即是上文所提及的：以《老子》
代表道家的「自然」，而以《易經》代表儒家的「理性」。王弼
注《易》、《老》二經，開魏晉玄學一代之生面，提出「聖人體
無」的觀念。「聖人」指的是孔子㉔，然「無」則是道家中老子
的觀念。以道家之「無」以解釋孔子聖德的內容，此正是「自
然」與「理性」結合之觀念，依然是漢代以下儒道融合下的思
維。此一思維在漢魏之際應該不是由王弼首先發明，而是一路由
漢代下來的思路，而此一思潮則是由學術界重視《易》與《老
子》二書的傳統而來，由於王弼在此一思潮之中的哲學成就最
高，因此乃成為此一學術階段的代表者。由此也可見，自秦漢以
來以至於魏晉，代表儒道二家思想合流的「自然」與「理性」觀
念之融合，一直成為中國政治思想及學術史發展的一重要脈絡。

　　由秦漢之際以至於魏晉時代，此一主軸在重點上也有轉移。
秦漢之際，物性文明急速發達，因此天道觀念崛起，道家尊重物

㉒　今皆佚，其中《周易說》有馬國翰輯本。

㉓　魏晉時代有《易》、《老》、《莊》三玄。《老子》發展在前，而《莊
　　子》發展在後；注意政治問題者重《老子》，注意人生問題者則重《莊
　　子》。

㉔　魏晉人所謂的「聖人」指孔子，此是漢代之餘習。見《世說新語・文學
　　篇》第八條。

性的「自然」觀念成爲學術思想結構的重心。經過漢代四百多年的發展，在代表「心」、「物」互動進程的「自然」與「理性」的融合中，已由「物」又逐漸向「心」轉移㉕。魏晉玄學雖以「體無」爲聖人之德的內容，然仍堅持老子不及孔子，而以孔子爲聖人的最高典型。這種以儒家孔子爲基礎的思想安排，代表魏晉玄學仍是以人類的理性爲宇宙天地間萬物的主宰，以「心」做爲「心物合一」下的基礎。

魏晉玄學發展的同時，佛教也傳入中國。佛法中所揭櫫的「緣起性空」之義，將萬法的緣起緣滅歸之於般若的性空之中。在佛法中，般若之智即是衆生一心之本體，而依「中道」義，般若之「眞空」不離緣起之「妙有」。因此吾人可謂：佛法中的「緣起」一如道家所謂的「自然」，而「般若」可謂是儒家所謂的「理性」之「心」。因此在佛法中「一心」融攝「眞如」與「生滅」二門的佛性觀念㉖，與中國思想中傳統儒道融合下的「自然」與「理性」合一的生命境界，在思想結構的本質上，是完全可以融通的。佛教傳入中國兩千年，之所以能和中國文化水乳交融，這未嘗不是一個重要的因素。

隋唐以下，宋代理學興起。理學家以格物窮理來從事其「盡性至命」的生命展現。在提倡孔孟正學，排斥佛老異端的學術旗幟下，自然排斥老子而完全以孔子爲聖人的典型，因此魏晉玄學

㉕ 一時間物性文明的發達會導致心力的暫時削弱，然之後「心」會逐漸調整，經由「與物爲一」的「融合」與「擴大」的進退逐漸再增強恢復「心」的主宰力。其實一部人類的文明發展史，正是「心」、「物」相互激盪消長的歷史。

㉖ 此義出於《大乘起信論》中「一心開二門」的觀念。

中做為孔子生命境界之內容的「體無」，在宋代理學中被「體
仁」的觀念所取代。此時「仁」的觀念，已從原來先秦基於倫理
感應以成政治之德之義轉變而成為形上意義的「天地生物之
心」，「仁」已經由人生界中的心理感應擴大到與天地萬物同流
的生命境界。將天地萬物納入人的生命內容中，已成為理學家所
追求的「仁者渾然與物同體」的生命境界的基本模式。所謂「性
即理也」，及理學中所強調的「格物窮理」，其實都代表理學家
們對生命內容中屬於客觀方面的物性的尊重。理學雖以「性」、
「理」為生命存在之基礎，卻將生命存在的意義與主宰歸結於
「仁」或「心」。做為六百年理學總綱領的「心即理」之觀念，
正是中國思想中「心」、「物」合一的寫照，其實也同樣可以解
釋為自秦漢以下所謂「自然」與「理性」結合的代表儒道合流的
中國思想史的發展。

　　北宋理學初起時，也有稱之為「道學」者，然後來「理學」
終於還是取代了「道學」之名而被確定，其原因正是在於「理」
字較「道」字更能表現在「格物窮理」之下「客觀物性」的地位
與意義。而理學到明代之後朝向「心」的方向發展，代表外在的
客觀物性終究仍須融攝在人的良知理性之中。陽明有言：「良知
不由見聞而有，而見聞莫非良知之用。故良知不囿於見聞，亦不
離於見聞」⑳。陽明的良知學代表宋明六百年理學的總歸趣，而
其關於「良知」與「見聞」的定位，豈不正是自先秦以來儒道兩家
「自然」與「理性」觀念融合下的中國思想史發展的主要脈絡。

---

⑳　見王陽明《傳習錄》卷二〈答歐陽崇一〉。

〈理性與自然－道家自然主義中的人文精神〉審查意見

李 威 熊

彰化師範大學國文系教授

一、本文認為中國思想的儒道二家，各蘊含自然與理性思維，這種看法個人十分贊同。

二、提出老莊思想中的人文精神，是儒道兩家融合的主軸精神，很有創意。

三、能利用新出土文物以補文獻的不足，至為難得，如應用郭店楚簡和馬王堆資料。但應用這些資料時，可能要注意到它的準確性，如第 8 頁「黃帝四經」中的＜十大經＞，學術界一般認為應作＜十六經＞，以及《黃帝四經》代表的時代（13 頁認為是戰國中晚期的文獻），可能還要斟酌。

四、第 3 頁老子與莊子書的先後，以及思想相互關係，如無更確切證據，史記說法仍值得重視。

五、第 17 頁提出孔子的仁學思想，到了宋代理學家，才基於「家庭倫理」，轉變為「天地生物之心」與天地萬物同流的生命境界，「家庭倫理」一語宜再考慮。

六、以理性代表人文精神，而所謂理性應稍作詮釋。

七、論道家的「人文精神」與孔孟的「人文精神」仍然有別。因人文精神最根源的問題是來自人有仁心、良知善端，儒家孔孟的人文，是這種精神的展現，而老莊並沒有觸及這根源的問題，所以只能叫次人文，這應加以辨析。

唐傳奇中的愛情美學

林　淑　貞

靜宜大學中文系助理教授

壹、　前言

　　愛情，是人生最美的迴旋曲，在曉風殘月、淺斟低吟之際，千萬種風情的深情密意，縷縷絲絲牽繫兩心，便縱是天涯浪跡，抑是浮雲遊子，亦不能斬除這份惓惓深情，任憑流光悠悠，它便是慢慢吟奏的心曲，時時在心湖揚弦。

　　愛情，也是人生最豐沛的力量，蘊藏無限的青春活力，可排濤馭浪、擎天撼地，更可使人出生入死，不悔不尤的執著與追求，此所以人世歌頌愛情不朽，歷久而彌新，它成就人的主體性與自我完成、實現，是創造、進取的原動力之一，使人類煥發愛的光輝，璀璨而綺彩。然而，愛情也是最無可掌控與挹握的，雖然愛的審美本質是自由、自主的，具有強烈的排他性與偏執性，但是因為時空的阻隔、社會環境的變遷，乃至於情愛對象的情移愛遷，個性上的懦弱或他力的阻撓，皆可毀滅兩人構築的情愛世界，這種銷亡毀滅，又可使人步入陰暗、晦澀、不可救奪的困境中。愛情，如一刀兩刃，一面可創造豐富的人生閱歷，光煥生命的姿彩；一方面也在求索執念中滅絕銷毀。但是美國弗洛姆則認為：「愛是一種積極的活動，而非一種被動的情感，它是主動地

站進去(standing in)而非盲目地沈迷(falling in)，它的主動特徵是給予(giving)而非接納(receiving)。」①弗洛姆正面肯定「愛」應是一種生命的提撕力量，也是生命的積極奮進的原動力，而非情欲糾葛中的沈淪與陷溺，是一種創造性的力量，而非被動、消極的接納；揭示「愛」有其基本的構成因素，包括：關心、責任感、尊敬、了解。（頁二十二）因爲情愛(Erotic Love)旣非轉瞬即逝的男女浪漫結合，也非一種強烈的情感，它應該是一種意志力的行爲，一種把個我生命與他人生命密緊維繫在一起的決策行爲。如果這種情愛發生在兩情相悅的男女之中，則這一份愛情必具有「排他性」，這種「排他性」的愛並非指不再關愛他人，而是在兩人共構的情愛世界中，不容許夾有雜質，但是又不妨害骨肉情、手足愛、朋友義、長幼誼的建構與親密關係。弗洛姆指稱「愛」是一種態度及個人性格特徵的傾向，如果僅沈溺於一人之愛而忽視、不關心其他同倫，則呈現出來的僅是一種共生性的依戀，或是一種擴大的自我主義，非眞愛的表現。（頁四〇）

職是，愛是一種正面積極的力量，可激化、促進人與人之關係建立，而非私己的自我表現與沈淪愛戀而已。它可以是社會進化的原動力，也可以是人與人交接往來中，人我份際關係的表達方式之一。

萊布尼滋(1646-1716)曾將人類的知識領域區分爲理性與感性兩大類型，理性知識所探究的對象是一種普遍性的理則與抽象性概念的示現，將我們導向一個有條理、可驗證的理性世界；感性恰恰與理性相反，表現出純任自然、原始、朦朧的情形，將我們

① 《愛的藝術》(The art of loving)，弗洛姆撰。本文所引採康華爾譯本，北京：華夏出版社發行，一九八七年版、頁一十八。

導向一種渾沌未明的境域。十八世紀開發出來新的知識領域：美學(Aesthetics)②究竟隸屬於理性或感性的領域？因爲它所關涉的主要概念是：藝術、美、感性認識，此後美學家輩出，所討論的範疇不外是：美是什麼？美來自何方？審美態度、審美經驗、美的類型及審美價值等問題，是故美學所研究的範疇既有感性的體驗也有理性的認知。

　　唐傳奇③所示現的人世情愛，若以五倫的等第來分類，可以概分爲君臣、夫婦、父子、兄弟、朋友五種情愛的類型④，但是

---

② 事實上，「美學」的觀念或研究在中西方一直是普遍性的存在著，並非僅僅自十八世紀才開始，但是，眞正將之歸屬於一種研究的範疇與領域是自「美學之父」：包佳頓(Alexander Baumgarten,1714-62)拈出「美學」一詞，大家才有意識地將之獨立成一門專業學問。

③ 本文採用書籍有：《太平廣記》、北京中華書局、1995 年六刷；《全唐五代小說》何滿子審定，李時人編校、西安：陝西人民出版社、1998 年版；《唐人小說》、汪辟疆校錄、台北世界書局；《唐人小說研究》、凡三集、王夢鷗、藝文印書館。主要論述篇目以汪辟疆之《唐人小說》爲主。

④ 例如描寫君臣之義的有〈東城老父傳〉中的賈昌，以三尺童子因鬥雞得玄宗愛賞，及安史亂起，賈昌每於進雞之日則向西南大哭，及安祿山以千金購賈昌於長安洛陽市，亦不往從，變姓名依於佛舍。〈上清傳〉描寫竇憲因陸贄誣陷養俠刺、贓汙罪，自知災禍將至，托青衣上清平反誣陷諸罪。
　　描寫骨肉情深的有〈杜子春〉中的啞女王氏則因愛子被撲擊於石上，不禁惻然發出噫聲。　描寫手足情深的有〈古鏡記〉，王度之弟王勣欲高蹈遠舉，王度知必不可留，以寶鏡贈弟，助其平安。　描寫朋友之義有〈吳保安〉寫吳保安爲救郭仲翔，十年不歸，而郭仲翔亦以眞情回報吳保安，親廬墓側，行服三年，又爲吳保安之子娶妻，恩養至甚。

仍以哀婉動人的愛情故事最多。本文所述愛情，包括男女遇合邂
逅所萌生的情愛及夫妻之情。而在愛情的世界中，若依人物與非
人物來分類，可以概分為人間情與異類情，所謂的「人間情」是
指敘事的主角人物以「人」為主述，「異類情」是指敘事的主角
為非人物，包括精、怪、狐、仙、鬼、魅等。不論是人間情或異
類情，皆令人為之動容，煥發愛情的光輝，而故事的鋪展亦有離
合聚散之不同，本文擬採用美學視角來鉤棘唐傳奇呈現的情愛世
界。愛情是一種情欲的流轉與蠢動，其流向有二，一是順性發
展，以欲為流；一是收攝心性，以理智為流；在唐傳奇所示現的
哀婉動人的愛情故事中，究竟是順著欲流發展，抑是收攝心性，
而以合禮為規矩？若是順情欲發展是否悖逆道德而無理性收攝？若
是以道德為歸趨，是否懲欲窒情，不通人情，而導向禁欲之說？

　　本文試圖從下列四個面向來討論此一命題：一、從愛情生發
的對象來分析美感對象的觸發及人物型態。二、從愛情的類型來
分析美感取向。三、從審美結構來闡述聚散類型。四、最後歸結
唐傳奇愛情世界所豁顯的美感意義。

貳、審美對象的摹寫

　　審美是人類特有的能力之一，對於愛戀對象的擇取，常因人
而異，個人特殊的品味、愛好，常會影響擇偶的因素或條件，愛
情的動力，即在追尋美與幸福中成就自我，實現自我，並且繁衍
後嗣。愛情使不同成長背景的兩人，因為互相吸引，而能共同創
建家庭，除了具有自悅性的滿足，尚有社會性的功能存在。⑤

---

⑤　傅謹將生物對刺激的反應與偏好區分為六種模式：一、在本能支配下的
　　純粹機械性的反應和選擇模式，例如候鳥季節性往來。二、半被動的選
　　擇，例如動物趨向某一固定的食物。三、機體性的選擇與愛好，例如雌

㈠美感對象的觸發

美感對象是客觀的存在，生發愛情的雙方，乃藉由外在容貌而互相吸引，進而因爲氣稟、風度、性情契會而萌生情愫。唐傳奇對於愛情故事中的男女角色容貌、舉止究竟如何描繪？

審美心理，是一種複雜的心識活動，對於客觀存有的審美對象，往往因人而有不同的審美觀點，此關乎個人審美的品味及能力、意向、態度、需求等等，所以審美的感受，是一種主觀的判斷與感知。生發情愛的雙方，究竟如何看待對方呢？如果〈虬髯客〉中夜奔的紅拂女狀若嫫母，則李靖能不被嚇著，如何心生情意呢？如果〈白猿傳〉中的歐陽紇的妻子狀若夜叉、性情若暴風烈陽，則歐陽紇能不在妻子被攫後而額手稱慶？如果馮燕所遇之張嬰妻醜若無鹽，則如何有興趣與之私通？所以，產生情愫的雙方，必由外在美，通向內在美之契合，方能轉化形體之愛而化爲精神之愛。

唐傳奇在刻鏤男女愛情故事時，對於男女主人公的形貌、體態亦多所著墨，我們根據切入的視角來檢視，可以將之擘分爲四類：

㈠敘述者的觀察視角

描寫男女主人公的形貌，是藉由敘述者之視角來刻畫的，例

鳥只對某一雄鳥感興趣。四、與功利目的沒有直接的反應與活動。例如動物對遊戲的愛好。五、建立在經驗水平上，又超越純粹經驗本身的聯想，例如原始人對圖騰的畏懼。六、主體完全主動的選擇性。請參見氏著《感性美學》第一章〈審美—人類特有的能力〉頁 140-142，吉林：東北師範大學出版社，1998 年 5 月二刷。人類愛情對象的選擇，並非僅是生物或動物對外界刺激所作出的反應，其中尚包括人的容貌、氣稟、風度等因素，所以審美能力具有超越動物本能的習性，而能建構出創造性的情感與美感。

如〈補江總白猿傳〉中的歐陽紇之妻「纖白,甚美」;〈李娃傳〉之鄭生「雋朗有詞藻,迥然不群,深爲時輩推伏」;〈長恨歌傳〉之楊妃「舉止閑冶……光彩煥發,轉動照人」;〈鶯鶯傳〉之張生「性溫茂,美風容,內秉堅孤,非禮不可入」……等。這些描繪即是藉由敘述者全知的觀點來客觀摹寫主人公的容貌形態。

㈡男主人公對女主人公的觀察視角

愛情故事中的男主人公如何看待女主人公呢?所描摹出來的樣貌又如何呢?〈李娃傳〉中的鄭生視李娃:「妖姿要妙,絕代未有」;〈湘中怨解〉視氾人「艷女」;〈秦夢記〉沈亞之視弄玉公主「其芳姝明媚,筆不可模寫樣」;〈馮燕傳〉中馮燕視嬰妻「色甚冶」;〈李章武傳〉李氏視王氏子婦「甚美」……凡此等等皆爲男視女的觀察點,而觀察的視角是以表象的容貌爲主,由此可知男觀女是從容貌體態的第一印象爲主,女子若無妍容或風流體態,如何讓人賞心悅目?興發情愫?

㈢女主人公對男主人公的觀察視角

女子對愛戀對象,亦會勾勒出一幅景觀,但是在唐傳奇中,幾乎皆是以客觀的敘述者來形摹男子的體態容貌,或是男子觀女子的體容,甚少女子觀男子體態容貌之摹寫,此象徵一種婉約的、含蓄的情致,往往是由男子主動求索女子,甚少女子因爲觀察男子體容而有傾心之情,摒棄形體之諦觀,女子觀男子的角度多以才華爲情愛萌生的開端,例如紅拂女視李靖有「騁辯」之才;柳氏視韓翊⑥非貧賤中人,任氏感於鄭六眞情相待。……凡

---

⑥　據《太平廣記》作韓翊,劉瑛《唐代傳奇研究、第五章、第六節柳氏傳》指出韓翊,一作韓翃,大曆十才子之一,與李益齊名,頁389,台北:聯經,1993版。

此，皆說明女子擇選愛戀的對象，較能超脫形象拘執。

㈣藉由他人視角之觀察

　　唐傳奇中亦有不直接以男女互視的觀點來摹寫，亦不從敘述者全知觀點來寫，而以他人旁敲側擊的視角來刻摹男女形貌者，目的在突顯男女主人公之迥異儕輩，例如〈霍小玉傳〉鮑十一娘形容霍小玉「姿質穠艷，一生未見，高情逸態，事事過人」藉鮑氏之口來襯托霍小玉人品絕倫，令李益欣喜異常，然此類之運用手法較少。

　　綜上所述，唐傳奇中摹寫男女形貌，喜以男視女的角度切入，以男子主觀的審美態度來賞鑑、品味生發愛情的對象，或是以敘事者全知觀點來繪描女子的形容體態，而所關注的美感取向，男子視女子較落在形體之美，對於容貌、體姿作刻鏤，而女子對男子之觀察點則以才情為主，此所以開發中國才子佳人的愛情模式，將之導向「郎才女貌」的愛情品味中，歷久不衰。

　　事實上中國論人物之美可以區分為形象美與精神美兩種，形象美著重在體貌、身姿與容顏；精神美著重心靈之美、德性之美、人格之美；前者是表象之美，後者是精神內蘊之美；中國論人物之美，希冀由德性之美外顯於體貌，使能全幅朗現充盈的生命精神。對於形象之美的描摹，始於屈原、宋玉的騷辭〈招魂〉、〈大招〉，極盡女子要妙之姿；而對於觀人、銓品人物，據龔師鵬程所言，〈古今人物表〉開啓了人物品鑑之路向，順著東漢政局發展，月旦人物，綜核名實之學興起，又將品鑑之路逆推回觀人任官的路去；魏晉以降，以藝術之品題，來賞鑑人物之美，形成一種風氣，再由銓品人物轉為對藝術、文學之察鑑，成為美學批評之由。⑦其實，中國儒家以人格美、道德美為主，側

---

⑦　請參見《文化、文學與美學・詩歌人物志》，頁 87 至 117。時報文化出版企業有限公司 1988 年。

重形象之美是否會流於表象，而耽溺於物化之美感的求索而無法
蘊育深刻的內涵呢？《詩・鄭風、叔于田》云：「洵美且仁，洵
美且好，洵美且武」所表現的即是內在之仁心善性，外現於形態
之美，此形象美與人格美翕合爲一，才是中國人對「人物美」之
要求，亦即通過道德之「善」通往「美」的路線，此亦即是《孟
子・盡心下》所云：「可欲之謂善，有諸己之謂信，充實之謂
美，充實而有光輝之謂大」揭示「充實之謂美」能豐盈表現人格
之善、信即是美，這就是中國儒家對人格美、人物美之要求。

　　人物之美，旣然包括形態之美與精神之美，前者屬表象之
美，後者表人格之美、心靈之美，在唐傳奇中，若僅流轉於色貌
欲求，則會開出「欲」的求索路線，以「欲」爲主，只耽溺於形
貌，容易在年老色弛之後，情消愛歇；若由外在形象之美通向內
在精神之美則會開出「愛」的執守路線，若是以「愛」爲主，則
可突破人世困限，照映愛情光輝。檢視唐傳奇所示現的愛情故事
中，儼然呈現雙向發展，各成典型，垂照後世。

二、人物類型的示現

　　愛情對象之摹寫除了容貌體態外在美之刻摹，對於人物類型
社會階層或身份地位之摹寫，亦展示唐人生發情愛對象的角色扮
演多元繁富。我們根據唐傳奇的愛情世界中邂逅對象來體察愛情
生發的對象不僅限於人與人類的交接遇合，尚包括人與異類之聚
散離合，是故，本部份將之擘分爲：人與人、人與異類遇合兩大
類型來說明。

篇目出處	男主角	女主角	說明
遊仙窟	張文成：書生	十娘：娼	
枕中記	盧生：書生	崔氏：官	夢中結合
離魂記	王宙：官	倩娘：官	先離形，後合形
柳氏傳	韓翊：書生—官	柳氏：娼	
李章武傳	李章武：雅士	王氏子婦：民女	王氏子婦死後魂 魄亦與之相通
霍小玉傳	李益：書生—官	霍小玉：娼	
南柯太守傳	淳于棼：武將	金枝公主：帝女	夢中結合
盧江馮媼傳	董江：官	梁氏：官女	陰間魂魄
李娃傳	鄭生：書生—官	李娃：娼	
長恨歌傳	唐玄宗：帝王	楊玉環：官女	
鶯鶯傳	張生：書生	崔鶯鶯：官女	
馮燕傳	馮燕：武士	張嬰之妻：官妻	
無雙傳	王仙客：書生—官	劉無雙：官女	
虯髯客傳	李靖：武將	紅拂女：官妓	
楊娼傳	嶺南帥甲：武將	楊娼：娼	
鄭德璘	鄭德璘：商	韋氏：商女	韋氏先死後生
玄怪錄：齊推女	李生：官	齊推之女：官女	齊推之女，先死後生
玄怪錄：郭元振	郭元振：書生	某女：民女	
續玄怪錄：定婚店	韋固：民—官	王氏：官女	
續玄怪錄：張老	張老：仙	韋氏：民女	
傳奇：崑崙奴	崔生：官	紅綃女：官妓	
三水小牘：步飛煙	趙象：書生	步飛煙：官妾	
乾子：華州參軍	柳參軍：官	崔氏：官女	
崔護	崔護：官	某女：民女	死而復生
異夢錄	刑鳳：武將	美人	夢中
秦夢錄	沈亞之：書生	弄玉	夢中

㈠人與人的邂逅：男與女

　　我們從唐傳奇的篇目中，可檢索出男與女邂逅的故事，如上所示。⑧

　　從上表可以發現，男性角色的描寫除〈張老〉篇中的張老是仙界人物，其餘男性角色皆為「人」，而女性角色的描摹可以擘分為三類：一種是陽世人，一是陰間鬼，而在陰陽之間，另有一種出生入死的女主角，為愛而死，竟可再因愛而復生。以變異的人、鬼，及死而復生的女性角色來刻鏤人間情愛，將愛情故事擴展成既有現世可驗性的愛情，又涵融超驗性的愛情。

1. 男性角色的摹寫

　　我們從上表中可以鉤勒唐傳奇男性角色的描寫，可分為幾種類型：

　　⑴書生的形象：例如〈遊仙窟〉中的「我」張文成；〈枕中記〉落拓寥倒的盧生；〈崑崙奴〉之崔生、步飛煙〈趙象〉、〈崔護〉之崔護等。

　　⑵武將：〈虬髯客傳〉李靖、〈南柯太守傳〉之淳于棼、〈馮燕傳〉馮燕、〈楊娼傳〉嶺南帥甲、〈郭元振〉之郭元振等。

　　⑶文官：〈李章武〉中的李章武、〈霍小玉傳〉李益、〈盧江馮媼傳〉之董江；〈李娃傳〉鄭生、〈無雙傳〉王仙客、〈鄭德璘〉之鄭德璘、〈齊推女〉之李生等。

---

⑧　所臚列的男女婚媾、愛戀，未必其主題或主旨皆在闡述愛情者，例如〈枕中記〉、〈南柯太守傳〉、〈盧江馮媼傳〉、〈馮燕傳〉、〈虬蚺客傳〉等，但是吾人仍可從婚媾、愛戀對象的身份地位，考知唐人對婚姻的社會性需求。

(4)帝王：〈長恨歌〉之唐明皇。

從上列的男性角色可以得知，唐傳奇描摹愛情世界中的男性，其身份有文武官吏，乃至帝王、一介不名將士皆有，涵括面廣泛。⑨

2.女性角色的摹寫

(1)官宦女：〈枕中記〉之崔氏、〈離魂記〉之倩娘、〈盧江馮媼傳〉之梁女、〈長恨歌〉之帝妃、〈無雙傳〉之劉無雙、〈齊推女〉之齊氏等。

(2)良家女：〈李章武傳〉之王氏子婦、〈鄭德璘〉之韋氏等。

(3)娼家女：〈遊仙窟〉之十娘、〈霍小玉傳〉之霍小玉、〈李娃傳〉之李娃、〈楊娼傳〉之楊娼等。

由女性角色可知唐人對愛情的表述不以身份尊卑貴賤為取決，純以愛情事件為記載對象。

男女愛情的生發，是一種自我感性情感的顯現，愛情的本質可以是外在美的吸引，也可以是內在美的契合，外在美包括形體、容貌、風姿、氣度，而內在美的感召，可以是精神力量的、生命氣質的吸引，愛情通常是先經由形象、氣度、風姿之感覺的吸引，再慢慢深化為內涵、精神、意志等契合，否則只落入形軀、表象、形貌之愛，一旦色衰年老，則能不情移愛轉？所以深刻的真情必須能突破形容、體態之色相拘執，方能成就感天動地的愛情，如果僅僅是情欲的揮霍，則一無可觀，此所以〈任氏傳〉中的鄭六明知任氏為狐，仍執意相守；〈李娃傳〉中的鄭生

⑨　據劉瑛《唐傳奇研究・第三章傳奇的體裁及其演變》揭示寫作傳奇者多是進士輩，傳奇中的主角也多是進士輩，見該書頁７３至８０。

已凍餒潦倒，乃以繡襦擁而入屋，這些已由外在之形，而通向情意的執守，轉化爲內在情意的相許，這是最眞最直接的感性訴求，擺脫社會性的功利條件，兩情相悅，就是彼此成就自我、實現自我，使愛情從賞心悅目、兩情相悅提昇爲排他性之不容許第三者介入；再進而具有偏執性，唯彼此是情之所鍾。

在茫茫人海中，人如何交遇相知相契的對象呢？流動不居的時空中，交會而互放光芒需要緣份，而在唐傳奇中所示現的情愛邂逅的場合，繁富而多樣，〈崑崙奴〉中的崔生與紅綃女是在一品官的宴會中互有好感，互生情愫；〈霍小玉〉是鮑十娘居中撮合，〈李娃傳〉是鄭生偶然於平康里訪友，窺見室宇內之李娃；〈鶯鶯傳〉中之鶯鶯受母命出見外兄張生而引發張生求索之意念；〈無雙傳〉及〈離魂記〉則屬於青梅竹馬型的愛情；〈定婚店〉〈張老傳〉則是屬於天命注定爲夫妻，機緣一至，便雙雙結合。從這些遇合觀之，愛情之生發，無時無地不可成就愛情，非必良辰美景方能促成。而遇合交接的二人，如何彼此吸引？愛情的產生，可以據外在形象之美而互相愛戀結合，也可以因功利、社會條件的需求而有不同的目的性。根據劉鴻模所言，影響擇偶的兩大因素系統是：一、客觀的社會條件和具體的生活環境。二、主體精神——意識系統，包括主體的動機系統和價值取向。而此二系統是互相滲透的。[10]吾人認爲愛情選擇，較感性，可以是一見鍾情式地激發愛戀，而擇偶則具有社會性與功利性，兩個相愛之人，原本互相吸引的動因僅僅是氣稟相投，一但步向擇偶的途徑時，考慮社會性的因素是未可避免的。所以李益負霍小

---

[10] 請參見氏著《愛情美學——難解的司芬克斯之謎》(Sphinx)第三章擇偶和人的美，第七五、七六頁，台北：新雨出版社，1994 年 10 月版。

玉、李娃自請求去，張文成與十娘之遇合離索，皆是在現實社會原因的考量下，所作的抉擇。

二、人與異類的交接往來

異類情，是指非人之精、怪、狐、仙、鬼、魅等，與陽世人物交接往來所構築的情愛世界。人與異類得以交接邂逅，主要的模式有四：

㈠人類偶入異域，得以邂逅非人之異類。例如〈崔煒〉墜入大井中，得入南越王趙佗墓，獲大食國寶陽燧珠。

㈡異類偶入人世間，得以交接往來於人類。例如〈湘中怨解〉中有太學進士鄭生，於洛橋遇汜人，居留數年，方知汜人為湘中蛟宮之娣，謫而從鄭生，歲滿，啼泣而別。〈崔書生〉遇西王母三女玉卮娘子，與之成就姻緣，後因崔書生之母疑懼而遣去。

㈢異類本即生存在人世間，以變幻身影的方式留存人間，使人未識其真面目。例如〈任氏傳〉為白狐，化身絕色女子，往來於長安市街中。

㈣人類與異類分屬不同生活場域，因緣際會於某一時空交錯點上。例如〈柳毅傳〉中描寫柳毅偶遇洞庭龍女牧羊於涇陽六七里外之道上，由是知其遭遇，為其傳書。又如〈白猿傳〉中的歐陽紇與千年白猿皆各有生活的場域，偶於山中，白猿擄妻，遂展開尋妻殺猿之行動。

魯迅《中國小說史略》云：「傳奇者流，源蓋出於志怪，然施之藻繪，擴其波瀾，故所成就乃特異。」（第八編）我們考知六朝小說有志怪、志人兩大類型，志人小說以描寫軼事為主，志怪小說以記人與異類：神、仙、鬼、怪、狐、妖等之遇合事為主，雖有荒誕不經之事，然所對應的人事及人世情愛皆是可感可泣者。唐傳奇沿承六朝志人、志怪傳統，故而對於「志怪」部

份，仍多著墨處，收關異類情愛的篇目亦不少，據劉仲宇所云：
「人妖之間的戀情，從原始時代便已發生，當時圖騰、感生神話
中，都以人與異類——包括精怪的戀愛、婚配爲中心內容。」
⑪。是故，唐傳奇仍能秉承此一流裔，繼續書寫人與異類之情
愛。

　　職是，人與異類遇合交接的方式有此四種，而在唐傳奇所示
現的愛情對象——異類原型有那些？茲臚列於下：

篇目出處	男主角	異類原型	幻化人物
任氏傳	鄭六：民─官	狐	任氏
柳毅	柳毅：民─書生	洞庭龍女	盧氏
周秦行紀	牛僧孺：書生	王昭君	神仙
湘中怨解	鄭生：書生	龍宮女娣	汜人
玄怪錄：崔書生	崔書生：書生	西王母三女玉卮娘子	小娘子
傳奇：裴航	裴航：書生	神仙雲翹之妹	雲英
傳奇：崔煒	崔煒：書生	齊王之女	田夫人
傳奇：孫恪	孫恪：官	猿	袁氏
三水小牘：王知古	王知古：書生	狐	崔氏

　　從男女對勘的角色來觀察，男性角色以書生爲多⑫，象徵知

---

⑪　請參見劉仲宇《中國精怪文化》第三章恐懼和親昵、二、人妖情結、頁
　　一八五。上海人民出版社、一九九七年十月版。然劉氏對於人妖之戀情
　　指出是由性衝動所引發的精神病一說，甚有可議，存而不論。

⑫　《聊齋誌異》更擴大描寫書生與異類交接往來的故事，成爲一種典型，
　　陸又新分析蒲松齡塑造出書生形象的心理因素有五：一、傳統觀念的呈
　　現，二、才了的自憐心理，三、讀書人的投射心理，四、相濡以沫的同
　　情心理，五、反諷的心理。請參見氏著《聊齋誌異中的愛情》第三章
　　〈聊齋愛情故事的內涵〉第六節愛情故事中的人物類型之第三部份，頁
　　一三０至一三七，台北：學生書局，1992 年 5 月版。

識份子雖未能於仕宦之途一展身手，但是卻有幸能在紅粉知己的相伴下，成就愛情。而女性角色以神仙爲多，男女遇合之事，以書生之平凡身份，得以遇接神仙眷侶，的確是中國儒生一種最美的嚮往。至於猿、狐之遇合，一方面照映人類之有情，一方面也刻鏤異類亦有深情可感者，未必皆禍殃來源也。

　　從上表可以窺知，愛情世界中所追企想望的對象，可以是神是仙，更可以是猿是狐，角色身份的扮演在愛情世界中，是不具任何意義的，伊人的顰笑才是牽動心弦的樂音。但是在愛欲的求索過程中，大抵以男子爲主動追求者，而女性爲被動者，但是女性被動的角色往往有感於男主人公的眞情，而願死生相守，此又開發一種貞定的愛情力量。

參、愛情的類型：美感取向

　　審美經驗是美感的體驗，涵括審美需求與審美能力兩要素，審美需求是一種內在的、超然的動力，能摒棄功利的、目的性的欲求態度，而審美能力，則往往與個人的趣味、感覺、理解能力、感知能力、欣賞能力相結合而成。[13]職是，在愛情的世界中，示現出來的美感取向往往迥異。我們若依男性女性對愛情索求的美感來分類，則可釐析爲下列二類：

一、男性對愛情美感之求索類型

　　基本上，我們將唐傳奇男性對愛情美感的求索類型從四方面

[13] 史多尼滋對審美態度的取決，指出：「爲了知道任何對象本身的緣故而採取的無私及同情的注意與沈思」即明示無私、同情是審美態度的先決條件。吾人則認爲審美態度是一種主觀、主動的取擇，無關乎利害是非，凡能觸發內心美感的波動即是一種美的感知。

來說明。

1.紅粉知己型

　　男性對於追索中的戀愛對象，必有一幅藍圖，可供按圖索求，男人在未仕達之前，總是想望有紅粉知己，可以消解人生的困頓逃遭，作爲自己奮進的力量，所以唐傳奇中的紅粉知己，或是慧眼獨識的佳人，正是生命偃蹇中的主人公所追盼的對象。〈柳氏傳〉寫柳氏自門窺韓翊，知其必有騰達之日，李生逐將柳氏贈韓翊，兩情相獲，其喜可知，次年，韓翊果中第，與柳氏屛居間歲，柳氏謂翊云：「榮名及親，昔人所尙，豈宜以汲浣之賤，稽採蘭之美乎？且用器資物，足以得君之來也。」柳氏先是識眼獨識，後，又以功名之事相勸，勿以兒女情長耽誤前途，歲餘，乏食，乃自鬻妝具以自給，展現泱泱的風度，一方面不讓韓氏墮入溫柔鄉無以泅渡，一方面又能堅貞自守。〈虯髯客傳〉描寫李靖於衆中騁辯，紅拂女獨識其才，後夜奔，一方面寫紅拂女識人之能，一方面寫她敢於追求愛情的勇氣。

2.深情執愛型

　　愛情的大海中，也有執意深情相付而努力求索的，愛情力量，使們他上天入地求之遍，只爲了成就這份愛情，例如〈無雙傳〉中描寫王仙客深愛表妹劉無雙，服喪歸舅父家，以錢數百萬給使，達於廝養，遇舅母生日，獻鏤犀玉，以爲首飾，及涇原兵亂，舅父疾召仙客，處置家產，事成，可將無雙嫁之，然兵亂平反後，無雙被充入掖庭，王仙客以塞鴻爲驛吏，烹茗於簾外，求無雙訊息，又於修渭橋之際，假作理橋官，得見無雙一面，最後得古押衙之助，以茅山道士之法，將無雙救出掖庭。〈李章武傳〉描寫李章武與王氏子婦生死不渝的眞情，王氏子婦雖死，李章武猶惦記情緣，不畏死生異途，宵寐相會。〈李娃傳〉寫鄭生

對於李娃之愛戀未曾斷絕，雖至身敗名裂，猶眷戀不忘。〈長恨歌〉描寫唐玄宗雖已自蜀歸來，猶念楊妃之情，三載一意未曾斷絕，〈白猿傳〉寫歐陽紇之美妻被劫，遍尋數月方尋獲，並殺猿救妻。〈任氏傳〉寫鄭六不因任氏為狐，真情相對，感動任氏，願貲居與一文不名的鄭六相守。〈齊推女〉寫丈夫李生於妻死後仍有憾，欲為其雪冤，終求得田先生，使能具魂而歸。〈裴航〉寫裴航愛戀雲英，不辭辛苦於百日內找尋擣藥玉杵臼，並擣藥百日方應允婚事。這些愛情故事皆展示主人翁深情執念的一面。

3. 攀龍附鳳型

〈秦夢記〉中的沈亞之娶秦公幼女弄玉公主；〈南柯太守傳〉中的攀緣金枝公主；〈枕中記〉中的夤附崔女，〈霍小玉傳〉中的李益另攀崔氏高第，皆是一種社會地位性的考量，〈李娃傳〉中的李娃助鄭生功成名就之後，全身而退，亦是思量自己身份地位與鄭生不配，自請求去。以上皆是側重婚姻所能帶來的附加價值，以社會利益為考量。有須說明者，這些愛情非主體性的自由追求，所以在唐傳奇中亦不佔重要篇幅，然而卻能側面顯示唐人對婚姻的態度除了要求門當戶對外，若能攀結五姓女，自是士子進階的步道之一。⑭

4. 愛欲結合型

以一時快感求合，難免在吸引力消退後遭遇情移事遷的變

---

⑭ 攸關娶五姓女或以門第為重的婚姻，論者甚夥，李樹桐在〈唐代婦女的婚姻〉中亦指出唐代婚姻以門第為重，門第是女子擇婚的第一目標，反之亦然。為求攀緣，已達買賣婚姻的程度。請參見《中國婦女史論文集》第二輯，頁六四至八五，台北：台灣商務印書館，1988 年版。吾人證之唐傳奇，亦可知〈霍小玉傳〉中的李益聘盧氏表妹，「聘財必以百萬為約，不滿此數，義在不行」的原故。另有〈南柯太守傳〉、〈枕中記〉皆以夤附甲族為晉身之階，可窺一斑。

化。〈霍小玉〉中的李益每自矜風調，思得佳偶，博求名妓，久而未諧，後經鮑氏引介霍小玉，曰：「有一仙人，謫在下界，不邀財貨，但慕風流，如此色目，共十郎相當矣。」李益聞之驚躍，神飛體輕，引鮑氏之手且拜且謝曰：「一生作奴，死亦不悼」，寫出李益之輕浮浪蕩的神情，而鮑氏之言，更能點撥出李益的性格：「小娘子愛才，鄙夫重色，兩好相映，才貌相兼。」輕佻的言語已說明李益只在尋求名妓，非求眞愛，而霍小玉亦有自知之明：「妾本倡家，自知非匹。今以色愛，托其仁賢……」霍小玉以美貌與李益之才調結合，自知身份非匹，難免深夜悲啼。〈鶯鶯傳〉中張生自云：「余眞好色者，而適不我值，何以言之？大凡物之尤者，未嘗不留連於心，是知其非忘情者也。」最後與鶯鶯後手，更托辭云：「大凡天之所命尤物也，不妖其身，必妖於人。使崔氏子遇合富貴，乘寵嬌，不爲雲，不爲雨，則爲蛟，爲螭，吾不知其變化矣……予之德不足以勝妖孽，是用忍情。」說明張生是以「好色」求索情愛對象，一旦彼此吸引的力量消退，自然導向離散的結果。〈馮燕傳〉描寫馮燕出行里中，見戶旁婦人翳袖而望之，色甚冶，使人熟其意，遂與之私通。這份情感亦是以「色」求索，既是以色、以欲望爲結合點，自難求其長久。〈遊仙窟〉寫張文成與十娘乍逢還別的一夜情，亦是愛欲求索。

以上四種類型說明男性對女性愛情求索的四種美感取向，有眞情執念，亦有欲望的蠢動。其中，紅粉知己與深情執愛型較易導向眞情廝守，而攀龍附鳳與愛欲結合型則易導向情移事遷，感慨繫之矣的路向。

二、女性對愛情美感之求索類型

在講求門第婚姻的唐代社會中，女性固然以高攀名門爲尚，

然而在唐傳奇中的女子，出身或許不高⑮，對於情愛的追求，甚於門第之追攀夤附，顯示女子能擺脫世俗視界，為自己贏取愛情的幸福。

1. 慧眼獨識型

不以位階隆衰為取擇條件，能於茫茫人海中獨識矯然不群的英雄人物，主動追求愛情，例如〈柳氏傳〉中，描寫韓翊館居李生別第，柳氏自門窺之，謂其侍者曰：「韓夫子，豈長貧賤者乎？」遂屬意焉，其後李生將柳氏贈予韓翊，雖然兩情以：才、色為結合點，但是柳氏之賢慧，韓翊之深情，深化彼此的感情，雖經離亂，仍能在許俊促合下相聚相守。〈虬髯客傳〉中描寫李靖騁辯，一妓有殊色，執紅拂，立於前，獨目公，美人識英雄遂夜奔李靖。〈崑崙奴〉描寫紅綃女對崔生情有獨鍾，以暗號誌之，冀能脫出一品官之重院，後得崑崙奴之助，果能相守。如此慧眼獨識，似乎說明一事，在傳統的愛情小說中，「郎才女貌」一直是促使男女結合的動因之一，女子之色貌，匹配男子之才華，方能相互彰顯生命的光華。

2. 報恩型

報恩型的愛情，雖然自主性不夠強烈，但是，在傳統的小說中，常常以此作結，揭示「善心有報」的圓滿結局。〈柳毅傳〉寫洞庭龍女為報柳毅傳書之情，以身相報，然柳毅並非貪其榮財，辭婚而去，洎二娶皆亡故，方化身盧氏嫁柳毅，成就神仙眷侶。〈楊娼傳〉寫楊娼以死相殉嶺南帥甲之真心相待。〈上清傳〉寫上清為竇憲雪冤平反，以報知遇之恩。

---

⑮　例如楊娼為名娼；霍小玉為霍王小女，流遺於娼家；李娃為長安名妓；柳氏為李生侍妾；紅拂女為楊素家妓；凡此皆為其例。

3.深情無悔型

〈任氏傳〉中的任氏雖爲狐身，但是對鄭六不棄其爲異類，遂甘心與之賃屋而居，抗斥韋崟之利惑並助其謀官獲財，最後拗不過鄭六深情呼喚，雖知不利西行，仍然與之偕往，後身死異鄉，是屬於深情無悔型。〈步飛煙〉寫步飛煙，雖與趙象私通，但感其眞情，自己亦眞情相待，後武公業知其事，鞭斥亦不肯屈，臨終一語悠悠道出：「生得相親，死亦可恨」將女子之深情，刻繪生動，〈霍小玉〉中的霍小玉明知李益不可能與自己白頭偕老，但是一心想望以八年之期相守即可剪髮披緇，遁入空門，及至臥病床榻猶念念不忘，深情女遇負心郎亦無可奈何之事。〈李章武〉中的王氏子婦雖踰越禮法與李章武私通，但是至情不渝，死後仍眷戀李章武，不辭陰陽異路，遠來相守相送，突破死生障礙。〈長恨歌傳〉中的楊妃，雖已死生異途，仍感念玄宗對她的深情，冀他日再續前緣。

4.名份追求型

〈盧江馮媼傳〉寫梁氏，雖已歸陰界，然謹守名分，不肯將筐筥刀尺以授後人，爲的是持續名份之愛。[16]

克羅齊(Bendetto Croce)認爲美感建立在直覺(intuition)的基礎上，並將之擘分爲兩組類型：直覺／邏輯、想像／理智、個體／共相、個別事物／中間關係、意象／概念，此二種典型兩兩對立，鑑賞的理論即建構在直覺的知識上，是屬於想像的、個體的、意象的；由是可以推知愛情生發是由對象引起的，有其吸引

---

[16] 對於名份之重視，在宋話本中亦有其例，〈蔣興哥重會珍珠衫〉寫巧姐私通他人，後經輾轉流落，終於重回蔣興哥身旁，然身份已由正妻位移爲妾，其褒貶可知。

人之處才能觸發美的直覺而感知，事實上，美並非僅由直覺引發，此中有許多學派各持己見，各有論見⑰，吾人認為美存在於客體的形象及主體的感契，是探主客合一相融的情境。審視唐傳奇中男與女追企的愛情美感取向可知男與女的取擇視角不同，男以才，女以貌，匹配結合，男性對愛情的求索，雖亦有深情相付者，但較易受社會利益價值影響，而女性則純任真情付出，激盪出猛烈真誠的情愛，脫離直覺、直感式的愛情。

肆、審美型態：聚散結構

審美的型態有崇高、優美、秀美、悲壯、雄渾等之不同，在唐傳奇的愛情世界中，吾人擬從故事結局的視角切入，此即是聚合與離散兩種類型來論述，冀能提綱挈領，總其綱目，因為此兩種類型即能概括愛情故事的類型美。

一、聚合類型

是指生發愛情的兩端，因各種阻力或環境遷化、人世阻隔等不可抗拒的力量而分離，終究能重新團聚，茲舉二例以說明，例如〈柳氏傳〉的遇合離索的情節結構如下：

柳氏
韓翊

李生贈妾　屏居間歲　韓翊省家　盜覆二京　沙吒利劫柳氏　許俊奪回柳氏　柳氏歸韓翊

---

⑰ 其實，關於美源於何處，根據田曼詩所分，可派分為形上學派、心理學派及社會學派，由於立論的基礎不同，對於美的詮解迥然有別。請參看氏著《美學》、三民書局、1993 年五版。

　　柳氏原爲李生的寵姬，自門窺韓翊，美人識英雄，有意屬
之，於茲始焉。後李生知其意，乃贈妾於韓翊，韓翊久仰柳氏之
色，而柳氏慕韓翊之才華，兩情皆獲，其喜可知，第二年，韓翊
果中第。二人共處年餘，柳氏勸韓翊回清池省親，歲餘未返，又
遇天寶末年，盜覆二京，柳氏乃剪髮毀形，寄跡法靈寺。後柳氏
爲蕃將沙吒利所劫，寵之專房，許俊知韓柳情深，乃爲之奪回柳
氏，二人得以重聚。

　　〈無雙傳〉的遇合結構如下：

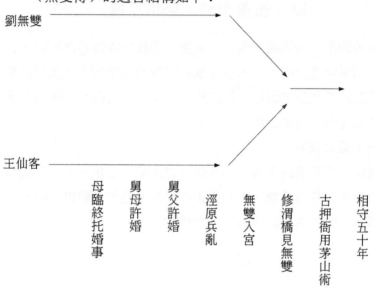

劉無雙

王仙客

母臨終托婚事
舅母許婚
舅父許婚
涇原兵亂
無雙入宮
修渭橋見無雙
古押衙用茅山術
相守五十年

二人先聚後散，凡歷涇原兵亂、無雙入宮、迄古押衙用茅山道術方能相守。

由上二例可知，聚合結構中常有不同的阻力造成兩人分開離索，但是經由一定的求索、追企終能重相聚守，過程雖然有異，聚合的原因亦不盡相同，但是團聚即是一種美的結合類型，其簡式結構爲：

　　　　散——聚

或　　　聚——散——聚

而促使聚合原因的模式可能有那些類型呢？本文試將唐傳奇中攸關聚合類型的篇目及其原因臚列於下：

聚合模式：

篇章	自助	他助	天命不可違
補江總白猿傳	歐陽紇尋妻		
離魂記	形神相合		
柳氏傳		許俊劫回柳氏	
李娃傳		鄭父六禮聘回李娃	
無雙傳		古押衙救回無雙	
虬髯客傳	紅拂女夜奔李靖		
鄭德璘		府君助韋女復生	
齊推女		九華洞仙官助齊女復生	
定婚店			命中注定
郭元振	某女報恩爲側室		
崑崙奴		崑崙奴助劫紅綃女	
張老			天命不可違
裴航	裴航努力求索		

從上表可知，聚合的原因有三：

1. 自助者

愛戀中的男女或夫妻，因外力分索，憑靠己力終能團聚者屬之。〈補江總白猿傳〉中的歐陽紇尋愛妻經數月，終能殺猿救妻；〈離魂記〉中的倩娘深愛表兄王宙，離形與之相守五年，後，歸家又形魂相合。〈虬髯客傳〉中的紅拂女夜奔李靖，勇敢尋找自己的愛情。〈郭元振〉中的某女主動爲側室以報救命之恩。這些皆是勇敢的追求自己愛情。

2. 他助者

愛情兩造終能團聚者，因他力助成者屬之。例如〈柳氏傳〉中的柳氏與韓翊因許俊劫回柳氏而重聚守。〈李娃傳〉中的李娃自請求去，鄭父知其爲奇女子，不嫌其出身微賤，以六禮聘回，方使鄭生與李娃相守。〈無雙傳〉中的古押衙以茅山道術救回無雙，使一對情人終能成美眷，其中，王仙客之深情，雖歷百折亦不銷磨其堅貞的愛情。〈鄭德璘〉以府君之力助韋女復生，重回人間。〈齊推女〉以九華洞仙官助齊女具魂重生，夫妻團聚。〈崑崙奴〉以崑崙奴劫持紅綃女，得使崔生一圓相思夢。以上諸例雖皆夤緣他力方能相聚，但是主人公強力的愛情力量才是促成團聚的主力之一，例如許俊感韓翊之深情，崑崙奴感崔生之相思，古押衙感王仙客之知遇，田先生感李生之夫妻情深，遂能助其團聚，他力之助，仍是源於主人公強力的愛情感召。

3. 天命不可違

在循環的命理中，注定的天命是促成婚媾或團聚的主力，例如〈定婚店〉中的韋固與王氏，歷十餘年歲月流轉，仍在月下老人紅線的牽導下成就姻緣，天命注定，不可逃脫。初者，月下老人告知韋固未來婚媾的對象爲市場眇目婦人手中女嬰時，曾企圖

以己力破壞與王氏之姻緣，僅傷其額眉，最後，在天命的見證之下，人世注定的婚姻早已被安排好了。復次，〈張老〉中的張老求婚於韋氏，韋氏欲其日內得五百緡，張老果得之，韋氏亦不恨，乃曰：「此固命也。」遂許嫁於張老，「此固命也」說明命理注定，人力無可挽回。⑱

　　在唐傳奇中，一方面描寫男女主角勇於為愛情而追求，突破禮教的設防，完成愛情；一方面卻又揭示「天命」中人力無可挽回、逆抗的力量，正可窺看出唐人一面以噴薄的氣勢，揮霍情愛的光華，一方面卻又謹守流轉中的天運命理的不可予奪，一是放，以幅射式地將愛情揮灑而出，一是收，以聚斂式地肯定冥漠天理的命定，將唐人一體兩面的精神風貌示現出來，天命的循環不可變奪，而在努力中肯定人自由主體的心靈追求，只要感契冥通，仍可突破外力阻隔。

二、離散類型

　　以離散類型展現者，在中國的傳統中，以悲劇視之，在美學中，悲劇的淨化力量，更甚於團聚式的喜樂。

　　例如〈霍小玉傳〉：

---

⑱　據龔師鵬程所言，唐傳奇的天命觀念是作者創作的主要意念內容，是一篇主題所在，也可能是預函架構，此皆揭示天命不可違逆，又云唐傳奇揭示天命，在於以人為主的小說中，人的本身卻不具備天命化身的地位。請參見〈唐傳奇的性情與結構〉台北：金楓出版社所輯《唐人傳奇、導論》1987 年 5 月。

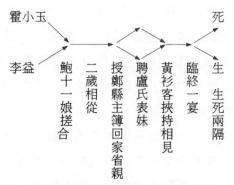

　　基本上，霍小玉的遇合類同於柳氏傳的結構，所不同者在於柳氏傳是以結合爲結局，而霍小玉傳則以李益負心，致死生兩隔的悲劇，霍小玉的衝突是來自霍小玉身份不能與李益匹配，李益又未敢忤逆李太夫人所聘婚姻，縱有黃衫客相助亦無力改變沈疾的霍氏。

　　〈鶯鶯傳〉亦是屬於離散結構：

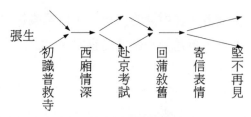

　　〈鶯鶯傳〉中的衝突在於鶯鶯與張生以不合禮教，難成就婚姻，且張生以色欲求索，終致兩相離索。

　　由是可知，生死訣別是悲劇，但是〈霍小玉傳〉是李益負心，致霍小玉沈疾臥榻而亡；〈楊娼傳〉中的楊娼是殉情而死；〈長恨歌傳〉中的楊妃是六軍賜死。而非死生訣別，也能造成悲劇的是構成愛情的動力不再，且在社會附加條件下致使鶯鶯與張生生離，這些離散原因雖有不同，但是皆示現離散的悲劇性，其簡式結構爲：

聚──散

　　而造成離散的原因爲何？茲將各篇離散模式臚列如下：

　　離散模式：

篇目	性格	環境	不可抗之外力	自然死亡
遊仙窟		乍會還別		
枕中記				盧氏亡
任氏傳			不利西行，鄭六執拗偕行	
李章武				王氏子婦亡
霍小玉傳	霍小玉深情相守		李益太夫人訂約盧氏	
南柯太守傳				金枝公主亡
盧江馮媼傳				梁女亡
長恨歌傳			賜死馬嵬坡	
鶯鶯傳	張生始亂終棄			
周秦行紀		乍會旋別		
湘中怨解			宮中蛟娣讁期至	
秦夢記				弄玉亡
馮燕傳	殺張嬰之妻			
楊娟傳				嶺南帥甲亡楊娟殉
崔書生		崔夫人疑阻		
孫恪			袁（猿）氏歸山	
王知古	殺狐			
步飛煙			鞭撻至死	

　　以上離散結構由其構成原因來考索，可以分爲：

1.性格悲劇

　　〈霍小玉傳〉以美貌欲求才調相當之兒郎，然執意深情廝守的性格，再加上李益性怯懦不敢忤逆太夫人訂約於盧氏表妹，其

悲劇衝突即在此顯現。〈鶯鶯傳〉中的張生始亂終棄、馮燕之殺張嬰妻、王知古之殺狐，其離散原因始於以色結合，遂未能持久。

2.環境造成的悲劇

〈遊仙窟〉之逢場作戲、〈周秦行紀〉之乍會旋別、〈崔書生〉之崔夫人疑阻，皆是來自環境之不可改變。

3.不可抗拒之外力

〈任氏傳〉不利西行鄭六執拗偕行、〈長恨歌傳〉楊妃賜死馬嵬坡、〈湘中怨解〉氾人謫期屆而回歸、〈孫恪〉之袁氏回歸故山，皆是順應外力變化之理，不可改變，致生離死別異途。

4.自然死亡

人世大悲在於生離與死別，自然死亡是天理運行之理則，不可改變，但是，在情愛中的男女，面對死生訣別時，其悄然悽愴的深情，磨成刺戟常在心頭湧刺，雖時空阻隔、生死異途，但是執著的深情不因形魂流逝而隨之流轉。〈李章武〉即刻鏤人世最深刻的愛戀，死生已成永訣，但是王氏子婦仍突破冥界之障蔽與之話別。嶺南帥甲身亡，楊娼亦隨之殉情而死，執著之深情超脫死生界線，供人歆歠，嘆惋不已。

黑格爾指出悲劇源於衝突，而衝突有三：一是人與大自然的衝突，二是人與他人的衝突，三是人與自己的衝突，言簡意賅分畫典型，但是在唐傳奇所架設的情節當中，若以黑格爾之說為說，則性格悲劇是屬於人與自己的衝突，而環境造成的悲劇是屬於人與他人的衝突，不可抗拒與自然死亡則屬於人與自然的衝突。黑格爾並指出在現實世界中，人的精神歷程本身就是不停的衝突與克服的歷程，雖則如此，但是在衝突與苦難中，可以彰顯人的精神、個性上的堅強與偉大，顯示主體力量的不屈不撓，例

如〈長恨歌傳〉上天入地求致魂魄的深情以及〈無雙傳〉中的殷勤求索，皆示現主角人物，深情不悔的執著。

　　至於悲劇爲何能激發我們的美感意識呢？根據巴徹爾(S.H. Butcher)所言，悲劇的效能有二：一是能激發我們的同情、哀憫或引發刺激與恐懼的情感。二是能加深我們生命新的廣度、深度，傳達人類不可改變生命的困限，或是展示人類天性上的偉大和可憫之處，是故悲劇型的故事，亦能芬芳悱惻，感動我們，並藉由滌洗的作用而提撕生命的深度與廣度。此所以唐傳奇中的悲劇故事，仍能感動千年後的我們。

　　最後我們可以歸結愛情審美類型的結局有二：

聚合結構：

聚 ——— 散 ——— 合

離散結構：

聚 ————— 散

　　以上爲愛情聚合、離散結構的基型，離散的結局乃因爲死生相隔，或情盡緣散，而重逢相聚的結局，乃在經過人世變亂之後，仍能重續舊情。聚合結構，揭示團圓式的愛情；離散結構揭示分離式的愛情悲劇。

陸、唐傳奇情愛世界所豁顯的美感意義

一、打通死生界域：

愛情的遇合，通常是無關乎利害的。

　　愛情，成就一段美麗、浪漫的故事，脫落人世種種羈絆。〈李章武傳〉中的李章武與王氏子婦明知彼此身份懸殊，且各有名份應執守，但是，愛情的力量，化解、突破禮教的藩籬，使他們甘心守候一份無名無份的真愛，王氏子婦在臨終時，猶念茲在

茲，死後化爲魂魄亦前來相敘舊情，甚至李章武行，獨行數里，自諷誦，忽聞空中歎賞，音調悽惻，更審聽之，乃王氏子婦，自云：「冥中各有地分，今於此別，無日交會。知郎思眷，故冒陰司之責，遠來奉送，千萬自愛。」顯示王氏子婦，雖爲已死之鬼，然情深猶不相忘，這份深情已跨越死生的界線，將兩顆相知相守的心靈緊緊牽繫在一起，生與死，已未能阻隔、拘絆眞心信守的愛情。〈長恨歌傳〉寫唐明皇三載一意，眷念楊妃之意不斷，求之夢魂，杳不可得，以臨邛道士求訪玉蹤，果得楊妃，楊氏云：「由此一念，又不得居此，後墜下界，且結後緣。或爲天，或爲人，決再相見，好合如舊。」雖然一生一死，但是情牽幽冥。

　　愛情的意義若能爲所愛之人而犧牲，是一種成就自我、豐厚自我生命價值的方式之一，感官物質的求索只是一時，一時求償快感，瞬轉成空，需要更大更多的外力刺激才能引發更大的動力與衝力，而眞情就是一種源源不斷的動力，在成就愛情的當下，也完成了自己，〈步飛煙〉中的步飛煙已爲人妾，爲了愛情可以自毀貞烈之名聲與趙象私通，乃致臨終云：「生得相親，死亦何恨」，愛情，即是一種當下享有，也在當下成就主體自由的心靈，摯愛的深情，映照步飛煙的猛烈情痴。〈楊娼傳〉知嶺南帥甲歿，娼乃盡返帥之賂，設位而哭，曰：「將軍由妾而死，將軍且死，妾安用生爲？妾豈孤將軍者耶？」即撤奠而死之。

　　〈任氏傳〉中的任氏明知不利西行，鄭六懇請偕行，乃云：「儻巫者言可徵，徒爲公死，何益？」但是在鄭六深情呼喚下，仍然以性命相許，果遇西門圉人教獵於各川，死於犬蹄。〈齊推女〉寫齊女卒半年，李某知其死，不得其終，悼恨旣深，思爲冥雪，後知田先生乃九華洞中仙官，求助，使妻能具魂而還生。

　　愛情成爲鮮活的動力，讓深情相執守的人，可以因愛而生，爲愛而死，生死大限，不過是形軀的區隔，眞正的愛情是可以突破生、死關口。

二、突破形神障蔽

　　「開闢鴻濛，誰爲情種，都只爲風月情濃」，這是《紅樓夢》十二金釵的開場曲，道盡人世無限糾葛的情愛。情，可令人起死回生，出生入死，更可以教人形神相離，只爲了追求一份眞情摯愛。人有形軀才能感知，人有心識活動，才能有情有愛，但是在唐傳奇中，不僅刻鏤人與人類形魂相守的眞情，亦描寫人與異類眞情相感的愛情，形軀的流轉，不過是色相的遷化，不能拘執深情相愛的兩方。

　　〈柳毅傳〉中的洞庭龍女思報柳毅之恩，逮柳毅所娶張氏、韓氏皆歿，徙金陵，乃化名爲盧氏，以嫁柳毅，自云：「泊錢季父論親不從，遂至睽違，天各一方，不能相問，父母欲配嫁於濯錦小兒，惟以心誓難，親命難背，既爲君子棄絕，分無見期……」，「勿以他類，遂爲無心，固當知報耳」說出異類情之深執無悔。刻鏤洞庭龍女爲報柳毅傳書之義，幾經流轉，化身爲盧氏女，終得與柳毅結爲夫婦，成就神仙眷屬。

　　〈任氏傳〉描寫白狐任氏，先誘宿鄭六，後鄭六勤想不相棄，遂願終身奉巾櫛，其後，韋崟愛之發狂，欲強奪任氏，任氏愀然變色云：「鄭六有六尺之軀，而不能庇一婦人，豈丈夫哉。且公少豪侈，多獲佳麗，遇之比者眾矣，而鄭生，窮賤耳，所稱愜者，唯某而已，忍以有餘之心，而奪人之不足乎？哀其窮餒，不能自立，衣公之衣，食公之食，故爲公所繫而已，若糠糗可給，不當至是。」義正詞嚴，指責韋崟以有餘奪人之不足，其貞烈不惑於韋氏之家財萬貫、風流氣概，誠爲可貴。鄭六無才無

德，唯眞情待任氏，得任氏眞情相報，甚至以死相隨，殊爲可感。

劉仲宇對於人與異類的結合云：「圖騰崇拜和古代以色媚妖中蘊涵著的人與精怪、妖神可以戀愛、結婚的觀念，通過大量的神話、傳說彌漫于社會，從而形成一個強大的文化氛圍。在這種氛圍裡，當著原始的性衝動得不到實現而在心理上投下陰影時，極易用「人妖戀、人鬼戀、人神戀」的形式表現出來，……」⑲揭示人類對於異類的求索，其實是原始性的衝動所表現出來的。吾人則認爲唐人所示現的異類情，是一種超越物類的眞情，無論是狐、仙、鬼、神、木魅、花精等等，皆可能與人產生情愛，唯有眞情能夠歷越形神的障礙。

而在人與人之間亦有形魂相守之愛情，〈離魂記〉倩娘與王宙常私感想於寤寐中，後有賓客之選者求之，張鎰許焉，倩娘聞而鬱抑，宙亦深恚恨，決別上船，倩娘跣足而至，泣曰：「君厚意如此，寢夢相感，今將奪我此志，又知君深情不易，思將殺身奉報，是以亡命來奔。」〈離魂記〉寫倩娘形神相離，與王宙相守五年，歸家方形神相合。〈華州參軍〉寫崔氏與柳參州的眞情，亦是度歷死亡，仍以魂魄來相守二年，形軀不過是外現的色相，而眞正的情愛則已超邁這份牽制。

以上或形魂相離，或托身相許，或成就神仙眷侶，或死生異途，皆彰顯情愛萌生的對象，不必執著於人類形軀。

其中亦可窺見一個普遍理則：唐傳奇所構築的愛情世界中，從女子爲心愛男子忽生忽死或是形魂相離，或是異類流轉女性形體的過程中，示現女子對於愛情執著、不計死生的英烈與氣慨，或是敢於突破禮教藩籬，令人動容。而唐傳奇爲何喜以女性爲離形或忽生忽死的爲描寫對象呢？蓋女子屬陰性，男子屬陽性，陰

性之身，較欠缺陽剛氣稟，故較易流轉形軀，不僅在唐傳奇有之，六朝志怪小說中亦有其例。⑳

三、跨越時空離阻

人世一生，在時空流轉中成為流動不居的飄泊者，然而在愛情的世界中，真情是航行的指南針，也是奮鬥的導航圖，將離索分居的兩方藉由真情追索而能展示情愛之無限力量。

〈李娃傳〉中的鄭生，落拓潦倒，風雪日行經李娃門籬，口呼饑餒，李娃一聽，便知是鄭生，雖歷顛沛流離，然而仍能重聚，李娃有感於鄭生為己寥落，而自己亦為其真情感動，以繡襦擁而歸於西廂，其後出金自贖，伴鄭生求讀功名，後果中第，時空阻撓，亦未能抹滅真情。〈無雙傳〉寫王仙客與劉無雙睽隔周折，終在王仙客強力的追索中，重相聚守。〈補江總白猿傳〉寫歐陽紇尋妻，先是逾月於百里外得妻繡履，旬餘，於三百山下石門尋獲病妻，十日再殺猿刺臍。〈柳氏傳〉天寶末年，盜覆二京，柳氏以艷獨異，且懼不免，乃剪髮毀形，寄跡法靈寺，後為沙吒利所劫，寵之專房，後得許俊之助，造沙吒利之第，挾柳氏歸韓翊，此皆歷時空流轉，深情不疑之例。

四、躍脫禮教束縛

《禮記、禮運》：「何謂人情？喜怒哀懼愛惡欲七者，弗學而能，……飲食男女，人之大欲存焉，死亡貧苦，人之大惡存焉。欲惡者心之大端也。」飲食男女，是人之大欲，欲望之產生即是一種生理本能的需索，中國人對於欲的存有態度，據許其端所云，有縱欲說、無欲說、寡欲說、節導說四種㉑，吾人認為人之有欲，過與不及皆不妥，人類文化的價值，即在對治欲求時，

---

⑲　同注三，頁一九七。

非僅僅以生理需求爲滿足，尚能思慮是非道德等因素，然而，唐傳奇所示現的悖逆禮教的愛情，似乎注重當下享有，以成就一時快意，而不顧慮是非道德，事實未然，在審美的過程中，道德並非唯一可選擇的，亦不能展示審美的觀點，愛情是一種眞誠的表現，忠於自己的感覺，將這一份情感適時的表現出來，即是一種忠誠的態度，這即是「眞」，「美學」本在完成眞，由「眞」通往「善」的道路，美感才能獨立於道德是非之外，是故，寧悖禮教，追求當下的眞情，是唐傳奇對於愛情的肯定，也是忠誠地表現自己，〈鶯鶯傳〉、〈崑崙奴〉、〈步飛煙〉等皆是其例。我們可將之釐析爲下列二類：

1.踰越禮教型：

以不合禮的方式成就愛戀，此時男女雙方皆無婚姻約束，例如〈鶯鶯傳〉中的鶯鶯，敢爲愛情，踰越禮法，成就一段雲雨之情。愛情，除了可踰越禮教藩籬，亦可突破身份之懸殊，〈李娃傳〉中的鄭生執愛李娃，不因爲其爲娼女而稍減其心，甚至爲她身敗名裂。〈柳氏傳〉中的韓翊不嫌柳氏爲李生愛妾；〈崑崙奴〉中的崔生不棄紅綃女爲一官品之妓，日夜勤想。這些皆說明禮教與身份地位不足阻撓深愛的雙方。

2.紅杏出牆型：

指已有婚約，在情欲的糾葛中，讓主人翁背棄原有的身份地位，而與他人結合，例如〈步飛煙〉乃武公業愛妾，趙象一睹芳顏，即神氣俱喪，廢寢忘食，後私通於趙象，雖爲武公業發覺，仍以堅貞的態度證明愛情之堅決，後氣絕而死亦無憾。〈崑崙奴〉中紅綃女爲一品某氏之妓，意在崔生，一宴定情，後以崑崙

---

⑳ 例如《列異傳・談生》亦是王女爲陰鬼之身，交遇於談生，結婚生子。

奴之計得以隨崔氏私奔，成就姻緣。〈李章武〉以王氏子婦已爲人婦，因與李章武深情難遣，私通成就婚外愛情。

　　由是可知，唐人不以道德論述愛情，而眞正的愛情已突破既有的框架，自成景觀，㉒這種揮灑噴薄生命的豪姿，順任氣性、踰越禮教藩籬的追求愛情是唐人特有的生命氣質。

柒、結　論

　　盱衡唐傳奇所示現的愛情故事，可以窺知唐人對於踰越禮法的愛情，不採道德的角度予以駁斥、否定，反而正面肯定眞情可以突破人世藩籬，彰顯生命價值，〈李章武〉中的深情摯愛，雖有踰越禮份，但是感通死生之情，令人悵惘；〈馮燕〉以淫惑之心，有甚水火，但是仍然肯定「燕殺不誼，白不辜，眞古豪矣」對於馮燕勾搭張嬰之妻不正面指責，反而肯定其殺嬰妻爲義行，而出言搭救張嬰之無辜爲豪俠之舉。〈楊娼〉肯定楊娼以死報帥是義行，卻帥之財物是廉節之舉；〈盧江馮媼傳〉對於梁氏之遭遇，邑人皆懷感嘆之心；〈李娃傳〉更推崇李娃是「倡蕩之姬，節行如是，雖古先烈女，不能踰也」以烈女視之，提舉甚高，對於負心漢之懲戒，則以李益三娶而妻妾皆不安爲戒。由是可知唐人對治愛情的態度不以道德禮法爲限。中國儒家要求的道德，可分爲外顯與內發兩條路向，「仁」是出自內心，是自發性的；而「禮」是出自外在客觀的規範，是他律性的軌範，仁是禮的內容，而禮是仁的外顯，悖禮而純任情欲的流衍是「眞」而無法達至「善」，但是禮可因時、因地、因人、因事而制宜，攸關唐傳

㉑　請參見《中國古代心理學思想史》第六章情欲心理思想，頁一三三至一八七，台北：源流出版社，1999年。

奇中的道德問題，我們分作兩方面來談論，一、作品的道德性，
二、作品人物的道德性，二者仍有區別，作品的道德性是指作品
是否展示有悖倫常，而作品人物的道德性則指主人公是否有違逆
道德的思想或言行？根據畢利士所言，作品的道德性可分畫為：
一、簡化論證(argument from reduction)即是將作品視為宣傳品，
審美價值被簡化為道德價值，二是對應論證(argument from corre-
lation)將道德價值愈高者，視為審美價值愈高者㉓，事實上美感的
呈展不在於道德性的高低，而作品的審美價值亦不夠連在道德基
石上，是故唐傳奇大力鼓吹愛情的自由自主性，並不能完全以逆
悖道德傳統的規範來繩圍之，反而欣賞那一份芬芳悱惻的真情相
感，無論悲喜，皆是動人的迴旋曲，輕揚在小說的長流中。至於
〈鶯鶯傳〉以張生為「善補過」來肯定張生之離棄鶯鶯的說辭、

㉒　張火慶對於唐人的生命氣質有精闢的見解，其云：「牟宗三認為唐朝完
　　全是靠著自然生命的健旺而開展出來的，所以唐朝三百年乃是服從生命
　　原則。生命健旺的結果是表現天才，而非理性，生命的發展是個強度的
　　拋物線，一下就過去了，並且一去不返。唐代知識份子在這種迅速的勢
　　力中，看著個體生命、文化生命的躍起與隕落，其間人事的驚濤駭浪，
　　起伏升沈，只有天才與強者得遂其欲，自然無暇顧及理性的自我制約與
　　穩定遠景。因此，唐人在現實生活的態度極其功利、激情而縱欲，豪放
　　而殘酷。他們是用生命去直接感悟，而非以理性作曲折思考。他們易於
　　感取生命的健旺與天才的激射，但那種力的感覺卻不能持久，而致一切
　　都是迅變無常，隨之而來的遲暮悲情，使他們不得不歸依佛道之教，而
　　把最後的殘局作一種達觀的結果。」請參見《中國文化新論》文學篇
　　二、《意象的流變》、從自我的抒解到人間的關懷—小說　頁四八○、
　　聯合報文化基金、1988 年二刷。

〈長恨歌傳〉以「意者不但感其事，亦欲懲尤物，窒亂階，垂於將來者也」作爲後世警戒，實際上，這些冠冕堂皇的道德理由，不過是文過之辭，無損於唐傳奇對愛情美感的求索。職是，在小說流變史中，唐傳奇佔量頗多的愛情故事的意義與價值在於：一、唐傳奇所構築的愛情世界，正面肯定愛情，只要是深情執念之人，便可以出生入死、突破形神、時空的離索、道德的障蔽，這種順任情性發展的結果，開出兩條路向，其一是導向眞愛的執守，另一則流衍爲情欲的求索，雙向發展，各自展現不同的愛情觀，激盪出「眞情」與「愛欲」的執念求索，滿盈充貫地分系流注在中國小說脈流裡，灌漑出不同的千里沃野。二、擴大描寫超驗性的愛情故事，將六朝志怪的傳統雜揉變化之，或形魂相離，或出生入死，或異類相感之情皆爲其例，並且加強描摹男女愛戀對象的美感求索，示現不同的人物形象及聚散離合的愛情類型，塑造出「才子佳人」故事的典型，成爲後世摹寫的範本。三、呈現唐人的生命型態，開出噴薄四射、天骨開張的情欲世界，然而這種情欲的流蕩，卻在天命的規範矩度中，揭示人的任何有意作爲，皆無所逃於天命所撒下的羅網，一一收攝在其中，形成一種命定觀，刻畫出冥冥之中自有份定的天命，人在此一預設的架構中，無力叛逃與抗拒，只得接受，顯示出人力之有限與命定。

㉓ 本部份論述參考劉昌元《西方美學導論》頁348、台北：聯經、1987年版。

〈唐傳奇中的愛情美學〉審查意見

謝 海 平

逢甲大學中文系教授

　　林教授大文論唐傳奇小說的愛情美學，可謂別開生面之作。文中除「前言」對所謂「愛情美學」作簡介外，主要的五節，均緊扣著唐人小說有關愛情的篇章作分析，頗有獨到的見解。惟爲求更臻完美，謹提出下列數點建議，以供林教授參考。

　　一、所引用之唐人傳奇究竟出於何種版本，似應註明。

　　二、對小說的解讀，似應全篇關照，不宜斷章取義。

　　三、有關唐代文化生活及政治制度等之論述，似可多引相關參考書作證明。

　　四、文中標題的用語，似可再作考慮，如參之一之4的標題「愛欲結合型」，就所論內容衡酌，似可改爲「色慾至上型」。

　　五、文中部分關鍵性用語的定義，似應先界定。如肆所論之「聚散結構」，何種情況方得符合「聚」的標準，宜有說明，否則「相守五十年」爲「聚」，「臨終一宴」亦爲「聚」，便予人南轅北轍之感。

言與行：布伯的人學

鄺　錦　倫

東海大學哲學系副教授

　　人生活於天地之間、衆物之中。但天地之間、衆物之中，唯人能發問。人之能發問因於人之能言。①但人之言根源於人之行（對境而行）。②人即以其言與行而關係萬有。人旣能言，亦以言而思、而問。「人是什麼？」或「成人如何可能？」是人自己所提的一個問題，此表示人對關係萬有的主體（人自己）追求一

---

① "...the mystery of the coming-to-be of language and that of the coming-to-be of man are one....Man-he alone-speaks, for only he can address the other just as the other being standing at a distance over against him; but in addressing it, he enters into relationship" (*The Knowledge of Man,* p. 107). "Spirit is word. /...in truth language does not reside in man but man stands in language and speaks out of it-so it is with all words, all spirit. Spirit is not in the I but between I and You" (*I and Thou,* p. 89). 「言」在布伯具存有論的意義。（言可以是無語的。）

② "Not things but situations are primary....Out of different situations of different kinds that early man experiences emerge similar...things and beings, events and states that want to be conceived as such, named as such" (*The Knowledge of Man,* p. 106). （行可以是無爲的。）

個理解、一個自我認識。人究竟是如何的存有者？若此問題所追問的是人底真實的本性，則爲此問題尋求解答便是哲學的人學(philosophical anthropology)之課題。

馬丁·布伯(Martin Buber, 1878-1965)生長於歐陸，在德語世界接受高等教育。作爲一個猶太人，布伯終生有其猶太的宗教信仰，且努力於猶太文化的復興工作。但他所服膺的並非傳統的猶太教，並特別反對保守的拉比主義(Rabbinism)；他所特別倡導和致力闡釋的是一種虔誠主義(Hasidism)的思想（十八世紀中葉由Israel ben Eliezer 所創始者）。③此思想強調墮落的靈魂之救贖要經由人自身的虔誠之行而得。此虔誠之行，可謂人之仁人而愛物，而由此得與神性者(the divine)面對。但人在世界中並非形單影隻地存在著，而是在關係（人與人、人與自然、人與神性者）中生活著。也唯有人眞實地生活著，神性者始得在人間（人與人之間）有其居所。人與神性者的關係不離人與人的關係，也不離人與自然的關係。在此一世界中（非在彼岸），在當下的生活中，神性者或隱或現。唯於眞實的人間生活中，始有神性的呈現(divine Presence)。眞實者，唯誠信而已。人間之聖者是至眞至誠者，他體天道於人間。聖者所言爲教，故爲人間之教師。他以自

---

③ "The Hebrew word 'Hasid' means a pious man. /...the teachings of Hasidism... can be summed up in a single sentence: God can be beheld in each thing and reached through each pure deed. / Man cannot approach the divine by reaching beyond the human; he can approach Him through becoming human. To become human is what he, this individual man, has been created for. This, so it seems to me, is the eternal core of Hasidic life and of Hasidic teaching" (*Hasidism and Modern Man,* pp. 39, 41, 34-35).

己的生命來揭示教，也能讓人自己去發現此教並受用於自己的生命。④

　　「人是什麼？」表示著：人對自己成了一個問題(problematic)。人於是去發現自己、去認識自己，而這就成了人自己的生命之道路，也就是「成人」(to become human)之道路。「人」在這裡不僅是被探索的「對象」，更是探索者自己。「人」在這裡不是一個抽象的「類概念」，而是生活著的一個人（每一個人），更是這樣的一個人之整全(wholeness)。⑤問「人是什麼？」也是問「我是什麼？」，是問者之自問。⑥一個人或在孤寂中自問「我是什麼？」，但他必思及「他者」(the other)。這因為我之為我，其意義必因待於他者而彰顯。不在任何與他者之關

---

④ "The way of the teaching is...not that of the development of knowledge but that of pure fulfilment in human life. / The ruler has his organization of peoples, the artist has his work, the philosopher has his system of ideas; the fulfilling man has only his life. / He who doe not zealously spread the teaching, bur reveals it in its essence, bestows on each the possibility of also discovering and animating the teaching in himself" (*Pointing the Way*, pp. 38, 39-40, 43).

⑤ "A legitimate philosophical anthropology must know that there is not merely a human species but also peoples, not merely a human soul but also types and characters, not merely a human life but also stages in life; only from the systematic comprehension of these and of all other differences, from the recognition of the dynamic that exerts power within every particular reality and between them, and from the constantly new proof of the one in the many, can it come to see the wholeness of man" (*Between Man and Man*, pp. 153-154).

⑥ "Philosophical knowledge of man is essentially man's self-reflection (*Selbstbesinnung*), and man can reflect about himself only when the cognizing person, that is, the philosopher pursuing anthropology, first of all reflects about himself as a person" (*ibid*., pp. 154-155).

係中的「我」只能是一個思想上的抽象。人生活於關係中，即生活於與他者之關係中。此他者或爲一人、一物，或爲神性者。在關係中的他者與我之間總有一「原初的距離」。「我」與「他者」是相異的，彼此因異於對方而成爲自己。現實的存在者是個體，而個體之間本有距離。但人固然作爲一個個體存在著，他總是在關係中生活著。⑦於是，我不是物中之一物，而是關係萬有者。人以其言與行而關係著萬有。

關係存在於我與他者之間，而基本的關係是「我-它」和「我-你」。於是，這他者（不論是什麼）或是作爲一個「它」，或是作爲一個「你」。「我-它」是「主從」關係：「我」在此成了主人或操縱者，而「它」成了這主人去認知、利用（甚至奴役）或佔有的對象。但這不是眞實的關係。就人的精神生活來說，就人之成爲人來就，唯有「我-你」是眞實的關係。「我-它」所成就的可以是知識與科技。但知識與科技不必然有益於人之成人。人之成人在於人文精神之建立與精神價值之創造。就人與自然的關係來說，人不能只利用自然，更要能與自然有一和諧的關係。人亦應以「你」來對待自然。在人的生活中，「它」（由「我-它」所成就的「它世界」）不可免，也甚至是必需的。但人若只生活在「它」之中，便是雖生猶死的。就人與人的關係來說，「我-你」是平等互惠、相互感應、彼此尊重、誠實以對的關係。人之爲人與成人，在於能建立此一眞實的關係。但人亦能從眞實的關係出走，這便成了人底罪過。人底生活便是人之爲人、人之成人之過程，而意義總在於我與你「之間」(the between)。這「之間」

---

⑦ "Distance provides the human situation; relation provides man's becoming in that situation" (*The Knowledge of Man*, p. 54).

是言與行之場所，即對話與合作之場所。於此「之間」，人之言與行得到回應，因此回應而人底生活之意義得以實現。在「我-你」關係中，我與你各自是一主體性，而此關係便是「主體性之間」(inter-subjectivity)。於此，我之企盼你一如你之企盼我。但因彼此尊重和以誠相待，我與你各自仍得成為自己-成為人。⑧

　　「人是甚麼？」問及人底本質，即人如何成為真實的人，也即問及人底人義是甚麼(what is the human in man)。⑨人，在布伯看來，既分有有限性，也同時分有無限性。人之以言載道、以行體道，這即表現人底無限性。有限性與無限性非對立的兩項品質，而是人底存在之二重本性。人性具有兩極，人底存在可有兩種樣式。在「我-它」關係（不真實的關係）中，我僅是一個私我(ego)，僅顯其有限性。但在「我-你」關係中，每一方既是主體性、是一真實的人(person)；每一方皆為成為真實的我（真實的人）而臨深履薄，從而不流為物中之一物。如此，人不困於「它」（有限性）而能與「你」共自由。⑩固然，人底命分在

---

⑧　「我」希求與「你」建立關係，此希求便是「我」底「意志」。但關係之得以建立，亦須得「你」之允諾，此允諾便是「你」底「恩惠」。恩惠非僅來自「永恆的你」（神），也來自「個別的你」（人）。　布伯對「關係」的論述，主要見於他的《我與你》(*Ich und Du*, 1923)一書。本文作者之〈馬丁・布伯的關係概念〉（《鵝湖月刊》第六卷第二期，1980 年 8 月，頁 26-30）有一個簡單的介紹。

⑨　Maurice Friedman's "Introductory Essay," *The Knowledge of Man,* p. 1. 布伯謂："Human life and humanity come into being in genuine meetings" (*ibid.*, p. 59).

⑩　"The It is the chrysalis, the You the butterfly" (*I and Thou,* p. 69).

於：在「它」與「你」之間徘徊，在二我之間遊走。但人能在其有限的（自然）生命中盡其性分，在性命對揚中彰顯其無限性。人底生活之意義在於：自由與命分相即相隨，而人「生於憂患而自解於憂患地」活著。

　　人學（哲學的人學）是布伯思想之中心課題。就布伯的信仰來說，神是一眞實的存有者。但神並非遺世獨立地存在著，而人及其世界同樣不能離開神這一「中心」而有其根基與意義。⑪若無神性的靈光，無物能存在，而每一個人(person)能在任何時候透過行來發現並贖回這一靈光，只要他的行是眞純的，是直指向神幷以神爲念的。⑫人在其「成人」之中去接近神性者，此外別無他途。人因神而存在，但神亦爲了人底生活（生命）之「意義」需要人：人參與造化，在此參與中得遇生生不息的造化者（創造性＝神性）。人是神之伙伴。⑬人與神，一如人與人，一如人與世界，該當有一「我－你」的關係，而世間的個別的關係皆直指中心（神：永恆的你）。人不能離世而單獨地與神面對。人就在

---

⑪ God is the "ground and meaning of our existence" (*ibid.*, p. 181).

⑫ "...no thing can exists without a divine spark, and each person can uncover and redeem this spark at each time and through each action, even the most ordinary, if only he performs it in purity, wholly directed to God and concentrated in him" (*Hasidism and Modern Man*, p. 41).

⑬ "That you need God more than anything, you know at all times in your heart. But don't you know also that God needs you-in the fullness of his eternity, you? ... You need God in order to be, and God needs you-for that which is the meaning of your life. ... Creation-we participate in it, we encounter the creator, offer ourselves to him, helpers and companions" (*I and Thou*, p. 130).

人間和世間中眞實地生活，如此才得見神性者。神性亦在吾人心內，不需亦不能往外尋找。在「你－我」關係中，倫理上的仁人愛物與宗教上的愛神性者是同一個事情，是「關係底情事」(Beziehungsereignis; event of the relation)。⑭於此，人之言與行歸合於信。⑮綜之：關係始終，你我交會；言啓天門，心知性命。情眞意誠，行以創造；人神同證，信得救贖。

〔本文所徵引的布伯的著作〕

Between Man and Man. Translated and introduced by Robert Gregor Smith. London: Collins, 1961.

Hasidism and Modern Man. Edited and translated by Maurice Friedman. Atlantic Highlands, NJ: Humanities Press, 1988.

I and Thou. Translated by Walter Kaufmann. New York: Charles Scribner's Sons, 1970.

Ich und Du. Berlin: Schocken Verlag, 1923.

Pointing the Way. Translated and edited by Maurice Friedman. Atlantic Highlands, NJ: Humanities Press, 1957 ／ 1990.

The Knowledge of Man. Translated by Maurice Friedman and Ronald Gregor Smith. Atlantic Highlands, NJ: Humanities Press, 1988.

---

⑭ *Ich und Du*, p. 75; *I and Thou*, p. 113. "...the God-side of the event whose world-side is called return is called redemption./ Return signifies the re-cognition of the center, turning back to it again" (*I and Thou.*, pp. 168, 149).

⑮ "Nothing can doom man but the belief in doom, for this prevents the movement of return....And to gain freedom from the belief in unfreedom is to gain freedom" (*ibid.*, p. 107).

〈言與行：布伯的人學〉審查意見

何 淑 靜

東海大學哲學系助理教授

這是一篇很特殊的文章。它的特殊處就在於：它非常簡短但陳述很清楚、概念很明確，用詞也很確定。我對它沒特殊的批評，只覺得內容的舖排有些不平衡和有幾個問題。就內容的舖排來講，題目是「言與行：布伯的人學」，但大部份篇幅在談「人與行」的關係，對「言」方面著墨較少。幾個問題是：一、第二段提到拉比教。什麼是拉比教？二、第二段似乎隱含一個類比，即布伯對人性與神性關係的了解很像儒家對人之性與天之性的了解。不知這個了解是否正確？三、第三段提到「人以其言與行而關係著萬有」。不知對布伯而言，言如何關係到萬有？四、第五段的「人以言載道、以行體道」的「道」指何而言？如何了解？

蘇偉貞短篇小說的敘事技巧：

《熱的絕滅》的分析

黎 活 仁

香港大學中文系副教授

一、引言：故事梗概

據收在《封閉的島嶼：得獎小說選》(1996)①後附自訂的〈蘇偉貞創（編）作年表〉，蘇偉貞已出版的短篇結集有 5 種：*1.*《陪 他 一 段》(1983)、*2.*《舊 愛》(1984)、*3.*《離 家 出 走》(1987)、*4.*《流離》(1989)、*5.*《熱的絕滅》(1992)。所謂「後出轉精」，不如先就 1992 年成書的《熱的絕滅》來討論一下。《熱的絕滅》中有 6 個短篇，現簡介其內容：

1.	〈多生貴子〉：田維先 18 歲時認識高希聖，8 年後結婚，高家兄弟 8 人，老爺也希望早日抱孫，但做媳婦的決定先避孕二年，這一部分佔 3 頁，對敘事而言起了情節上的阻延作用，此後的 19 頁(全篇共 28 頁)，是記述主人公到醫院檢查，接受人工受精，到證明懷了八胞胎就收筆；
2.	〈背影〉：女主人公周中涵與母親沒有感情，母親與生父關係惡劣，長期因精神病住院，小說中的主人公寫了七封類似日記的信給母親，交代做女兒的心情，以及個人的一些行為，例如對性解放的認同等等；
3.	〈迷途〉：沒有姓名的男主人公邂逅似是幽靈的程因，在旅館燕好，最後分手。
4.	〈第二天早上〉：男主人公沒有工作，不必上班，曾經有一段婚外情，但女的忽然無意繼續下去，男主人公此後早上在夢中跟情人燕好，交感的幻覺還包括那種體香，後來父母搬來同住，家裡混雜了很多的氣味，男主人公聽妻子勸諭，修習俄文和高級電腦以打發時間，改變了早上自慰的習慣；
5.	〈熱的絕滅〉：內容是一篇散文化的愛的告白；
6.	〈袍澤〉：旅長傅剛榮調任在即，不想部下士官長江龍因為拯救新來的排長而在暴風雨中殉職，傅將在兩日後為江舉行追掉大會，然後離任。

二、開端結尾類型

現代小說力求創新，於開端結尾極為留意，蘇偉貞短篇〈熱的絕滅〉，也就是她自言以告白形式力求突破的起點，有以下的話：

> 有一天，當我們的故事也落於不變的開頭與結局，不再給我們痛苦與微笑，我們將迅速老去②。

不如就先從開端結尾進行研究。以下是據常見的類型加以表列，相信可以有助於分析③；

開端	1.環境	2.〈背影〉：半夜回到陰暗的家，沒有開燈；
	2.一些想法	5.〈熱的絕滅〉：愛的告白；
	3.激動的感情	5.〈熱的絕滅〉：愛的告白；
	4.一種需要或動機	5.〈熱的絕滅〉：愛的告白；
	5.動作	
	6.性	5.〈熱的絕滅〉：愛的告白；
	7.象徵意義物體	
	8.人物描寫	6.〈袍澤〉：以數筆寫軍人剛毅的形象；
	9.風景	
	10.旅遊	
	11.人物思想	5.〈熱的絕滅〉：愛的告白；
	12.預測	1.〈多生貴子〉：田維先接受人工受精的時候，大家都為她禱告； 4.〈第二天早上〉：母親曾忠告不要跟第一個認識的女子結婚，婚後不要做第一件家事(但主人公沒有遵從，結果發生了一些事情)；

---

① 蘇偉貞：《封閉的島嶼： 得獎小說選》(台北： 麥田出版, 1996),頁 314-315。

② 頁 150。

③ Josip Novakovich, *Fiction Writer's Workshop* (Ohio: F & W Publications Inc. 1995), pp. 156-171.

	13.奇聞逸事	3.〈迷途〉:幽靈出沒;
結尾	1.首尾一段文字重複如環狀	
	2.與開端相配合或不成配對	1.〈多生貴子〉:與開端配合,解答了預言; 3.〈迷途〉:開端出現的幽靈在結尾消失; 4.〈第二天早上〉:預測像應驗,果然發生了一些事; 6.〈袍澤〉:回應開端的軍人形象,兩天後爲殉職者舉行追悼會;
	3.令人感到意外	1.〈多生貴子〉:懷了八胞,不大可信;
	4.蓄意欺騙誤導讀者	1.〈多生貴子〉:讀開端以爲遭到不測,到結尾才知懷了八胞胎,但這是不可靠的敘事; 2.〈背影〉:到墳地視察,給墓地管理人說母親已死了七天,到小說最後的一封信,才知道她已七天沒去探病;
	5.總結	2.〈背影〉:最後的一封信,交代敘事者將怎樣處理母親住院的事;
	6.開放式	5.〈熱的絕滅〉:愛的告白,沒完沒了的愛;

　　據作者的自序,似乎以〈熱的絕滅〉最感滿意,認爲是眞誠的告白:「人生並不如想像中繁複,卻遠比想像的多層次」[4],年事稍長之後,有此體會,〈背影〉、〈多生貴子〉、〈第二天早上〉屬之云云,相信排名僅次於〈熱的絕滅〉;至於〈袍澤〉,則曾得「國軍文藝金像獎」,題材受到限制,比較簡單。

　　從開端而言,〈熱的絕滅〉以愛的告白爲開端,充滿激情,涵義豐富,可以聯想起新時代的感情、人生理想、男女對婚姻的期待、以及原欲,得分最高。

　　另外,預測、預言的開端以〈第二天早上〉比較成功,主人公的母親曾忠告不要跟第一個認識的女子結婚,而且婚後不要做

---

④　蘇偉貞:〈返跨北迴師線〉,《熱的絕滅》,頁3

第一件家事，爲什麼如此，做了有什麼後果，其實小說沒有直接解答，主人公果然沒有聽從母親的吩咐，結果發生了一些事情，其實也不是什麼悲劇，中間短暫的婚外情或者算是草率地與第一個認識的女子結婚的報應，母親的意思大概是希望兒子多交幾位女友，如是可以比較容易擇得佳偶，至於不做第一件家事，應該是「一語成讖」，主人公生活上當由順境轉至逆境，但看內容並不如是；結尾沒有回應開端的「讖」，在讀者而言，在意料之外。

三、什克洛夫斯基的「對稱法」和「梯形結構」

以下嘗試以一些假設對《熱的絕滅》的技巧作一測定，首先是先「對稱法」和「梯形結構」。

什克洛夫斯基(Victor Shklovsky, 1893-1984)以提出「陌生化」(defamiliarize)的理論知名，在 1917 年寫作的〈藝術作爲手法〉("Art as Technique")一文，什克洛夫斯基認爲藝術的技巧就是要把客體（對象）變得「陌生」⑤。「陌生化」常用第一次見到的某一事物的觀感來描述，如此得到一種新鮮的感覺⑥。敘事「視角」則常常採用陌生人、小孩子、精神病患者甚至是動物的眼光重新建構社會歷史現象，此外，在詩歌中使用平民化的語言也可以達到同樣效果⑦。

㈠「對稱法」和「梯形結構」

至於「對稱法」(parallelism)，什克洛夫斯基也常常以「陌生化」的觀點分析。又由「對稱法」推論「梯形結構」(staircase

⑤ 什克洛夫斯基：〈藝術作爲手法〉，《俄蘇形式主義文論選》(蔡鴻濱譯, 北京：中國社會科學出版社, 1989), 頁 65。
⑥ 胡亞敏(1954-)：《敘事學》(武昌：華中師範大學出版社, 1994), 頁192-194。
⑦ 胡亞敏, 頁 193。

construction)的概念⑧。所謂「對稱」，是指出場人物都成雙成對，或有某種特定的關係，「梯形結構」是指小說向前像隨梯階拾級而登；現把他的觀點作一系統整理：⑴小說的情節發展，需要不一致的東西，這有點像比喻或雙關語，例如把男人和女性的性器比作杵和研鉢⑨，按這是「陌生化」的一種方法，目的是藉事物的不同名稱，把想像擴潤，以上是集中在語言方面；⑵風俗矛盾和爲了逃避預言所造成的矛盾則是語言以外的，例如兵士把刺刀上的洞叫做「准星口」⑩，這也是一種「陌生化」技巧，俄狄浦斯爲了逃避預言等等，也屬於這一類；⑶出場人物具有某種關係，例如父親與兒子打仗、兄弟是自己姐妹的丈夫、以及丈夫參加妻子的婚禮，小說《戰爭與和平》(*War and Pease*)的人物可以配搭雙成對，例如拿破崙(Napoleon Bonaparte, 1769-1821)和庫圖索夫（Mikhail Kutuzov, 1745-1813，兩者分別是法俄於波羅金諾戰役的統帥）、別素豪夫(Pierre Bezukov)和保爾康斯基(Andre Bolkonsky)等，或者有著親屬關係，如《安娜・卡列尼娜》(*Anna Karenina*)中的安娜、伏倫斯基(Aleksey Vronsky)與列文(Konstantin Levin)、吉娣(Kitty)⑪。

㈡「第二天早上」：不對稱的預言

逃避預言是一種「對稱」關係，〈第二天早上〉的主人公違背的母親「不要跟第一個認識的女子結婚」的忠告，婚後又做了

---

⑧　什克洛夫斯基：〈故事和小說的結構〉("The Construction of the Short Story and of the Novel")，《俄國形式主義文論選》(方珊等譯, 北京：三聯書店,1989), 頁 12。Tzvetan Todorov, *The Poetics of Prose.* trans. Richard Howard (Ithaca: Cornell UP, 1977), p.260.

⑨　什克洛夫斯基：〈故事和小說的結構〉, 頁 2。

⑩　什克洛夫斯基：〈故事和小說的結構〉, 頁 13-14。

第一件家事，應該是「一語成讖」，主人公生活上當由順境逆
轉，但看內容卻因聽從妻子的勸告修讀俄文和電腦而戒掉性愛幻
想，情節在意料之外。如是在「對稱」法的原則下形成「不對
稱」的格局。結尾也有點令讀者感到突然。

㈢人物的死亡與結尾

　　在同一篇文章，比較值得重視的是：⑴什克洛夫期基又認爲
托爾基泰給「對稱法」制訂了第二程序，別出心裁，在短篇小說
〈三死〉（"The Three Deaths"）引伸出三個主題：貴夫人之死、
農夫之死和樹木之死，這三者有一定關係聯結：農夫是貴夫人的
車夫，樹木則被農夫斬下來作十字架⑫；⑵由三死引伸到結尾的
問題，就是莫泊桑經常迴避人物的死亡，小說看起來沒有結尾，
也就是沒有「對稱法」的第二程序⑬。

　　什克洛夫期基的意思是說：貴夫人、農夫和樹木這三者有一
定關係聯結，小說藉這種關係像拾級而登，向前發展，三者終於
都死掉。什氏的意思是短篇之中，如出現人物或其他生物死亡，
而又數目太多，例如過三，會使小說以死亡收束，是不好的。依
目前的概念，短篇如什氏所言，以沒有結局，或稱爲「開放式結
尾」比較有意思。

1.	〈多生貴子〉：沒有人死；	
2.	〈背影〉：父親去世，母長期住院，不久人世；	
3.	〈迷途〉：沒有人死；	
4.	〈第二天早上〉：家裡的看門犬老黃死了；	
5.	〈熱的絕滅〉：男女主人公都有朋友自殺，但只提了一句；	
6.	〈袍澤〉：江龍的父親不久前死掉，江龍其後因爲拯救新來的排長而在暴風雨中殉職。	

⑪　什克洛夫斯基：〈故事和小說的結構〉，頁 22-23。
⑫　什克洛夫斯基：〈故事和小說的結構〉，頁 21。
⑬　什克洛夫斯基：〈故事和小說的結構〉，頁 22。

　　以上可見蘇偉貞設法控制死亡人數，〈袍澤〉死者二人，已是比較多。現代小說對人物的寫法，常常沒有名姓和姓別，面貌十分模糊，處女作《陪他一段》的〈邱比特新記〉⑭，似已知謀篇之道。至於〈袍澤〉發端著重渲染軍人的威武雄姿，寫法較為舊式，這可能是投稿對象（「國軍文藝金像獎」）的問題。〈迷途〉以外太空幽浮為女主人公，雖有名字（叫做程因），但這是一個自戀的故事，姓別可能倒錯，面貌也不很清楚。

㈣跟讀者開玩笑的結尾：〈多生貴子〉的問題

　　〈多生貴子〉是另一種寫法，女主人公田維先接受人工受孕的時候，大家都為她禱告；讀者以為遭到不測，到結尾才知懷了八胞胎，但這是「不可靠的敘事」，因為八胞胎極為罕見，誇張到令人感到不可相信。

四、打斷順序敘述的〈背影〉

　　〈背影〉是《熱的絕滅》進行空間化的第一步，方法是打破順序敘述。女主人公周中涵與母親沒有感情，母親與生父關係也不好，父親似在不久前去世，母親則因精神病住院，做女兒的不常去探望，最後還決定把母親當作人球遺棄在醫院。小說中的主人公寫了七封類似日記的信給母親，交代做女兒的心情，以及個人的一些行為，例如對性解放的認同等等。給「媽媽」的題款，或者是插入書信的形式，成為小說的支柱⑮。

---

⑭　蘇偉貞：〈邱比特新記〉，《陪他一段》，頁 49-58。

⑮　胡亞敏，頁 128-129。

第一段	3.女主人公夜半回家，睡至天明；
第一封給媽媽的信	1.因探望長期住院的媽媽而影響學業； 2.媽媽十分暴燥，晚到一點就責備，抵步後又不交談； 3.做女兒的常接到醫院的電話，說母親要自殺或攻擊別人； 4.女兒上小學二年級時，母親無故失蹤；因此女兒對母親沒有感情；
第二段	1.探望母親時，母親以小刀猛刺布娃娃，大呼要殺死女兒；
第二封給媽媽的信	1.母親在女兒小的時候總是發脾氣，仇視丈夫和孩子，女兒曾被送往親戚暫住， 2.母親當年失蹤令一家人很不安； 3.女兒有記憶以來母親就沒抱過她； 4.母親喜怒無常，反覆無常，爸爸買寬敞的大屋，是因為母親住小房間，會顯得十分焦燥； 5.不停地搬家，以至女兒童年沒有朋友、同學、鄰居，直至母親住進醫為止；
第三段	1.女兒賣掉房子； 2.答錄機在響，但女兒和男友光著身體躺在床上不聽；
第三封給媽媽的信	1.表白對男女情愛採開放態度，不知已跟多少男友發生關係； 2.告訴男友母親已死；
第四段	1.描寫女兒在黑夜寫信；
第四封給媽媽的信	1.說今天到墳地看過父親預購的墓，為了不讓父親死後不安寧，女兒另購了墓地； 2.又看了為母親預訂的壽衣； 3.告訴守墓老人母親已死七天；
第五段	1.往探望母親，母親大聲說不是她親生的；
第五封給媽媽的信	1.女兒在小學時偷了母親的珠鍊，關係變得惡劣； 2.女兒以為做母親的會把首飾給她作嫁妝；
第六段	1.曾有「一夜情」的男友到訪，看更透露父親剛去世； 2.醫院通知辦理出院手續；
第六封給媽媽的信	1.賣掉的房子夠母親的醫藥費； 2.母親小時從未帶女兒去商店買東西； 3.有一次母親吃女兒買回來的東西，吐得快要斷氣，臉色十分恐怖；
第七段	1.醫院來催辦出院手續； 2.母親在答錄機罵她； 3.女兒拔掉答錄機插頭；
第七封給媽媽的信	1.前年母親在醫院過四十歲生辰； 2.今年是母親距第一次入院二十一週年； 3.女兒決定遺棄母親。

　　這七封信有類似「七重奏」的特徵，在心理學而言，無意識在進入意識世界即一分為四，如地有四方，時序有四季，故「四重奏」應最令讀者感到舒服。從「四重奏」拉長到「七重奏」，內容應有所增加，當然重複情節也是好方法，重複有一種節奏感，但雷同之處太多，就變得冗贅。冗贅可能也是〈背影〉的問題，因為不符合一分為四的心理因素。八是四字的倍數，因之「八重奏」也是可以一試，作者如有興趣修訂，可依此理加減屈伸。

　　〈背影〉還有其他的問題。現在不如據熱奈特(Gérard Genette，1930-)的編次方式，摘重點把小說的時序作一重組：

1.母親在女兒小的時候總是發脾氣，仇視丈夫和孩子，女兒曾被送往親戚暫住；
2.女兒有記憶以來母親就沒抱過她；
3.女兒上小學二年級時，母親無故失蹤；因此女兒對母親沒有感情；
4.女兒在小學時偷了母親的珠鍊，關係變得惡劣；
5.女兒以為做母親的會把首飾給她作嫁妝；
6.母親小時從未帶女兒去商店買東西；
7.有一次母親吃女兒買回來的東西，吐得快要斷氣，臉色十分恐怖；
8.母親喜怒無常，反覆無常，爸爸買寬敞的大屋，是因為母親住小房間，會顯得十分焦燥；
9.不停地搬家，以至女兒童年沒有朋友、同學、鄰居，直至母親住進醫院為止；
10.說今天到墳地看過父親預購的墓，為了不讓父親死後不安寧，女兒為母親另購了墓地；
11.又看了為母親預訂的壽衣；
12.告訴守墓老人母親已死七天；
13.賣掉的房子夠母親的醫藥費；
14.醫院來催辦出院手續；
15.母親在答錄機罵她；
16.女兒拔掉答錄機插頭；
17.前年母親在醫院過四十歲生辰；
18.今年是母親距第一次入院二十一週年；
19.女兒決定遺棄母親。

　　結果這些情節在小說出場次序是這樣：2→31→9→10→11→12→4→5→6→7→8→13→14→15→16→17→18；說明作者顯然有意識在時序下工夫，但是仍然有強調順序敘述的缺點，打破順序敘述，要到〈迷途〉和〈熱的絕滅〉，才有更大的突破。

　　〈背影〉的結尾比較特別，讀者到最後才知道母親原來仍在醫院，作者在第四封給媽媽的信，卻說母親已死了七天，是一種「蓄意欺騙誤導讀者」的結尾。說母親死了七天，大概是她已沒去探望七天之意。

　　〈背影〉寫醫院、精神病人、墳場、壽衣、預訂陰宅、回魂、嘔吐等等，都是「戀屍癖」的特徵。

　　弗洛姆(Erich Fromm, 1900-1980)的《人論》(*The Heart of Man*)把弗洛依德的「生存本能」和「死亡本能」，跟他的「戀屍癖」(necrophilia)和「戀生癖」理論作一比附⑯。弗洛姆說他 1961 年開始進行這方面研究。後來在《破壞性的剖析》(*The Anatomy of Human Destructiveness*)一書對《人心》那一章的說明作了補充⑰。

---

⑯　弗洛姆是美國心理學家和社會科學家, 生於德國法蘭克福, 1922 年獲海德堡大學博士, 1934 年移居美國, 歷任法蘭克福大學法蘭克福心理分析研究所和社會研究所講師、哥倫比亞大學講師、墨西哥國立自治大學精神分析教授兼系主任、紐約大學心理學副教授及墨西哥墨西哥心理分析研究所所長, 1980 年於瑞士去世。弗洛姆得年八十歲, 結過三次婚, 工作單位換了好幾個, 仍無礙於他的寫作。參迪瓦恩, 伊麗莎白‧迪瓦恩(Elizabeth Devine)：《20 世紀思想家辭典：生平‧著作‧評論》(*Thinkers of the Twentieth Century. A Bibliographical and Critical Dictionary*, 賀仁麟譯, 上海：上海人民出版社, 1996), 頁 193-195。

⑰　弗洛姆：《破壞性的剖析》(*The Anatomy of Human Destructiveness*, 孟祥森譯, 台北：水牛圖書出版事業有限公司, 1994)。

　　以下是把弗洛姆的相關論述作一歸納。第一，戀屍癖顧名思義，是對「死者的愛戀」，是一種反常的行為，渴望佔有一具女屍，以求達到性行為[18]，甚至有吃屍的欲望[19]；第二，是對死亡特別感興趣，為屍體、腐爛的東西、排泄物所吸引，喜歡談論疾病和葬禮[20]；第三，只停留在過去，不展望將來；第四，是法律和秩序的忠實信徒，強權也是一樣，可以把人變成死屍[21]；第五，喜歡機械和不能成長的東西，渴望把生物變成無生物[22]；第六，用神話和詩歌的語言來說，也就是喜歡洞穴、大洋的深處，或瞎子[23]；第七，從守紀律、過度節儉和過度固執，弗洛姆又結合弗洛依德「肛門型性格」，認為戀屍癖者幼年時的排便訓練特別好。

　　有關「戀屍癖」的概念，王德威(1954-)[24]曾用來說明沈從文

---

[18]　弗洛姆：《人心》(*The Heart of Man. Its Genius for Good and Evil*, 北京：商務印書館, 1989), 頁27。

[19]　弗洛姆：《人心》, 頁28。

[20]　弗洛姆：《人心》, 頁27。

[21]　弗洛姆：《人心》, 頁28。

[22]　弗洛姆：《人心》, 頁29。

[23]　弗洛姆：《人心》, 頁30。

[24]　王德威, 台灣大學外文系畢業, 美國威斯康辛大學比較文學博士, 曾任台灣大學外文系副教授、哈佛大學東亞系助理教授, 現為哥倫比亞東亞語言及文化系教授, 著有《從劉鶚到王禎和：中國現代寫實小說散論》、《眾聲喧嘩》、《閱讀當代小說》等。

的《從文自傳》、〈三個男子和一個女人〉和西西（張彥，
1938- ）㉕的〈像我這樣的一個女子〉㉖等作品的特色。〈三個男
子和一個女人〉是據《從文自傳》的戀屍故事加以增訂，〈像我
這樣的一個女子〉中的女主角則是殯儀館的美容師，這種題材恐
怕不多見，後者曾獲 1984 年《聯合報》短篇小說推薦獎。

　　蘇偉貞的處女作《陪他一段》的〈訣別場〉㉗寫一個在殯儀
館靈堂工作的人，正屬〈像我這樣的一個女子〉一類的題材，令
人覺得可怖。

五、小說華麗的修辭和空間化

　　前面說過，在蘇偉貞而言，打破順序敘述，要到〈迷途〉和
〈熱的絕滅〉，才有更大的突破。前者勉強可以把故事的先後排
個次序，後者幾乎沒有可能，或用處不大，尤其是〈熱的絕
滅〉，對作爲主題的男女相悅的愛，更不知何處談起。思絮都是
糾纏不清的，剪不斷，理還亂㉘。有幾點特徵可爲談助：

㉕　西西,原名張彥,香港小說家,1988 年度獲《聯合報》第 10 屆小說獎,同
　　年又獲《中國時報》第 11 屆小說推薦獎, 1993 年作品《西西卷》獲香
　　港市政局第 2 屆香港中文文學雙年獎。
㉖　王德威：《衆聲喧嘩》(台北： 遠流出版公司, 1988), 頁 233。
㉗　蘇偉貞： 〈訣別場〉,《陪他一段》, 頁 119-141。
㉘　劉介民(1945-)： 〈小說的「啓示」及其艱辛的設計──對蘇偉貞《熱
　　的絕滅》的思索〉,《文訊》總 101 期, 1994 年 3 月, 頁 7-10。劉介民,
　　1945 年生,瀋陽大學畢業, 1980 年考取中國社會科學院西方文藝理論專
　　業。現爲廣州師範學院中文系任教授、比較文化研究所副所長、研究
　　員。

㈠熱學第二定律：關於空間擴散的理論

愛欲對象外太空化，似乎也是蘇偉貞的理想。「攀上世界的邊緣，一起守望南十字星指針」（見下一段引文），似與聖艾修伯理(Antoine de Saint-Exupery, 1900-1944)《小王子》(*The Little Prince*)有「互文」關係，小王子能夠在行星之間旅行，常坐在山顛㉙，故事中的敘述者認爲他可能是來自某一星星：

> 你走出來，我們像兩個外星人因流落地球而彼此孤獨地舉杯。㉚
>
> 有多老，南半球永晝永夜那麼老。「不要以偏概全，每個人看到的都祇是一部分。」你說。我轉頭便看見你，但是我從來不認爲那是全部的你，我陷入迷思——我們曾攜手攀上世界的邊緣，一起守望南十字星指針嗎?㉛

空間因宇宙化而變得遼闊，「熱學第二定律」也大派用場，「熱學第二定律」是說熱力總是從相對高溫的熱源向相對較低溫度的方向散播，反過來卻不成；宇宙學適用這一定律，蒼穹原則上也可能是不斷地擴散，屬於人類的感情事也變得如此：

> 時間的狀態使我們知道這個世界上，當情感達到某種重量，一切都將停止，不存在溫度、無光、無熱，進入永恆之衍生，走向消散，不再需要能量，呈現靜止狀態。……那麼愛因斯坦的宇宙中沒有直線，僅有大圓，空間雖有限，沒有終點，多少年後，我們循環回到原出發點，而能

㉙ 聖艾修伯理(Antoine de Saint-Exupery)：《小王子》(*The Little Prince*),
　　曲愛琳譯, 台北：萬象, 1996),頁

㉚ 蘇偉貞：〈熱的絕滅〉,《熱的絕滅》,頁134。

㉛ 蘇偉貞：〈熱的絕滅〉,《熱的絕滅》,頁150。

愛、又如何説?[32]

〈熱的絕滅〉也有輪迴思想,但生老病死的周期不免太苦,印度人於是有進入「涅槃」的想法,依蘇偉貞上述引文所示的科學認識論,情感如「熱學第二定律」消散,才形成印度哲學意義的涅槃,這是一種有趣的哲學創作。人類無意識是希望「永遠回歸」的,即可以死而復生,不過,如果〈熱的絕滅〉女主人是幽浮,則何來生死。

以下又是「熱學第二定律」與「生死學」的空間意識另一例。蘇偉貞忽發奇想,認為「人的情感彷彿出門遠行,到達遙遠的荒原」,或者像幽深暗黑的隧道,洞口是否有光,則不知道[33]。據臨床醫學,原來人類到了死亡的臨界點,會看到美麗的時光隧道,已故的親人如白衣天使自遠來迎,大河的彼岸則如傳說中的天堂,因此對死亡再不感到畏懼;蘇偉貞的隧道卻是暗黑的,以結繩紀事方式留下的圖案,儘是情愛的場面,表示對求生欲望的無限眷戀。〈熱的滅絕〉的愛慾本能蓋過求死本能,蘇偉貞的隧道沒有光,看不到「生的彼岸(即死亡)」,這是一種正常的人生態度。

其實在〈迷途〉已開始這種「陌生化」傾向,即以自宇宙回首望我們日夕生活的地球,火山、地殼、光、以至南十字星、已轉變成北斗的交通燈[34],駁雜交錯,如真如幻,如醒如醉:

> 他沿襲光的隧道拉開房門,她就站在廊外。長廊的光年彷彿更幽遠,另束一光速的人世[35]。

---

[32] 蘇偉貞:〈熱的絕滅〉,《熱的絕滅》,頁133。
[33] 蘇偉貞:〈熱的絕滅〉,《熱的絕滅》,頁130。
[34] 蘇偉貞:〈熱的絕滅〉,《熱的絕滅》,頁156。
[35] 蘇偉貞:〈迷途〉,《熱的絕滅》,頁98。

戴維・米切爾森(David Mickelsen)〈敘述中的空間結構類型〉("Types of Spatial Structure in Narrative")認爲複雜的句子結構，繁富的隱喻，都可以能減慢閱讀的速度，形成小說的「空間化」，達到「反敘述」(anti-narrative)的目的，「使人們通常在文字意義上『不能閱讀』」[36]。〈第二天早上〉的情人，某日忽然提出分手，也唸了一段像外星人口吻的莫名其妙台辭，細味其言，卻有無限意蘊：：

> 「這整個情況根本稱不上發生了什麼，它僅僅是一樁獨立的事件，不附著任何單項因素，也不占有空間，無論是記憶的空間或者生活的空間。」[37]

這無疑是美文，但意義不可精確把握，加入太空元素之後，更爲含混，所謂辭不達意，如是更具後現代性。解構主義的德里達(Jacques Derrida, 1930-)提出「延異」(différance)的概念，否定語言能精確達意，延異有向外「擴散」和「延宕」之意，即語言的意義最終不可能獲得。意義就像查字典那樣，能指的所指又會成爲能指，是一個不斷擴散的過程。

(二)「柏拉圖式的重複」和「尼采式的重複」

〈熱的滅絕〉的空間化也在於重複。

敘述者是女的，她跟男主人公大概是夫婦關係，經常或甚至每天都見面，見面後爲上班或旅遊而分開，之後又重敍，女的需要像活火山的情感，需要好言撫慰，海誓山盟，即愛好「在場」

---

[36] 戴維・米切爾森(David Mickelsen).〈敘述中的空間結構類型〉("Types of Spatial Structure in Narrative")，《現代小說中的空間形式》(周憲主編，秦林芳編譯，北京：北京大學出版社，1991)，頁 156。

[37] 蘇偉貞：〈第二天早上〉，《熱的絕滅》，頁 120。

的對話；而男的性情像死火山，不善辭令，雙方溝通不良，於是鴛鴦如同冤家。〈熱的滅絕〉全長33頁，在第7頁開始在重複以下的簡單結構：

例1，頁142（第2段）-143（第3段）的一例：1.分開一陣子（離開一個月）；2.重逢（女的到機場迎接）；3.溝通不良（男的事先沒電話書信聯絡）；4.女的感到如同陌路人；──→A型

例2，頁148（第3段）的一例：1.分開了一陣子（男的短暫獨立生活了一陣子）；2.重逢（燕好）；3.有了溝通（男的傾訴坎坷苦辛）；4.女的感到滿意；──→B型

例3，頁155（第2段）-157（第1段）的一例：1.分開了一陣子（「已是另一年」）；2.重逢；3.溝通不良；4.女的感到不滿；──→A型

例4，頁151（第1段）-152（第3段）的一例：1.分開了一陣子（沒交代多久）；2.有了溝通（「一口氣作了近日最長的聯繫」，3.重逢（擁抱）；4.女的感到滿意；──→B型

例5，頁153（第2段）-156（第1段）的一例：1.分開了一陣子（沒有交代多久）；2.重逢；3.溝通不良（「一次無言的晚餐，一場無言的愛」，「中間交談過，也不成對話」）；4.女的感到不滿；──→A型

例6，頁155（第2段）-157（第1段）的一例：1.分開了一陣子（「已是另一年」）；2.重逢；3.溝通不良；4.女的感到不滿；──→A型

例7，頁157（第2段）-159（第1段）的一例：1.分開了一陣子（沒交代多久）；2.重逢（回憶一起旅行、最早的擁抱）；3.溝通不良（認爲長途旅行後沒精力交談，因此對出遊感到厭

倦）；*4.*女的感到不滿；──→A 型

　　例8，頁 159（第 3 段）的一例：*1.*分開了一陣子（沒交代多久）；*2.*重逢（在車上）；*3.*溝通不良（「沒有傾訴的愉悅」）；*4.*女的感到不滿；──→A 型

　　例9，頁 160（第 1 段）的一例：*1.*分開了一陣子（沒交代多久）；*2.*重逢（撞抱）；*3.*溝通不良（女的拒絕擁抱）；*4.*女的感到不滿；──→A 型

　　例 10，頁 160（2 段）-162（第 1 段）的一例：*1.*分開了一陣子（女的在男主人公旅行前到山裡住了 3 天）；*2.*重逢（女的下山到男的辦公室送別）；*3.*溝通不良（山中沒有「交談的對象」）；*4.*女的感到不滿（3 天前曾想到一刀兩斷）；──→A 型

　　例 11，頁 162（第 2 段）的一例：*1.*分開了一陣子（沒提及多久）；*2.*重逢（在路口紅綠燈相遇）；*3.*溝通不良（各自開往不同的方向，「這是等於交談了」，這是敘述者的反諷）；*4.*女的感到不滿；──→A 型

　　德勒茲(Gilles Deleuze，1925-1995)《感覺的邏輯》(*Logic of Sense*)[38]一書中，於「差異」的辨識，有「柏拉圖的重複」和「尼釆式的重複」之論，柏拉圖（Plato，前 427-前 347）將世界視為摹　本(copies)或　再　現(representation)，尼　釆(F.W. Nietzsche, 1844-1900)則視世界為幻影(simulacra)、幻象(pahntasm)。米勒(J. Hillis Miller, 1928-)在其代表作《虛構與重複：七部英國小說》

---

[38] Gilles Deleuze , *The logic of sense*, trans. Mark Lester (New York : Columbia UP, 1990) 261-262; 德勒茲，畢業於巴黎大學哲學系，後任巴黎第八大學哲學教授，後現代哲學家，著有《重複和差異》、《反俄狄蒲斯》(*Anti-Oedipus: Capitalism and Schizophrenia*)等。

(*Fiction and Repetition： Seven English Novels*)作一引伸㊈，成為一種重複的理論。世界是不眞實的重重疊疊的幻影，女主角在男主人公傾訴過去不幸的遭遇之後，從「在場」的對話得到很大的滿足，開始得到另一種與過去不同的「幻影」：

> 我無意愛另外那個你，卻心疼現世界在我面前不完整的你……因山間水邊無言、窗外無光，瞭解現世的你。因一段一段拼揍而逐漸完整，以另外一個我安慰你㊵。

這個故事教訓我們什麼?這個故事教訓我們在男女交往之時，情話綿綿，或者，就算是失戀傷感的流行曲，如以五音不全的方式吟唱，也可以使女性的心靈產生極大的能量，愛意如不竭之湧泉，異性因得以均霑。這對從體力勞動解放出來、剩餘精力過多的現在婦女來說，有心理上的療效。

但，不要忘記，這也是個幽浮的故事，如是可作另類解釋。

從科幻小說而言，吸取人類愛情以為生命延續能量，是常見的情節。〈熱的絕滅〉創新之處，是從「在場」對話吸取能量，地球人／外星人？卻以「不解風情」的態度，令幽浮無計可施。

相見爭如不見，以無對話告終，「幾乎每一次相見都是結束」㊶，換言之，〈熱的絕滅〉自第 7 頁起，重複同樣開端結局凡 11 次，這應是相當與別不同的寫法。十二是四的倍數，作「十

㊈ J. Hillis Miller, *Fiction and Repetition: Seven English Novels* (Oxford : Blackwell, 1982) 6; 米樂(Hillis Miller)：〈重複的兩種形式〉("Two Foms of Repetiton")，《中外文學》20 卷 4 期, 王宏圖譯, 1991 年 9 月, 頁 1-115。米勒，耶魯解構主義的四位著名學者之一，畢業於哈佛大學，獲博士學位，他初時受新批評的影響，1968 年開始轉向解構主義。

㊵ 蘇偉貞：〈熱的絕滅〉，《熱的絕滅》, 頁 149。

㊶ 蘇偉貞：〈熱的絕滅〉，《熱的絕滅》, 頁 159。

二重奏」比較符合心理因素，點算的方法仍可以增刪，要多加一次也是有可能的。

十多次的開端結尾，使〈熱的絕滅〉後邊像個蔓陀羅，或萬花筒，敘述時間也告靜止。

六、結　論

從打破順序敘述，以及空間化的角度而言，《熱的絕滅》該是蘇偉貞「再出發」的一個起點，這些空間化的技法，將會成為現代文學的經典，對台灣文學走向世界有其重要意義。

〈蘇偉貞短篇小說的敘事技巧：
《熱的絕滅》的分析〉審查意見

許 建 崑

東海大學中文系副教授

　　黎教授試圖以常見的開端結尾類型，來檢查蘇偉貞《熱的絕滅》開端或結尾的處理技巧，並且以俄國學者什克洛夫斯基的「對稱法」和「梯形結構」，來分析蘇偉貞小說的敘事方式，來了解她的內在思維與文學世界。同時指出蘇偉貞從這本書起，打破了順序敘述，借用華麗的修辭，使「時間空間的外太空化」，或者可以說是「陌生化」。使她的作品能成為現代文學的經典，對臺灣文學走向世界在其重要的意義。

　　有幾個議題，想請教黎教授：

　　首先，就本文的引起，黎教授選擇蘇偉貞已出版短篇小說第五本來分析討論分析，因為「作家自然後出轉精」的緣故。事實上，蘇偉貞自序已說明自己在思想或寫作技巧上，已經有「蛻變」的可能，用這個原因來討論《熱》書，會更有意義。其次，列舉書中六篇作品故事梗概，說明的體例不一。六篇作品完成時間不一，最後一篇＜袍澤＞，係 1985 年作品，相隔七年，她以「簡單而自以為是」的理由，收入書中。這篇舊作如果要放進來討論，其實可以當作對照組，來對照蘇偉貞的「簡單而不刻意」，可以看出「蛻變」了。

　　有關第二節，開端結尾類型的分析，目的何在？有何結論？第三節，直接以什克洛夫斯基的「對稱法」和「梯形結構」為標

題，如何概括以下四小節的內容？第四節，討論＜背影＞一文混合時序的敘述方法，分析時先編碼，重組時再重新編碼，建議其中一組不妨使用羅馬符號或英文字母為佳，以免複沓。第五節談複雜句子、華麗詞藻，構成「空間化」或「陌生化」的閱讀效果，很有道理。但「時間空間外太空化」的意義，還請多加解說。第六節結論，說明蘇偉貞的「再出發」，她的作品成為現代文學的經典，對臺灣文學走向世界有其重要的意義，很有意思，臺灣與世界文學的距離如何，還請黎教授多些指導。

李白〈靜夜思〉的審美詩感

薛　順　雄

東海大學中文系副教授

前　言

　　李白不但是一代的大詩人，更是千古不朽的大詩人。他的詩作，自古以來便極受人們的喜愛。在唐代，釋齊己的〈讀李白集〉詩中①，就曾說出：「鏟金鏗玉千餘篇，膾吞炙嚼人口傳」，反映當時社會群衆傳誦李白詩作的實情。一直到現在，李白的詩作，依然還是深受讀詩者的喜愛，不因時代與社會因素的變遷而失寵，也不受人類情感與思想的移異而失色，眞可說是經得起時間與空間的嚴格考驗。在李白全部的詩作中，〈靜夜思〉這首小樂府詩②，更是膾炙人口，久傳不已。短短二十個字，寫

---

① 收入《御定全唐詩》卷八四七。

② 此詩，一般人皆通稱爲「五絕」。把此詩的體制，稱之爲「五絕」者，最早應溯自於南宋洪邁的《萬首唐人絕句》一書，在此書裡，洪氏把它列在「五言絕句」卷一，可知他是正式視它爲「五絕」無礙。以後，一般較通行的詩選本，如《千家詩》、《唐詩三百首》等這一類的書出現之後，由於它們都把這一首詩，列在「五言絕句」這一分類的項目下，於是人們在閱讀之餘，也就無形中被其感染，而確認此詩爲「五言絕句」了！事實上，這首在李白的「本集」裡，一向都是被列在「樂府」

盡了遊子思鄉的情懷。不知曾讓多少遠離家園，浪跡異鄉的旅
人，午夜夢迴，舉頭望月之時，情不自禁的低吟著它。像這樣一
首風靡了千年的詩作，大家都那麼樣地喜愛，那麼樣地熟悉，實
在是值得我們好好去加以「審美」，以瞭解其真正價值的所在。
所謂「審美」，我個人所下的定義是這樣的：擺脫個人感性的愚
昧，辨析一切外在的糾葛，認清事物的真相，探索作品的優良本
質（美質）。透過這樣的「審美」工作，讓〈靜夜思〉的糾葛剔
除，真相呈顯，並揭發其優良的文學本質，以及美好的詩感。由
於此詩在後世選本中，存在有「譌字」與「誤義」的糾葛，所以
在解析的方法上，運用了版本學、校勘學、語義學、詞彙學、訓
詁學、文藝心理學等智識。在作品「審美」的理論上，則是採用
中國傳統文人的文學評價準則。融合以上二者，期能對〈靜夜
思〉作一番爬梳辨譌的工作，並進一步探索其詩質美感的所在，
故在本論文中，歸納為以下諸項分別加以探討：㈠詩句譌字辨析
㈡關鍵語詞確解㈢寫作時地探索㈣詩題解析與審美。如此安排，

類的，因為它是仿照南朝民間流傳的歌謠，像《子夜歌》這一類的民歌
句式所寫成的作品，完全跟後人所謂正統的「五言絕句」的音律是絕不
相合的，所以逕稱之為「五絕」，從詩體與詩律上講，實有所不妥，像
宋代郭茂倩的《樂府詩集》卷九十裡，便把此詩列為「樂府新辭」。王
闓運在光緒年間編撰的《唐詩選》，也不敢把這一類的詩列在「五絕」
裡，另為之撰名為「雜五言詩體」，以示它是有別於詩律嚴謹的正統
「五絕」詩。筆者此處，乃是依據最早的北宋刊本的《李太白文集》一
書的分類，故逕稱之為「小樂府」，以表它是仿自於南朝的短小民歌
（民歌，漢代稱之為「樂府」），並示其特具有民歌音樂諧美的韻味，
實有別於一般人工格律化的「五絕」。

或有助於讀者瞭解此詩的真相。為方便讀者，故部份採用隨文附註的方式書寫。

詩句譌字辨析──看與山

任何詩作的解析，其首要的關卡，就是要能先辨正詩中的譌字。若是未能守住此緊要的關卡，而依據譌字去研讀作品，便與作者的原意無涉。〈靜夜思〉雖然只是一首四句二十字的短詩，但在後世的一些選本上，卻在第一、三句各出現有一個譌字，那就是：看與山。首句的「看月光」，變成了「明月光」。動詞的「看」字被譌成形容詞的「明」字，因而使得此詩作者很重要的「看」的行為消失了。從心理學講，思想本是引導行為，而行為則是反映思想。此詩首句作者用「看」字，主要是想透過此字，反映在「夜」裡他為何不睡？而走到「床前」去的因由，目的就是想要「看月」。所以，才會有第三句舉頭「望月」的動作說明，要是沒有第三句「舉頭」望月的行為，那第四句的「低頭思故鄉」在語意上便接不上去，整首的詩意，也就因而無法落實了。在此詩中，「看」字是極為重要的詩意關鍵所在，被後世譌成「明」字，使得讀者不能真正瞭解李白此詩的本意所在，故此「看」字真的是錯不得。很可惜，我們後世所讀到選錄此詩的一些選本，已是用譌字的「明」，取代了原作的「看」。另外，在此詩的第三句，李白原本是用「望山月」，而我們後世所看到的一些選本卻是被譌成的「望明月」，因而導致後人對於作者原意的不明。李白在此詩句中，原意是想告訴讀者，他寫此詩時「人」是住在「山」區。在廣大的山區裡，只有他單獨一人孤泠泠地痴望著「月」而想「家」。那種孤寂的思鄉心情，誠非語言所能描繪，除了無語「低頭」沉思「故鄉」的一切（人、事、

景、物等）以外，他還能說什麼？一個無言的「低頭」動作，表露了李白最深刻的「思鄉」情懷，該是多麼感人！李白在其〈擬古〉詩中亦曾說過：「月色不可掃，客愁不可道」的話。要是此時李白是住在城內（不管是在長安城、蘇州城、魯城、宣城），他絕對不會寫下「望山月」這三個字，因為那樣寫是不合實情，有可能寫出的就是「望明月」。可見，此「山」字是作者想透過此字告知讀者，寫此詩時其「人」的處「境」。要是把此「山」字給換成為「明」字，便會把這種特別的處境（山區）給消滅了，如此，不但違背了作者的原意，更是抹殺了作者的用心。所以，第三句中的「山」字，同樣是很重要，絕不可移易為「明」字。一首被認為好的詩，作者都會在詩中運用各種寫作手法對於「人、時、地、物、情、景」等有所交代，並能使讀者得以感知。可是，此詩若將「山月」誤成「明月」，讀者便無法感知作者寫此詩時「人」是在何處？只要「月」是「明」的，不論「人」是在任何地方都可以稱之為「明月」，如此，則寫作的「地」點便無法交待清楚。要是用「山月」二字，那寫詩的「人」在何處？就很明白了。據此可知，此「山」字也是絕不可誤成「明」。更何況，次句的「疑是地上霜」，作者已經是很有寫作技巧的點出月光是明亮如霜白，因此第三句便不須要再逐用「明月」二字來直接說明，以免造成詩意上的重複，而變成敗筆。若是李白此時是居住在於安徽「敬亭山」的山區，那「山」字的用意就更為重要了。事實上，李白曾前後往來於安徽的宣城多次，並住了將近有四年，在其〈遊敬亭寄崔侍御〉一詩中便說：「我家敬亭下」。「敬亭山」是在宣城縣北，範圍很廣大，中唐詩人劉禹錫的〈九華山歌〉曾說：「君不見，敬亭之山廣索漠」，齊朝謝朓的〈遊敬亭山〉詩亦云：「茲山亘百里，合沓與

雲齊」，極有可能李白此詩就是住於此地時所寫的。要是如此，那此詩中的「山」字，就更值得讀者加以重視。很遺憾的，後世我們所讀到錄取此詩的一些選本，此字已被譌成「明」字，讓讀者難以真正瞭解作者的原意。至於為何會有「明月光」與「望明月」這種譌字的出現？則必須從版本學上去加以推究，才能獲知其中的原委。

　　就李白的詩文集而言，存世最早的本子，應是北宋神宗三年（西元一○八○年），宋敏求編纂、曾鞏考次、毛漸校正、晏知止鏤板的蜀本《李太白文集》（日本靜嘉堂文庫藏），在此書第六卷〈樂府四〉裡收有此詩，其標題及全文如下：

靜夜思

　　床前看月光，疑是地上霜；

　　舉頭望山月，低頭思故鄉……③

　　到了明世宗嘉靖廿二年（西元一五四三年）吳人郭雲鵬校刻的《分類補註李太白詩》（宋代楊齊賢註、元代蕭士贇補註）卷之六〈樂府〉裡，所收錄的此詩，完全跟北宋蜀本的李白集相同，詩句的文字沒有任何的移異。一直到現今，所有李白的本集，不管是影印本、覆刊本、排印本，此詩都沒有出現過任何的譌字。譌字的出現都是在後世的選本上，並且皆是出現在明朝，元朝以前未曾看見過。在明成祖永樂年間，高棅所編成的《唐詩品彙》一書，卷三十九李白詩中，此詩的第三句已出現有異文，那就是把「山」字譌成「月」，而成為：

　　舉頭望明月

---

③　新式標點，筆者所加。「思故鄉……」的標法，實為顯示李白所思乃故鄉的一切人、景、物、事、情等等，含有不盡的深意。

　　到了明世宗嘉隆年間，李攀龍所編選的《古今詩刪》卷二裡，選錄此詩時，第三句亦同《唐詩品彙》作「明月」。又神宗萬歷卅五年（西元一六〇八年）所刊行的《宋洪魏公邁萬首唐人絕句》（明代黃習遠竄補、趙宧光校），也將南宋洪邁原編《萬首唐人絕句》所無譌字的第三句「山月」，換成為「明月」的異文。另外，在明神宗萬歷年間，曹學佺所編選的《石倉歷代詩選》卷四十四下〈盛唐十三〉下裡，所選錄此詩的第一句「看月光」，則出現了另一個異文，那就是：

　　床前明月光

　　把原本的「看月」二字，譌成「明月」。將原來動詞的「看」移易而為形容詞的「明」，在整句的詩意上算是起了很大的變動。又萬歷廿一年（西元一五九四年）刊行的《箋釋唐詩選》（李攀龍編、蔣一葵注），書中選錄有此詩，但其詩句的文字，異文卻增多，全詩變成為：

　　床前明月光，疑是地上霜；

　　舉頭望明月，低頭思故鄉……

　　這就是我們目前一般人所常讀到的此詩，乃是集二個譌字而成的李白作品。《唐詩選》一書，在明末頗為流行，此書雖署名為李攀龍所編，事實上是當時的書商坊賈，為了謀利，割取李攀龍的《古今詩刪》書中「唐詩」的部份，偽託當時詩學名家李攀龍的署名，並偽列名學者如李卓吾、袁宏道、蔣一葵、王稚登、鍾惺、徐震、陳繼儒等人的評注校，而產生的一種書。④由於此

---

④　清紀曉嵐《四庫全書總目提要》卷一八九〈集部〉四十二〈總集類〉四

　　〈古今詩刪三十四卷〉條云：「流俗所行，別有攀龍《唐詩選》。攀

　　龍實無是書，乃明末坊賈，割取《詩刪》中唐詩，加以評註，別立斯

書假借權威，故能取信於人，因而頗爲盛行於鄉塾間，所以影響社會喜愛唐詩的一般讀者極大。到了清代，幾本較爲流通於當時的唐詩選本，像雍正十年（西元一七三一年）王堯衢選編的《古唐詩合解》、乾隆廿八年（西元一七六三年）孫洙選定的《唐詩三百首》、嘉慶三年（西元一七九八年）姚鼐編選的《今體詩鈔》等書，都收錄有李白此詩，可是卻全依「明月光」與「望明月」的譌字。一般人在覽讀這一些選集時，又太信服作者與編者的威名，於是在吟誦欣賞之時，便誤認李白此詩的詩句與文字，原本就是這樣的，而不去深究並察覺其中有何不妥之處，久而久之，詩句中的譌字便被大家所認同，並視之爲原作的正確文字而加以接受。要是有人唸出（或寫出）此詩正確的「床前看月光」與「舉頭望山月」字句時，反而會被譏笑爲讀（或寫）錯字，如此「積非爲是」的嚴重後果，就是大家讀此詩時都變成了「是非不明」。甚至於到現在，還有不少人選錄或引用此詩時，皆用譌字的詩句而不自覺，真是愧對大詩人李白！好在尚有一些較爲慎重的選本，像宋代郭茂倩的《樂府詩集》、洪邁的《萬首唐人絕句》，明代唐麟的《雅音會編》、胡纘宗的《唐雅》、李默的

名，以其流傳既久，今亦別存其目，而不錄其書焉」。

又《提要》卷一九二〈集部〉四十五〈總集類存目〉二〈唐詩選〉條云：「《唐詩選》七卷，舊本題明李攀龍編、唐汝詢註、蔣一葵直解……攀龍所選歷代之詩，本名《詩刪》，此乃摘其所選唐詩。汝詢亦有《唐詩解》，此乃割取其註，皆坊賈所爲。疑蔣一葵之直解，亦託名矣。然至今盛行鄉塾間，亦可異也」。署名爲晚明陳繼儒箋釋之《唐詩選註》，書前附有題名爲焦竑之〈題唐詩箋〉一文云：「卓吾李氏，閱是帙喜，遂細箋釋之」，此實書賈僞託名家之題署，以便取信於世人。

《全唐詩選》、黃克纘的《全唐風雅》、陸時雍的《唐詩鏡》、吳琯的《唐詩紀》、鍾惺與譚友夏合編的《詩歸》⑤、吳勉學的《唐樂府》、臧懋循的《唐詩所》、唐汝詢的《唐詩解》、毛懋宗的《唐雅同聲》、孫慎行的《唐詩選感遇》、周敬的《刪補唐詩脉箋釋會通評林》⑥，清代康熙朝的《御選唐詩》、《御定全唐詩錄》、《御定全唐詩》等書，都不受譌字的影響，還能保持原詩的字句。特別值得一提的，就是在明代僞託李攀龍所選編的《唐詩選》，假借名家評注系列的書，像《箋釋唐詩選》（蔣一葵注）、《郊庵重訂李于麟唐詩選》（蔣一葵注）、《唐詩選》（王稚登參評）、《唐詩選匯解》（徐震校）、《唐詩合選》（鍾惺輯・蔣一葵箋釋・劉化蘭增訂）、《鍾伯敬評注唐詩選》（鍾惺評注）、《李于麟唐詩廣選》（凌弘憲編）⑦、《唐詩選註》（陳繼儒箋釋）等書所錄，都是集二個譌字而成的李白此

---

⑤　《詩歸》一書，據清代朱彝尊《靜志居詩話》卷十八〈譚元春〉條云：「桐鄉錢麟翔仲遠，友于友夏，恆言《詩歸》，本非鍾、譚二子評選，乃景陵諸生某生假託爲之」。

　　依《四庫全書總目提要》卷一九三〈集部〉四十六〈總目類存目〉三〈詩歸五十一卷〉條云：「明鍾惺、譚友夏同編……朱彝尊詩話，謂是書乃其鄉人託名。今觀二人所作，其門徑不過如是。殆彝尊曲爲之詞也」。據此，則《詩歸》一書，應非僞託，故列之於文中。

⑥　部份據日本關西大學森瀨壽三所撰〈關于李白靜夜思〉一文，收入于1992年8月一版，廣西師範大學出版社印行《唐代文學研究》第三輯，中國唐代文學學會與西北大學中文系主編。《唐詩品彙》、《石倉歷代詩選》二書，皆有言爲字，森瀨壽三誤列爲無言爲字本。

⑦　據森瀨壽三，文中所引。

詩，甚至於明人增刪宋代詩人劉後村選編的俗本《千家詩》⑧，也是照樣有此二個譌字。反而是日本刊行的李攀龍的《唐詩選》系列，如服部南郭校《唐詩選》（亨保刊本）、千葉玄之注《唐詩選掌故》（寬政刊本）、戶崎允明注《箋釋唐詩選》（天明刊本）、神野世猷校《唐詩選》（江戶末刊本）等書⑨，則無任何譌字。何以日本刊本的《唐詩選》沒有出現過譌字？這應該歸功於寶曆名學者服部元喬（字子遷、號南郭、平安人）的考校，在其所校的《唐詩選》〈附言〉裡說：「原本諸刊頗多（蔣一葵箋釋，萬歷刻、順治刻。鍾惺評注，劉孔敦批點，鍾惺、譚元春同評，黃道周參評，黃家鼎評，吳山附註，唐汝詢參註，李徐震重訂本，此類也），或有增二三者，今不取也。如字有異，多從原本最善者，兩可難裁，則就《品彙》、《詩刪》、《詩解》十集考之，從其多且正者」。又其〈箋註凡例〉中亦云：「茲選諸刊多矣！惟為狡兒殽亂，竟害滄溟嚴刻。於是子遷欲雪其冤，乃刻茲本。物子稱三峰宛然頓復裔觀，子遷勉矣哉！故編次斷據茲刻」⑩。從這裡所謂的：「茲選諸刊……殽亂……欲雪其冤，乃

---

⑧　據乾隆十六年刊行之翟灝《通俗編》卷七〈文學〉類《千家詩》條云：「宋劉後村克莊，有《分門纂類唐宋千家詩選》，所錄惟近體，而趣向顯易，本為初學設也。今村塾所謂《千家詩》者，上集七言絕句八十餘首，下集七言律四十餘首。大半在後村選中，蓋據其本增刪之耳。故詩僅數十家，而仍以千家為名。下集綴明祖〈送楊文廣征南〉之作，可知其增刪之者，乃是明人」。

⑨　據森瀨壽三，文中所引。

⑩　收入日本刊行《漢文大系》第二卷中。物子，乃服部元喬之師，名為物徂徠，故尊稱其為物子。

刻茲本……頓復舊觀……故編次斷據茲刻」諸語，可見他是深知
此唐詩俗本的譌字不少，因而有意要恢復原作舊觀以雪其冤；而
其所論斷根據的方法，誠如上述所言：「如字有異，多從原本最
善者」，就是從最善的原本（即所謂的「善本」）入手，去訂正
其中的異文譌字，這是最符合版本學與校勘學的原則，故能撥亂
返正，而不爲所惑。以後一些評註此書的人，要是能夠依據服部
元喬所校正的《唐詩選》，李白此詩便不會出現有譌字。若是不
依照服部元喬的本子，而根據明代俗傳的此書所編，便照樣會有
此二個譌字的產生，像日本刊本的《新刻李袁二先生精選唐詩訓
解》一書，便是如此。儘管此書標明有學者李卓吾與名家袁宏道
的校選，事實上只是僞託其名，故此二譌字依舊存在，這在服部
元喬的〈唐詩選・附言〉裡有所辨明：「世有唐詩訓解，其書剽
襲唐詩選及仲舒註、仲言解等。僞選列藝文，而詩全用于鱗（李
攀龍字）選，出入一二。其所題目，旣是不知滄溟（李攀龍號）
者所爲，序則文理不屬。……總評中，笘濫太甚。評註取蔣、唐
（蔣一葵、唐汝詢），頗爲刪補。唯是拙工代斲，不救傷指，其
他謬妄，不可勝計……或書賈閭師，資二家聲譽，爲譸張之具，
並署篇端，所倩村學究，不辨菽麥，迺急求錢，致此鹵莽已」，
可見，這是書商託請鄉村學究編選時，爲了取信於世人所作的欺
妄行爲，實際上這些村學究（閭師），並沒有眞正版本與校勘的
考訂能力，只好剽襲俗本的《唐詩選》，因而譌字依然存在。令
人感到不解的，就是到如今尚有一些學者，引用或編選李白〈靜
夜思〉一詩時，還是出現有這二個譌字，可見要如同服部元喬所
說的：「要辨其眞、不眩其僞」（〈附言〉），確實不是一件容
易的事！

　　至於何以李白的這首〈靜夜思〉，會在明代才出現有譌字？

這應該是跟明代文人好改前人作品字句的不良習氣有關，明末大
儒顧亭林的名著《日知錄》卷十八〈改書〉條裡便曾說過：

　　萬歷間人，多好改竄古書。人心之邪，風氣之變，自此始。

　　清代學者杭世駿的《道古堂集》卷十八〈欣託齋藏書記〉一
文中，亦指出：

　　明人妄行改竄……前後互易，古人之面目，失矣！

　　又黃廷鑑的《第六絃溪文鈔》卷一〈校書說〉裡，說得更清
楚：

　　妄改之病，唐宋以前謹守師法，未聞有此。其端，肇自明
　　人，而盛于啓禎之代……割裂分并，句刪字易，無一完
　　善，古書面目全失，此載籍之一大厄也。⑪

　　近代古籍名學者葉德輝，在其版本學名著《書林清話》卷七
裡，更是對於此種刻書的惡習加以指責，他說：

　　明人刻書，有一種惡習，往往刻一書而改頭換面，節刪易
　　名……不知其意何居？

　　好在，我們如今得書不難，李白的本集各大中文書店或圖書
館皆可覓得，不像古代書籍流通不暢，一般人得書或借書皆不
易，以致於查核譌字有所困難。所以，現在我們閱讀李白此詩，
已沒有任何理由再去依據明人的譌字，因為這樣對作者而言，不
但是不尊重，對作品更是不公平！明代學者皇甫子循，在其〈讀
詩譜〉一文中，曾說：「詩欲妥帖，故字必推敲。蓋一字之瑕，
足以爲玷。片語之類，並棄其餘」⑫。可見，詩中只要有一個字

---

⑪　以上引文，皆據大陸學者張舜徽《中國古代史籍校讀法》一書第二編
　　〈分論上──關於校書〉第四節〈明代刻本存在的缺點〉。依民國六十
　　一年二月・台北市・地平線出版社本。
⑫　見偽託陳繼儒箋釋《唐詩選註》中〈附刻諸名家評說〉引

運用不當，便足以造成全篇的詩意不妥。更何況，民間流傳的李白此詩有二個不當的「譌字」，豈能不加以辨析，以還〈靜夜思〉的真面目。惟有如此，才能求得作者與作品的真意所在。

關鍵語詞確解——床與疑

　　一切的文學作品，都是作家情感與思想的深刻表露。然而，情感與思想是一種看不到的東西，作家必須要透過其所熟練而靈活的文字運用，才能使其感情與思想得以完美的呈現，而為讀者所感知，並進而感動讀者，然後才能為世所傳誦。特別是，以「詩」為型式的作品，相較於其他文學型式所運用的語詞而言，則是更為精簡錘鍊。因此，對於詩作所運用的語詞，讀者必須對其語義，加以確實的掌握，才不致於對作家產生誤解，因而破壞了作品的審美感受。可是，對於以漢字為寫作語言的文學作品來講，要想達到作品文本語詞的確解，則是一件不容易的事。因為漢字「一字多義」的語言現象，常會帶給讀者在掌握作品語詞的語義確解上不少的詮釋困擾，稍有不慎便會造成誤解，因而傷害了作家的原意與作品的本義。就以李白這一首〈靜夜思〉而言，「牀」與「疑」這兩個語詞的詮釋，便很重要。因為這二字，分別占有此詩的首、次二句，若能把此詩的起筆與承句的語義詮釋掌握，後二句就容易順解，因而全詩的原意便不致於出差錯。任何文學作品文本語義的誤解，就作家而言，都是一種傷害。以下擬對此詩「牀」與「疑」這二個關鍵語詞的語義詮釋，分別加以辨析，以明其詩意：

　　「牀」（亦作床）——依一九九一年六月漢語大詞典出版社（上海）所出版的《漢語大詞典》第七卷八０三頁〈牀〉字的意義，在文獻上的運用，便列有八種之多。但就漢代學者劉熙的

《釋名》一書上所言:「人所坐臥曰牀。牀,裝也,所以自裝載也」(見〈釋牀帳〉條),許愼的《說文解字》〈木部〉亦云:「牀,安身之坐者」。據此推知,「牀」字的原義,應是指一種可供「人」坐或臥的木製器具。唐代杜甫的〈新婚別〉一詩中所謂的:「結髮爲妻子,席不煖君牀」,指的就是這種可坐臥兩用的家具,在今存的《御定全唐詩》中,這種「床」字的語義,我們可以找到不少的詩句例証,舉例如下:

　　李白〈長相思〉:「美人去後空餘床」

　　王維〈胡居士臥病遺米因贈〉:「床上無氈臥」

　　王縉〈同王昌齡裴迪游青龍寺曇壁上人兄院集和兄維〉:「高臥一床上」

　　李頎〈鄭櫻桃歌〉:「赤花雙簟珊瑚床」

　　又〈平虜將軍妻〉:「出解床前帳」

　　又〈口號吳王舞人半醉〉:「笑倚東窗白玉床」

　　曹松〈碧角簟〉:「滑膩鋪床勝錦茵」

　　李賀〈惱公〉:「象床緣素帕」

　　李洞〈秋宿長安韋主簿廳〉:「鼠動床頭印鎖聲」

　　杜牧〈李甘詩〉:「病妻尚在床」

　　史鳳〈鮫紅被〉:「牙床舒卷鵁鶄共」

　　岑參〈送柳錄事赴梁州〉:「山雲到臥床」

　　梁鍠〈代征人妻喜夫還〉:「明日虛眠昨夜床」

　　杜甫〈空囊〉:「無衣床夜寒」

　　賈至〈銅雀台〉:「空床卷夜衣」

　　張祜〈哭京兆廳尹〉:「扶床稚齒已能啼」

　　顧況〈棄婦詞〉:「空床對虛牖」

　　李益〈效古促促曲爲河上思婦作〉:「空床將影宿」

李端〈慈恩寺懷舊〉：「東閣許聯床」

楊凌〈詠破扇〉：「粉落空床棄」

王建〈送張籍歸江東〉：「寢息不異床」

李暇〈碧玉歌〉：「珠被玳瑁床」

孟郊〈秋懷〉：「一片月落床」

元稹〈夜坐〉：「狼籍家書滿臥床」

韓愈〈寄皇甫湜〉：「拆書放床頭」

馮著〈燕銜泥〉：「裴回繞我床頭飛」

崔珏〈孤寢怨〉：「床空怨獨眠」

張籍〈宛轉行〉：「綺席雕象床」

崔國輔〈妾薄命〉：「不上秦帝床」

沈淑安〈七夕賦詠成篇〉：「還愁重空明日床」

李義府〈堂堂詞〉：「羞襄玳瑁床」

駱賓王〈艷情代郭氏答盧照鄰〉：「此日空床對芳沼」

劉希夷〈晚春〉：「春生玳瑁床」

張易之〈出塞〉：「羅袖拂空床」

喬知之〈倡女行〉：「一醉同匡床」

張柬之〈大堤曲〉：「玉床翠羽帳」

王昌齡〈初日〉：「先照床前暖」

孟浩然〈賦得盈盈樓上女〉：「空床難獨守」

韋應物〈冬至夜寄京師諸弟兼懷崔都水〉：「孤燈照床單」

戴叔倫〈相思曲〉：「恨滿牙床翡翠衾」

劉禹錫〈聚蚊謠〉：「爲爾設幄潛匡床」

白居易〈冬至宿楊梅館〉：「冷枕單床一病身」

權德輿〈相思曲〉：「花飛落繡床」

令孤楚〈閨人贈遠〉：「銀床一半空」

熊孺登〈八月十五夜臥疾〉：「夜深斜影到床前」

施肩吾〈收妝詞〉：「斜月朧朧照半床」

裴夷直〈笛客〉：「白衣居士且匡床」

朱慶餘〈尋賈島所居〉：「移床對藥叢」

李商隱〈端居〉：「只有空床敵素秋」

從以上所引述的這些詩句中，我們可以得知臥「床」的本義，在唐代還是常被取用。問題是，李白此詩的「床」字，若是作為「臥床」解，是否合宜，倒是值得我們深思。就人類行為的情理而言，一個人躺在「床」上，看月想家，可以說是一種正常而自然的行為現象。並且對於「月」與「床」的相關性，在唐詩中亦時有所見，例如：

李白〈春怨〉：「落月低軒窺燭盡，飛花入戶笑床空」

賈島〈南齋〉：「簾卷侵床月」

杜牧〈秋夜與友人宿〉：「猶臥東軒月滿床」

許渾〈趨慈和寺移宴〉：「西樓半床月」

雍陶〈初醒〉：「一條斜月到床頭」

方干〈路支使小池〉：「光含半床月」

胡曾〈早發潛水驛謁郎中員外〉：「半床秋月一聲雞」

吳融〈月夕追事〉：「雲床冰簟落秋河」

李賀〈勉愛行〉：「青軒樹轉月滿床」

元稹〈夜閒〉：「秋月滿床明」

賈島〈南齋〉：「簾卷侵床月」

鄭畋〈夜景又作〉：「枕簟滿床明月到」

劉威〈冬夜旅懷〉：「月過半床陰」

姚合〈送僧貞實歸杭州天竺〉：「月中潮色到禪床」

孟郊〈獨愁〉：「曉臥半床月」

徐夤〈紙被〉：「一床明月蓋歸夢」

岑參〈趙少尹南亭送鄭侍御歸東台〉：「簾疏月到床」

王建〈長安別〉：「惡心床上銅片月」

李咸用〈山中夜坐寄故里友生〉：「一床山月竹風清」

皇居易〈嘉陵夜有懷〉：「西廊月上半床陰」

杜荀鶴〈山中寄友人〉：「穿屋月侵床」

劉允濟〈怨情〉：「空床月厭人」

沈佺期〈夜宿七盤嶺〉：「曉月臨床近」

可是，從上面所引述的這些詩句，我們清楚的看出，都是「月」照入「床」中所產生的情感反映，而不是人在「床」中看「月」，有如李白此詩所謂的：「床前看月光」。更何況，此詩的第三句還寫有：「舉頭望山月」的行為。若是把此詩的「床」字解釋為「臥床」，則此時「人」必定是在「房」內，又如何能夠「舉頭」去望「山月」？恐怕只能「舉頭」望「屋頂」而已。可見，坐實此字為「臥床」，是不合於詩中行為環境的事理。從整首作品的詩意來看，李白「望月」時，「人」應該是在屋外，所以此詩的「床」字，必定是為屋外之物。依據詞彙學與語義學的理論來檢視，「床」字的語義，在唐詩中已出現有擴大運用的現象，並不受限制於其原義。在唐詩中，「床」字語義的擴大情況，如下：

李頎〈贈張旭〉：「露頂據胡床」

李洞〈送盧少府之任鞏洛〉：「印床寒鷺宿」

陳陶〈宿鳥徑夷山舍〉：「山深石床冷」

孟貫〈酬東溪史處士〉：「山床見鶴移」

寒山〈山居〉：「靈床施酒果」

拾得〈山居〉：「亦須臥鐵床」

孟郊〈懷南岳隱士〉：「鶴盬落琴床」

張籍〈夏日閒居〉：「看移曬藥床」

又〈和陸司業習靜寄所知〉：「僧到出茶床」

又〈答元八遺紗帽〉：「稱對山前坐竹床」

盧令〈小婦吟〉：「翠帳雲屏白玉床」

王維〈春日上方〉：「龜殼用支床」

岑參〈過王判官西津所居〉：「沙鳥上筆床」

杜甫〈水閣朝齋奉簡嚴雲安〉：「風床展書卷」

又〈漢州王大錄事宅作〉：「身外滿床書」

又〈寄彭州高三十五使君適虢州岑二十七長史參三十韻〉：「花嶼讀書床」

又〈數陪李梓州泛江有女樂在諸舫戲爲艷曲二首贈李〉（之一）：「清宵近笛床」

又〈元日示宗武〉：「衰病只藜床」

秦系〈秋日過僧惟則故院〉：「野鳥上繩床」

李端〈雜歌呈鄭錫司空文明〉：「素書一帙在柏床」

王建〈宮詞一百首〉（之一）：「江硯宣毫各別床」

李賀〈莫愁曲〉：「羅床倚瑤瑟」

元稹〈冬白紵歌〉：「身作匡床臂爲枕」

王績〈贈李徵君大壽〉：「無氈坐土床」

李嶠〈銀〉：「桐井共安床」

皎然〈和李估人使君紓題雲明府首室〉：「砂床不遺世人聞」

齊己〈寄鄭谷郎中〉：「別掃著僧床」

薛能〈嘲趙璘〉：「火爐床上平身立」

劉復〈夏日〉：「樹下是禪床」

朱放〈送著公歸越〉:「石床埋積雪」

陳羽〈夏日讌九華池贈主人〉:「醉倒檐前青玉床」

薛逢〈金城宮〉:「獸坐金床吐碧煙」

趙嘏〈宿僧院〉:「度雲低拂近簷床」

周賀〈寄金陵僧〉:「齋床幾減供禽食」

喻鳧〈鎰禪師南溪蘭若〉:「鐘動白雲床」

曹唐〈哭陷邊許兵馬使〉:「更無一物在儀床」

張喬〈題友人草堂〉:「一床琴畔書」

方干〈桐廬江閣〉:「垂鉤床下錦鱗沉」

羅鄴〈費拾遺草堂〉:「唯有樵童戲薜床」

韓愈〈山石〉:「鋪床拂席置羹飯」

羅隱〈旅舍書懷寄所知二首〉(之一):「牢落餘情滿素琴」

韓偓〈守愚〉:「翻恨公軒書滿床」

吳融〈月夕追事〉:「雪床冰簟落秋河」

又〈題衰州泗河中石床〉:「一片苔床水漱痕」

韋莊〈和李秀才郊墅早春吟興十韻〉:「彭蠡浪衝床」

蘇味道〈詠井〉:「澄澈瀉銀床」

徐伯彥〈贈劉舍人古意〉:「女床閟靈鳥」

張柬之〈大堤曲〉:「玉床翠羽帳」

白居易〈寄微之〉:「龜緣難死久撐床」

又〈小台〉:「六尺白藤床」

又〈香山寺石樓潭夜浴〉:「平石爲浴床」

又〈不出門〉:「食飽更拂床」

盧照鄰〈哭金部韋郎中〉:「魂掩漢家床」

章孝標〈方山寺松下泉〉:「山僧巾昔淨床」

皮日休「寒日書齋即事三首」（之一）：「盡日殷勤拂乳
床」

李山甫〈早秋山中作〉：「瀑布落床頭」

段成式〈醉中吟〉：「只愛糟床滴滴聲」

從以上所列舉的詩句，我們可以看出，「床」字的語義，在
唐代已由原來「木製」的材質，擴大而爲甚多不同的材質皆可運
用。原本是專指「裝人」的功能，亦擴大爲各種的「裝物」。在
語彙的詞性上，更是由名詞，擴大而爲數量詞，所謂「滿床書」
等。所以，「床」字在唐詩中，若只是局限於其坐臥的原義，有
時在詮釋詩意上會陷入困境。就算是同一個語彙，在不同的詩句
語境中，亦有其相異的語義，絕不可一律視之，因爲寫詩的語言
運用常是很靈活的，「銀床」（或逕作「床」）一語便是如此。
「銀床」一語，最早見於《晉書》〈拂舞歌詩・淮南王篇〉所
謂：「後園鑿井銀作牀，金瓶素綆汲寒漿」，指的就是房子後園
中取水的「井欄」（取水用的架子，又稱之爲「轆轤」）。唐人
詩句中，用此「井欄」原義者，約有：

李白〈贈別舍人第台卿之江南〉：「梧桐落金井，一葉飛銀
床」

又〈答王十二寒夜獨酌有懷〉：「玉床金井水崢嶸」

又〈洗腳亭〉：「前有昔時井，下有五丈床」

李賀〈後園鑿井歌〉：「井上轆轤床上轉」

許渾〈病中二首〉（之二）；「露井竹床寒」

貫休〈古意九首〉（之二）：「好風吹桃花，片片落銀床」

杜甫〈冬日洛城謁玄元皇帝廟〉：「露井凍銀床」

鄭嵎〈津陽門詩〉：「銀床下卷紅綆遲」

胡宿〈淮南王〉：「碧井床空天影在」

齊己〈殘春連雨中偶作懷故人〉：「屧齒遶床泥」

李嶠〈銀〉：「桐井共安床」

駱賓王〈久戍邊城有懷京邑〉：「銀床轉轆轤」

李商隱〈富平少侯〉：「卻惜銀床在井頭」

顧非熊〈子夜秋曲〉：「銀床梧葉下」

唐衫謙〈紅葉〉：「梧桐墜井床」

陸龜蒙〈井上桐〉：「獨立傍銀床」

蘇味道〈詠井〉：「澄澈瀉銀床」

花蕊夫人〈宮詞〉：「玉井金床轉轆轤」

可是，我們卻不宜依據上列詩句，便逕指唐詩中的「銀床」語義都是「井欄」無疑，因為在其他的詩句裡則是指「臥床」，例証如下：

寒山〈山居〉：「繡被滿銀床」

溫庭筠〈瑤瑟怨〉：「冰簟銀床夢不成」

魚玄機〈酬李學士寄簟〉：「同向銀床恨早秋」

顧甄遠〈悃悵詩九首〉（之四）：「忍向銀床空抱影」

李白此詩中的「床」字語義，依理而言，應是指後園中的「井欄」，方切詩意。又其〈長干行〉一詩中的：「遶床弄青梅」，亦應同此語義，因為在房內是無法有「弄青梅」的行為出現。可見，〈靜夜思〉一詩，應該是李白異鄉思家失眠，獨自走到後園遣懷，因而望月寄情所寫的作品。

「疑」——依《漢語大詞典》第八卷五一一頁〈疑〉字的語義，共列出十四種，計有：「懷疑（不相信）、迷惑（惑亂）、遲疑（猶豫）、疑忌（猜忌）、猜度（估計）、疑問、驚恐（畏懼）、怪異（引申為責怪）、類似（好像）、古官名（天子四輔之一）、通擬（比擬）、通礙（隔閡、阻礙）、通凝（安定、止

息）、通凝（凝聚、集結）」。《說文解字》〈疋〉部云：
「疑，惑也」，這是許慎對此字的原義詮釋，然而這種語義在李
白此詩中卻用不上。因為首句：「床前看月光」，是直接說明行
為的敘述句，清楚而明白。若第二句解釋為：「懷疑它是地上
霜」，在詩意上就會產生錯亂而無法相承上句的語義，所以不適
用。好在「疑」字於先秦文獻中，尚有「類似」的語義，正可符
合此詩的詩意。要是將次句詮釋為：「似是地上的一遍霜」（疑
是地上霜），則順理而景契。用「霜」來比喻月光的「白」（明
亮），在唐詩中是有所見的，李白此詩並非特例，如白居易〈秋
夕〉：「月色向如霜」、釋尚顏〈宿壽安甘棠館〉：「松月半軒
霜」、張若虛〈春江花月夜〉：「空裡飛霜不覺飛」、高適〈聽
張立本女吟〉：「清歌一曲月如霜」。事實上，在南朝的蕭綱
〈玄圃納涼〉詩中，早已寫有：「夜月似秋霜」。的句子，庾肩
吾〈應令多曉〉詩亦云：「月光侵曙後，霜明落曉前」，據此得
知以「霜」喻「月」，並不是唐人首創。在先秦文獻中，《列
子》〈黃帝〉篇：「用志不分，乃疑於神」句，張湛注：「意
專，則與神相似也」，可知，此「疑」字的語義為「似」。《荀
子》〈正名〉篇中，亦出現有「疑似」一語，其語義為「類
似」，原文是：「凡同類同情者，其天官之意物也同；故比方之
疑似而通，是所以共其約名以相期也。」據此，「疑」本有
「似」義，故在此處能造成同義的「疑似」詞彙。唐詩中，「疑
似」連文，見之於韓愈〈春雪映早梅〉：「那是俱疑似，須知兩
逼真」、白居易〈逢舊〉：「久別偶相逢，俱疑似夢中」。
「疑」為「似」義，唐詩中則時有所見，例如：

　　李白〈經亂後將避地剡中留贈崔宣城〉：「蒼生疑落葉」
　　又〈贈別舍人弟台卿之江南〉：「時人疑夜光」

又〈觀元丹丘坐巫山屏風〉：「疑入嵩丘夢綵雲」

又〈梁園吟〉：「五月不熱疑清秋」

又〈江上贈竇長史〉：「人疑天上坐樓船」

又〈贈嵩山焦鍊師〉：「宛疑麻姑仙」

李賀〈惱公〉：「髮重疑盤霧」

姚合〈武功縣中作三十首〉（之廿五）：「醉臥疑身病」

盧仝〈月蝕詩〉：「初疑白蓮花」

吳融〈竹山四十韻〉：「初疑崑崙下」

王駕〈雨晴〉：「卻疑春色在鄰家」

曹松〈碧角簟〉：「客臥混疑水浸身」

羅隱〈杏花〉：「盡日無人疑悵望」

王建〈失釵怨〉：「初起猶疑在床上」

蘇頲〈奉和春日幸望春宮〉：「山光積翠遙疑逼」

白居易〈假山〉：「望中疑在野」

又〈夢李白〉：「猶疑照顏色」

又〈北亭獨宿〉：「疑在僧房宿」

又〈想東遊五十韻〉：「梵塔形疑踊」

又〈東南行一百韻〉：「摽緲疑仙樂」

皮日休〈酒床〉：「空疑杜康語」

陸龜蒙〈酒床〉：「自疑陶靖節」

李咸用〈草蟲〉：「風低薛徑疑偏急」

李商隱〈籌筆驛〉：「猿鳥猶疑畏簡書」

劉禹錫〈觀棋歌送儇師西遊〉：「初疑磊落曙天星」

　　至於在對仗詩句中，「疑」與「似」的互義運用，亦見之

於：

鄭谷〈乾符丙申歲春奉試漲江池〉：「深疑一夜雨，宛似五

湖春」

姚合〈酬任疇協律夏中苦雨見寄〉：「雷怒疑山破，池渾似土流」

張蠙〈登單于台〉：「沙翻痕似浪，風急響疑雷」

白居易〈東南行一百韻〉：「兀兀都疑夢，昏昏半似愚」

王績〈遊仙〉：「心疑遊北極，望似陟西崑」

沈佺期〈慶興池〉：「漢家城闕疑天上，秦地山川似鏡中」

李嶠〈石淙〉：「鳥和百籟疑調管，花發千巖似畫屏」

「疑」為「似」義的詩句運用，並非始自於唐人，在南北朝時已有所出現，例如：

齊·陰鏗〈西游咸陽中〉：「城斗疑連漢，橋星象跨河」

梁·蕭繹〈綠柳〉：「露沾疑染綠」

又〈咏螢〉：「屏疑神火照，帘似夜明珠」

周弘正〈看新婚詩〉：「帶啼疑暮雨，含笑似朝霞」

庾肩吾〈奉和春夜應令〉：「月皎疑非夜，林疏似更秋」

陳·江總〈秋日登廣州城南樓〉：「遠氣疑理創，驚禽似避弓」

北周·庾信〈舟中望月〉：「山明疑有雪」

唐人只是沿用前人的語義，故李白此詩中的「疑」字，作為「似」義解應是正確的。特別是「疑是」二字的連文，在唐詩中是頗為常見的，例如：

李白〈嵩山採菖蒲者〉：「疑是九疑仙」

又〈題瓜州新河餞族叔舍人賁〉：「疑是龍山雪」

又〈陪族叔當塗宰遊化城寺升公清風亭〉：「疑是海上雲」

又〈玩月金陵城西孫楚酒樓達曙歌吹日晚乘醉著紫綺裘烏紗巾與酒客數人棹歌秦淮往石頭訪崔四待御〉：「疑是王子猷」

又〈白胡桃〉：「疑是老僧休念誦」

又〈和盧侍御通塘曲〉：「疑是武陵春碧流」

又〈東魯門泛舟二首〉（之一）：「疑是山陰雪後來」

又〈望廬山瀑布二首〉（之二）：「疑是銀河落九天」

又〈觀元丹丘坐巫山屏風〉：「疑是天邊十二峰」

又〈早秋單父南樓酬竇公衡〉：「疑是白波漲東海」

又〈單父東樓秋夜送族第沈之秦〉：「疑是山陰夜中雪」

盧僎〈題殿前桂葉〉：「疑是月中攀」

王維〈過始皇墓〉：「疑是大夫哀」

張說〈和尹從事懋泛洞庭〉：「疑是乘舟到日邊」

王適〈江濱梅〉：「疑是弄珠人」

張謂〈早梅〉：「疑是經春雪未銷」

杜甫〈題張氏鎮居二首〉（之一）：「對君疑是泛虛舟」

又〈自京赴奉先縣詠懷五百字〉：「疑是崆峒來」

顧況〈古仙壇〉：「疑是壇邊醮」

李益〈竹窗聞風寄苗發司空曙〉：「疑是故人來」

元稹〈說劍〉：「疑是干將隅」

張祜〈薔薇花〉：「故鄉疑是買臣歸」

曹松〈哭胡處士〉：「疑是沖虛去」

杜牧〈冬至日遇京使發寄舍弟〉：「疑是松窗雪打聲」

胡曾〈涿鹿〉：「疑是成川血尚流」

羅隱〈扇上畫牡丹〉：「疑是姮娥月裡栽」

李中〈所思〉：「悠悠疑是夢中身」

皎然〈仙女台〉：「疑是欲歸年」

子蘭〈飲馬長城窟〉：「聲中疑是言」

貫休〈洛陽塵〉：「疑是綠珠身」

薛曜〈九城尋山水〉：「疑是昔年棲息地」

牟融〈重贈張籍〉：「百杯疑是酒中仙」

李涉〈寄荊娘寫眞〉：「疑是妝成來鏡中」

徐凝〈牡丹〉：「疑是洛川神女作」

薛能〈贈歌者〉：「轉喉疑是擊珊瑚」

雍陶〈蔚州晏內遇新雪〉：「疑是風飄白鶴毛」

崔塗〈題嵩陽隱者〉：「疑是世間秋」

張蠙〈再遊西山贈許尊師〉：「疑是年光卻倒流」

羅鄴〈大散嶺〉：「特地身疑是鳥飛」

徐鉉「柳枝辭十二首」（之六）：「疑是陽和二月天」

于鵠〈舟中月明夜聞笛〉：「疑是龍吟寒水中」

韓愈〈月蝕詩效玉川子作〉：「疑是蝦蟆精」

白居易〈寄王質夫〉：「舊遊疑是夢」

又〈酬鄭侍御多雨春空過詩三十韻：「晝昏疑是夜」

宋之問〈苑中遇雪應制〉：「疑是林花昨夜開」

李崇嗣〈覽鏡〉：「疑是別逢人」

武元⑯〈贈歌人〉：「疑是流鶯楚苑來」

孟浩然〈遊景空寺蘭若〉：「疑是入雞山」

儲光羲〈新豐主人〉：「夢中疑是洛陽城」

權德輿〈戲贈張鍊師〉：「疑是龜山阿母家」

許孟容〈奉和武相公春曉聞鶯〉：「疑是血魂哀困聲」

令孤楚〈遊義興寺寄上李逢吉相公〉：「步步猶疑是夢中」

劉禹錫〈九華山歌〉：「疑是九龍夭矯欲攀天」

施肩吾〈醉遇道士〉：「路傍疑是酒中仙」

朱慶餘〈舜井〉：「疑是蒼梧萬里天」

李商隱〈隋宮守歲〉：「遙望露盤疑是月」

劉得仁〈聽歌〉：「疑是鳳飛來」

李群玉〈題二妃廟〉：「疑是行雲秋色中」

皮日休〈蓑衣〉：「疑是綠毛翁」

又〈櫻桃花〉：「向陽疑是不融酥」

司空圖〈馮燕歌〉：「疑是夢中方脫免」

陸貞洞〈和三鄉詩〉：「疑是文姬第二身」

成彥雄〈杜鵑花〉：「疑是口中血」

步非煙〈答趙象〉：「疑是落花迷碧洞」

從這裡，我們可以瞭解，「疑是」一語是唐人所習用的詞彙，李白詩中所用尤多，其語義則為：「似是」。〈靜夜思〉一詩次句中的「疑是」，正是用此語義。

寫作時地探索

任何詩作的文學審美（作品評價），不能離開文本的確解。首先我們必須要遵從「詮釋學」的原則，對於作品的文本作出確解，因為字句的語義誤解，對於作品總是一種傷害。然而，要詮釋作品前，若是能先瞭解作品產生的時空——時間與地點，則對於作品的確解必有很大的助益。李白的此詩，依現今大陸李白研究學者安旗主編《李太白全集編年注釋》（西元一九九一年出版）一書，〈靜夜思〉是被定為開元十五年（西元七二七年）所作，此時李白是廿七歲，其理由為：

> 按：此詩思鄉之情，略似去年〈秋夕旅懷〉。其作時，當相去不遠。又詩中有『山月』一語，當山居所見，則其作地或在安陸壽山。

安氏將〈秋夕旅懷〉定為開元十四年，並認為〈靜夜思〉是作在開元十五年，正是李白離開四川老家的第二年。然而，依據

大陸另一位李白研究的學者詹鍈《李白詩文繫年》（西元一九五八年問世）所云：「開元十三年，白二十五歲，經巴渝，出三峽，遊洞庭」、「開元十五年，白還憩雲夢，故相許圉師家以孫女妻之，遂安陸」。詹氏對於〈秋夕旅懷〉一詩，則是列為乾元元年（西元七五八年），李白五十八歲的作品。至於此首〈靜夜思〉，則不作繫年。詹氏繫〈秋夕旅懷〉之年的原因，則是：

> 蕭曰：「此詩，李白作於竄逐之後乎。身在遐荒，心懷舊國，詞意悲惋，哀哉。」

採信元代蕭士贇在《分類補注李太白詩》中的注語，然後再加上個人的臆測，而將此詩定於李白五十八歲的作品。安旗與詹鍈二家的說法，要是從原詩去加以探討，我們會發現這二家的編年都是使人難以信服。〈秋夕旅懷〉全詩如下：

> 涼風度秋海，吹我鄉思飛。連山去無際，流水何時歸？日夕浮雲色，心斷明月暉。芳草歇柔艷，白露催寒衣。夢長銀漢落，覺罷天星稀。含歎想舊國，泣下誰能揮？

根據明代學者朱諫《李詩選注》中的說法：「此白客寓他方，思長安而作。言涼風度海，攪動鄉思。山長水遙而不得歸。秋時景物傷，痛念舊京，有懷耿耿，為之揮淚而情不能已也。豈當遭亂之後，白乃流寓江南而不得之時乎？」⑬。朱氏偏向於此詩是李白遭遇安祿山戰亂後，流寓江南不得歸而思長安之作，比蕭士贇認為是流放夜郎的看法合理，因為詩中「芳草歇柔艷」的句子符合江南的景物。至於確定的時間，則難以考訂。安氏為何

---

⑬ 此轉引自詹⑰主編《李太白全集校注彙釋集評》（全八冊），第七冊第廿二卷第三四五九頁，一九九六年十二月一版一刷·天津市·百花文藝出版社發行。

將此詩編年於開元十四年（西元七二六年），因無說明原由，所
以我們無法得知。詹氏則認爲：「安注繫此詩於開元十四年，似
與『含悲想舊國』句不合。」⑭，從詩意來看，這是可以成立
的。至於安氏所謂的：「詩中有『山月』一語，當係山居所見，
則其作地或在安陸壽山」，實頗有可議。李白在天寶十二年（西
元七五三年）秋寓安徽宣城，曾寫有〈秋於敬亭送從姪耑遊廬山
序〉一文，其序文有：「酒隱安陸，蹉跎十年」的話，可知，在
開元十五年到廿五年，他是在湖北安陸，並大約住有十年之久。
然而，我們卻無法從〈靜夜思〉的詩意中去推知他是作於安陸壽
山。因爲在開元十五年，他在安陸才剛結婚成家，而其妻又是當
地尙有名望的故相許圉師家的孫女。在此時，他曾寫有〈贈
內〉：「三百六十日，日日醉如泥。雖爲李白婦，何異太常妻」
的詩，充滿著新婚歡謔的語調。又其〈上安州裴長史書〉謂：
「許相公家見招，妻以孫女，便憩跡於此，至移三霜焉」，以及
〈安陸白兆山桃化巖寄劉侍御綰〉詩云：「雲臥三十年，好閑復
愛仙。蓬壺難冥絕，鸞鳳心悠然」，皆看不出此時他是具有濃厚
「思鄉」的情懷。由於，安氏編定此詩的時間與地點都未能舉
証，只憑個人的臆測，故使人難以信服。要是認爲此詩中寫有
「山月」一語，以及其詩意「思鄉」情懷的濃深，則〈靜夜思〉
應該是訂於天寶十三年（西元七五四年，時五十四歲）至十五年
（七月肅宗即位，改元至德）的期間較爲合理，此時李白是在安
徽宣城。儘管「思鄉」是人之常情，魏朝王粲〈登樓賦〉中也曾
說過：「人情同于懷土兮，豈窮達而異心」的話，畢竟「人」在
失意時，總比得意時來得更爲想家，這才是眞正符合人類的行爲

_____

⑭ 見全上書。

現象。「樂不思蜀」實有所見，「悲不思蜀」則未曾聞。從李白寓於宣城這段時間所寫的一些詩來看，他此時的情緒確實是低落的，也是很想家，舉証如下：

〈宣城見杜鵑花〉：「蜀國曾聞子規鳥，宣城還見杜鵑花。一叫一迴腸一斷，三春三月憶三巴。」

〈秋浦歌十七首〉（之一）：「秋浦長似秋，蕭條使人愁。客愁不可渡，行上東大樓……」（按：大樓山，在安徽貴池縣南）

（之二）：「秋浦猿夜愁，黃山堪白頭……何年是歸日？雨淚下孤舟」

（之六）：「愁作秋浦客，強看秋浦花」

（之七）：「醉上山公馬，寒歌甯戚牛。空吟白石爛，淚滿黑貂裘。」

（之十）：「君莫向秋浦，猿聲碎客心」

（之十五）：「白髮三千丈，緣愁似箇長。不知明鏡裡，何處得秋霜。」

〈贈柳圓〉：「竹實滿秋浦，鳳來何苦飢」

〈淒川送族弟錞〉：「望極落日盡，秋深暝猿悲」

從「猿聲碎客心」、「何年是歸日？」、「三春三月憶三巴」等句，可知其「鄉愁」之濃。特別是，從有關他在安徽宣城縣北敬亭山所寫的一些詩中，更能夠感知他的苦悶心情，如：

〈遊敬亭寄崔侍御〉：「我家敬亭下，輒繼謝公作……世路如秋風，相逢盡蕭索。……」

〈登敬亭山南望懷古贈竇主簿〉：「……百歲落半途，前期浩漫漫。強食不成味，清晨起長歎……」

〈觀胡人吹笛〉：「胡人吹玉笛，一半是秦聲。十月吳山

曉，梅花落敬亭。愁聞出塞曲，淚滿逐臣纓。卻望長
安道，空懷戀主情。」

〈寄崔侍御〉：「宛溪霜夜聽猿愁，去國長如不繫舟。獨
憐一雁飛南海，卻羨雙溪解北流。高人屢鮮陳蕃榻，
過客難登謝朓樓。此處別離同落葉，明朝分散敬亭
秋。」

〈獨坐敬亭山〉：「眾鳥高飛盡，孤雲獨去閒。相看兩不
厭，只有敬亭山。」

依據《江南通志》所記，敬亭山是：「東臨宛溪，南瞰城
闉。煙市風帆，極目如畫」，李白〈贈宣州靈源寺仲濬公〉詩曾
謂：「敬亭白雲氣，秀色連蒼梧。下映雙溪水，如天落鏡湖」，
又〈自梁園至敬亭山見會公談陵陽山水兼期同遊因有此贈〉詩亦
云：「敬亭愜素尚，弭棹流清輝。冰谷明且秀，陵巒抱江城……
稠疊千萬峰，相連入雲去」。面對如此美好的敬亭山景物，想不
到李白依然還是有著一份落拓的情懷，誠如其〈贈徒弟宣城長
史〉詩所述：「才將聖不偶，命與時俱背。獨立山海間，空老聖
明代。知音不易得，掛劍增感慨」，充滿著懷才不遇，時不我用
的英才失落感。在如此低潮的情緒下「思故鄉」，倒是一種很正
常的行為反映。因此將李白的此首〈靜夜思〉，定為此段時間在
敬亭山區所寫，應該是符合情理的原則。

詩題解析與審美

當我們把李白此作品的詩句譌字辨正，關鍵字義確認，創作
時地考訂後，便可以對於全詩作進一步的審美工作。首先，必須
要對題目〈靜夜思〉的意義先作一番瞭解，因為標題是作者所自
訂，更是作品的主題所在。要是能夠將詩題的語義加以確認，則

對於整體作品的瞭解大有助益，可惜，一般人讀此詩時，都沒有先設法弄清楚題意，甚至於所有注解此詩的學者，也都對此詩題不作任何的註釋。也許大家都認爲〈靜夜思〉這三個字實在是太簡單了，何必對此語義多加作註。問題是，將這三個字解釋爲：「安靜的夜裡想家」，眞的合宜嗎？理由是，在唐代的晚上，既沒有如同今日的夜市，又無任何歡樂型式的夜生活。入夜之後，整個村落都變得很安靜，誠如晉代名詩人陶潛〈歸園田居〉（五首之一）所寫「曖曖遠人村，依依墟里煙。狗吠深巷中，雞鳴桑樹巓」，除了夜中深巷的幾聲狗吠，以及天亮時的雞鳴聲之外，那有什麼「人」的閒雜聲。所以「靜夜」的「靜」，實在是不必要的多用字，因爲古代的「夜」本來就是很安「靜」，何須多加此一字。怪不得，姚鼐所編選的《今體詩鈔》，便乾脆把此詩題的「靜」字刪去，而成爲〈夜思〉。現代還有些人，選編李白此詩時，也跟著姚氏一樣把詩題改爲〈夜思〉，像金性堯注的《唐詩三百首新注》（一九八〇‧九月‧一版‧上海古籍出版社）、陳敬容校訂《唐詩三百首全譯》（一九八三‧三月‧一版‧貴州人民出版社）、邱杜編譯《新譯唐詩三百首》（一九九一‧三‧一版‧台北文津出版社），都是這種的作法。衍詞游字，是詩中的敗筆，這是任何會寫詩的人都懂的基本道理，難道李白這位大詩人會不瞭解？尤其是一首好的詩，不管如何都必須要作到，如同明代詩人王世貞〈巵言〉上所說的：「無一字一句不精美」，才能夠被識者所誠心接受。要是李白這首〈靜夜思〉的詩，連標題上的「靜」字都被研讀者認爲是多餘出來的字，即所謂的「衍詞游字」，那李白豈不是在詩題設計的第一步就失敗了？這種連詩題設計都沒有能力作好的人，又豈能成爲大詩人？相信，李白應不至於如此差勁才對。也沒有人會認爲，李白是一個連詩題都

標不好的詩人。假使這個「靜」真的是可以拿掉的字，相信李白會自己不用而直接標題為〈夜思〉，不須要麻煩後世的研讀者去替他刪去。可見，此詩標題的「靜」字是不宜刪去。李白用〈靜夜〉為詩題必然有其用意，我們應該去探究他的用心與寓意，而不是自作聰明去刪其題字。尊重作者，用心探討，去惑解蔽，洞察真相，是研讀古籍應有的態度。對於李白的這一首〈靜夜思〉，我們也應該依此準則，絕對不可任意去刪改其字。在現存近五萬首的唐詩中，以〈靜夜〉為題的作品，只有李白這一首。可見，李白此詩題用〈靜夜〉二字，必是有其用心與寓意，我們豈可忽視它。在傳統漢語舊詩的寫作技藝中，有一種暗中借用古人句意的手法，所謂「歇後詩法」就是如此。何謂「歇後詩法」？就是將古人的陳句，引用其前一部分，而隱去其後面的本質部分，如唐代詩人唐彥謙〈題漢高廟〉詩云：「耳聞明主提三尺，眼見愚民盜一抔」，就是把「三尺劍」與「一抔土」（墓）的話，只用「三尺」、「一抔」露出句面以暗示「劍」、「土」，所以在詮釋詩意上不可坐實於「三尺」、「一抔」的字面意義，應該把它解讀為：「耳聞明主提劍，眼見愚民盜墓」，才能顯示出作者在此二詩句中的寓意。這種的「歇後詩法」，在宋代嚴有翼的《藝苑雌黃》、葉夢得的《石林詩話》，明代王會昌的《詩話類編》，清代何文煥的《歷代詩話考索》等書中，都有所提及，並且指出杜甫、韓愈、黃山谷等人也都曾運用過此技法。⑮。李白此詩標題的〈靜夜〉，依理而言，應該也是採用這

⑮ 《藝苑雌黃》云：「昔人文章中，多以兄弟為友于，以日月為居諸，以黎民為周餘，以子孫為貽厥，以新婚為宴爾，類皆不成文理，雖杜子美、韓退之亦有此病，此歇後語也」。

種的手法，所以不宜直接從〈靜夜〉二字的本義去作詮釋。魏明帝（曹叡）〈長歌行〉寫有：「靜夜不能寐」，晉代陸機〈贈顧彥先〉詩亦云：「清夜不能寐」。可見，「靜夜」（或作「清夜」）的歇後語義乃是：「不能寐」（失眠）。又晉代荀勗的〈情詩〉（五首之二）亦謂：「幽人守靜夜」，所謂「幽人」，就是「幽獨」（失意）的人，這種人生途中失意的人，夜裡只能持有「失眠」的份，那裡還睡得著覺。所以李白用〈靜夜〉二字為詩題，除了寫有「失眠」的語義外，還另涵有人生「失意」的情緒，可以說是語意豐富而深刻。

　　其次要探討的另一個字，就是〈靜夜思〉中的「思」字。把「思」當想念、懷念講，最早見之於〈詩‧小雅‧我行其野〉：「不思舊姻，求爾新特」，《廣韻》〈之韻〉上說：「思，思念也」，李白此詩結句的：「低頭思故鄉」中的「思」字，便是作此語義解，讀為平聲。然而，此「想念」的語義卻不適用於此詩題目上的「思」字。這首標題為〈靜夜思〉的「思」字，應該如同「春思」、「秋思」、「鄉思」的語義，是指一種哀傷的意識，當作「感傷」（有時是指心情或意念）講，讀為去聲。唐詩中，以〈春思〉為詩題者有：李白、杜牧、賈至、羅隱、馬戴、盧綸、皇甫冉、柳中庸、韋應物、陸龜蒙、張窈窕、令狐楚等

《石林詩話》卷中：「如（唐）彥謙〈題漢高廟〉云：耳聞明主提三尺，眼前愚民盜一坏。雖是著題，然語皆歇後」。《詩話類編》卷一：「歇後格，五言如：予有折足鐺，中餘五合陳。七言如：當初只為將勤補，到底翻為弄巧成。六言如：斷送一生惟有，破除萬事無露金」。《歷代詩話考索》：「山谷詞云：斷送一生惟有，破除萬事無過。蓋用韓詩：斷送一生惟有酒，破除萬事無過酒。（陳）後山以為截去，對切而語益峻。余謂此真歇後」。

人。用〈秋思〉爲題者，則有：李白、高蟾、張籍、杜牧、周賀、王涯、鮑溶、岑參、黃滔、陸龜蒙、武元衡、白居易、司空圖、司空曙等人。〈鄉思〉爲題者有：薛濤。至於出現於詩句中的「思」（仄聲）字，不作「想念」（平聲）講，李白詩中則有：

〈寄遠〉：「坐思行歌成楚越」

〈長相思〉：「孤燈不明思欲絕」

〈飛龍引〉（二首之一）：「雲愁海思令人嗟」

〈秋夕旅懷〉：「吹我鄉思飛」

〈代美人愁鏡〉：「台下青鸞思獨絕」

〈陪侍御叔華登樓歌〉：「俱懷逸興壯思飛」

其他的詩人，亦有如此的用法，像：

陳羽〈長安臥病秋夜言懷〉：「楚客病來鄉思苦」（心情）

柳宗元〈登柳州城樓寄漳汀封連四州〉：「海天愁思正茫茫」（感傷）

杜甫〈春日憶李白〉：「飄然思不群」（意念）

杜牧〈和令孤侍御賞蕙草〉：「尋常詩思巧如春」（構想）

從這裡，我們可以獲知「思」字，具有平與仄二種不同的讀音，其語義也隨著出現的語境不同，而有不同的語義詮釋，這種「一字多音」及「一字多義」的現象，原本就是漢語的一種特色，所以對於「思」字的詮釋，我們自當依此現象的認識去加以解讀，才能不受其困。李白詩中，以「思」爲題者，有〈春思〉、〈秋思〉、〈靜夜思〉、〈千里思〉、〈長相思〉等，只有〈長相思〉的「思」字，讀爲平聲，作「想念」解。其他的「思」字，皆讀爲去聲，不作「想念」解，其語義則是：感傷

（或感受）。所以，〈靜夜思〉三字的詮釋，應該是：「夜中失眠的感傷（或感受）」，並不是「安靜的夜裡想家」。「靜夜」二字是一個詞彙，在此詩中具有歇後詩法的寓意，因而不可刪去，亦不宜分開解釋。不識李白的用心，以及其中的原委而刪去「靜」字，是一種錯誤的解讀，如今我們應該還給此詩的正確標題與解讀，方不致於產生誤導讀者，而有誣損於大詩人李白。至於朱諫在其《李詩選注》上說：「《靜夜思》，亦樂府之曲名也，靜夜見月而思故鄉情也。樂府之所謂思者，不知何事？李白則以思鄉言之。舊注不存其題意，今則無所考矣」，認為它是樂府的一種「曲名」，完全是無據臆測的話，不足以採信。全首的詩意，應該是這樣的：

> 在一個暮春三月的夜裡，住在敬亭山區的他，因心情不好睡不著覺，因而自己一個人走到「床前」（井欄前，事實上就是後花園），想去透一口氣解解悶，無意中看到後花園的月光是這樣的明亮，有如霜白般的灑滿了大地。使得他，聯想到今夜的月色，該是個「圓月」吧！於是便不知不覺地抬起頭來，痴痴地凝望著那皎潔的月亮（月光雖是皎潔而美圓，人生卻是暗淡而缺陷），漸漸地內心難以承受這種烈對比的生命感受，終於沒有勇敢再去「望月」，只好痛苦的放棄「望月」（低頭），那個「低頭」（象徵著美圓願望的失落），該是多麼痛苦！在無語低頭時，更讓他想起了，那充滿著溫馨的老家（故鄉）。想一想，還是回去吧！（既然現實的社會是這樣不可愛，何不回到那真正可愛的老家，去感受那份親人的溫馨，以及沐浴在故鄉景物的美圓中！）。

將此詩的創作時間背景，定位在於暮春三月的夜裡，必然會有不少的人感到錯愕而難以接受。相信大多數的人，都會認為既

然李白此詩出現有「霜」字，當然是在秋天，因爲只有秋天才會
下霜。再加上在此詩中又有「月」字，而秋天的「月」更是一年
之中最爲明亮，所以此詩所寫的時間，應該是在秋天的晚上才
對。這種的看法，從表面上講似乎是言之成理。然而，要是我們
深入去解讀此詩，便會發覺這種看法是浮淺而難以成立的。原因
是，此詩的「月」字是名詞的實「月」，而「霜」字卻是形容詞
的虛「霜」。「霜」在此只是用來比喻月光的「白」（明亮）而
已，根本跟眞正秋天的下霜無涉。借「秋霜」來比喻「月光」，
最早見於西漢司馬相如的〈長門賦〉中所謂：「觀衆星行列兮，
畢昂出於東方。望中庭之藹藹，若季秋之降霜」。「霜」或
「雪」，常被傳統詩借用來比喻「白」，甚至於「霜雪」二字連
文用以構成同義的詞彙，如漢代樂府詩〈怨歌行〉云：「新裂齊
紈素，鮮潔如霜雪」，許愼《說文解字》上亦有：「皚，霜雪之
白也」的話。在李白詩中，以「霜」喻「白」，則有：

　　〈古風〉（五十九之四）：「徒霜鏡中髮」

　　　　又（五十九之廿八）：「草綠霜已白」

　　〈贈友人〉（三首之三）：「霜髮兩邊白」

　　〈俠客行〉：「吳鉤霜雪白」

　　〈浣紗石上女〉：「兩足白如霜」

　　〈登高丘而望遠海〉：「六鼇骨已霜」

　　可見，此詩的「霜」字，是不可坐實解，因爲它只是被借來
作爲比喻月光的明亮而已，何況上面還接有「疑是」（似是）二
字，不是很清楚的交代這是比喻，什麼會誤解到秋天的霜？眞令
人費思。至於說是暮春三月，則是採取大陸學者金國永，在《百
家唐宋詩新話》（傅更生、傅光編‧一九八九‧五月‧一版一刷
‧四川文藝出版社）一書中的見解，他說：

從蕭綱到李白之以月亮爲霜，都是從〈長門賦〉化用而來的。畢星和昂星由西轉東，《漢書・律歷志》謂在清明、穀雨之間；《呂覽・孟夏季》則謂：『孟夏之月，日在畢……是月也，以立夏』。立夏逆推半月便是穀雨。可見相如賦的節令爲春三月。意思是，思婦孤淒慘怛，愁苦至極，夜不能寐，當其短夢初回，頓感春寒料峭，遂誤以藹藹之月色爲秋霜，以明媚之春光爲肅殺之秋氣。情態逼眞，內涵極富，手法是很高明的。李白化用以表達其旅途之孤淒，思鄉之情切，也是很自然的。

　從李白此詩的文本來看，我們很難確是它到底是作於那一個季節。不過，若是依次句「疑是地上霜」的話，至少我們可以辨識，它應該不是作於秋或冬這二個季節，所以只有可能是夏或春。要是認爲是夏季所寫，則跟最早以「霜」喻「月」的出處完全無涉。若是定它爲暮春，則可以跟司馬相如〈長門賦〉中的用語出處構成典故上的化用。李白對於〈長門賦〉當然是熟知的，在其詩中便曾用過「長門」的賦意，所謂：「長門一步地」（〈妾薄命〉）、「獨坐長門愁日暮」（〈白頭吟〉）等，所以化用其語以入詩是可能而且合理。又在安旗的《李白詩文繫年》上，認爲是天寶十五年所作的〈贈友人〉（三首之一）詩曾云：「蘭生不當戶，別是閑庭草。夙被霜露欺，紅榮已先老」，更是讓我們感受到他在春季時的痛苦——蘭若庭草，紅榮先老。因此將〈靜夜思〉的寫作時間背景，定在暮春三月，應當是比較夏季更爲合於事理。在李白所寫的〈春陪商州裴使君遊石娥溪〉一詩中，他也說過：「遊子思故鄉」的話，亦可旁証其春日思鄉的情懷。當一個人在春天的季節裡，卻感受不到人生的春天時，有那一個人會不感傷？在人生的感傷中，又有那一個人會不想家？在

其〈古風〉（五十九首之四）詩裡便曾說過：「桃李何處開，此花非我春！」，又說：「奈何青雲士，棄我如塵埃」（之十四），更說：「群沙穢明珠，眾草凌孤芳。古來共歎息，流淚空沾裳」（之三十七），還說：「代馬不思越，越禽不戀燕」（之六）等痛苦與想家的話，所以將〈靜夜思〉定在暮春的時節，亦可見証於其詩，應是合乎情理的看法。

當我們把全詩的字義都認識清楚後，便可以對此詩作更進一步的藝術評價，也就是所謂的作品「審美」。要進行文學的審美，就必須要先確立審美的準則。究竟寫成什麼樣的詩，才能算是「好詩」？這是我們對於「詩」的審美所應有的要求。我認為，晚明詩人鍾惺在其〈詩歸〉（卷六）中所說：「字字寫得有情、有想、有故」的話，應是審美「詩」可遵行的一個準則。要是一首詩，寫的人有真情、有思想、有事故，字字又無虛說泛語，一字一句都寫得必要而精美，當然是好詩。不過，只有這樣還是不夠的，必須還要能使讀的人，讀後能為之感動，才可以算得是完美的詩。李白的這首〈靜夜思〉，便合於以上的這二個條件。不但作的人，寫得真情流露，想家心切，後園望月，無語沉思，句句皆能反映詩人遊子客恨的情懷，字字都是人生孤寂的心聲流露，真可說是：「字字寫得有情、有想、有故」。而讀者對於此詩，則有如明代學者梅鼎祚《李詩鈔》中所說：「讀不可了！」，讓人讀後意味無窮，餘味不盡，情思無法了結，真可說是「讀不可了！」，清代學者黃生的《唐詩摘鈔》上亦說：「思鄉詩最多，終不如此四語之真率而有味」，所以就讀者而言，李白此詩使人讀後，也同樣能夠感受到：「字字寫得有情、有想、有故」。自古以來，後世遊子思鄉所吟詠的詩句，當以李白的〈靜夜思〉為最多。南宋詩人姜夔的《白石道人詩說》，對於詩

提出有四種高妙的論點，所謂：

> 詩有四種高妙：礙而實通，曰理高妙。出自意外，曰意高
> 妙。寫出幽微，如清潭見底曰想高妙。非奇非特，剝落文
> 采，知其妙而不知其所以妙，曰自然高妙

這其中，以「自然高妙」為最善。李白的此詩　正合乎姜氏
「自然高妙」的說法，用最自然而平實的話，寫出最深刻而感人
的詩，真正達到「非奇非特，剝落文采」的高妙。後世的學者，
對於李白此詩的評語，亦曾指出這一點的特色，所謂：

> 直書衷曲，不著色相。（宋‧謝疊山。《唐詩品彙》卷三
> 十九引）

> 忽然妙景，目中口中湊泊不得，所謂不用意得之者。（明
> ‧鍾惺《詩歸》卷一六評）

> 摹寫靜夜之思，字字真率，正濟南所謂不用意得之者。
> （明‧唐汝詢《唐詩解》卷二十一）

> 百千旅情，妙復使人言說不得。天成偶語，詎由精煉得
> 之。（清‧吳逸一《唐詩正聲》）

> 此詩，如不經意而得之自然，故群服其神妙。（清‧王堯衢
> 《古唐詩合解》卷四）

> 即景即情，忽離忽合，極質直卻自情至。（清‧黃叔燦《唐
> 詩箋註》）

> 此信口語，後人復不能摹擬。（清‧黃生《唐詩摘鈔》）

北宋大詩人蘇軾，在其〈與魯直書〉中曾說：「凡人文字，
當務使平和，至足之餘，溢為奇怪，蓋出于不得已爾」，李白就
是把他內心那一份強烈的「不得已」人生感受，透過最「平和」
的文字，寫出一首最不平凡的「奇妙」思鄉詩，真有如蘇軾所說
的：「句中有餘味，篇中有餘意，善之善者也」、「言有盡而意

無窮者，天下之至言也」（《白石道人詩說》引）。整首詩，我們聽不到有任何的吶喊、甚至於連一聲的歎息都無所聞，只有「舉頭」的痴望，「低頭」的沉思。這樣的春夜，也未免太「靜」了！真的是「靜」得可怕，「靜」得讓人受不了！清代學者吳烶說得好：「一俯仰間，多少情懷？題云《靜夜思》，淡而有味」（《唐詩直解》），民初詩人王文濡也說：「一望一思，真有情不自禁者」（《唐詩評注讀本》）。我們都瞭解「言為心聲」，任何吶喊、歎息、哭號都是心靈痛苦的聲音表露，然而最痛苦的心聲應該就是「無言」。沒有聲音，才是最大的痛苦，最深沉的聲音。當任何的聲音，都不足以反映其內心最大的痛苦時，只好沉默（無言）以對。南唐李後主在亡國而為俘囚，心靈最為痛苦時（無法回故國，重見江山與國人），只好寫出：「無言獨上西樓」（〈相見歡〉詞）的話。李白連「無語」二字都不直接寫出，該是多麼含蓄而有餘味，留給讀者又該有多大的想像空間！「詩」最忌「說盡」與「說破」，「說盡」就無餘味，「說破」則失聯想，二者都無法帶給讀者耐嚼回甘的美感，誠如北宋名詩人黃山谷所說：「讀此詩，如嚼枯木」（〈書陶淵明詩後寄王吉老〉）。李白此詩，帶給讀者真有「餘味無窮」（明·應時《李詩緯》評），以及「含糊則有餘味」（元、范德機語，明朱諫《李詩選》卷二引）咀嚼不盡的詩感，怪不得能傳誦不已，留傳不朽！明代名學者楊慎說：「尋常言語口頭話，便是詩家絕妙辭」（《升庵詩話》卷五），李白此詩正足以為証。黃山谷說：「詩妙處，乃在無意于文。夫無意，而意已至」（〈大雅堂記〉），〈靜夜思〉正是如此，李白並不想因訴苦而寫詩，但在情不能自已時寫下此詩，實將內心的痛苦已表露到極點，真所謂：「意已至」。

結　語

　　解讀詩實在是一件很困難的事，就以黃山谷這樣學厚博覽又識卓才高的名詩人，尚且還說出：「讀書未破萬卷，觀古人之文章，未能盡得其規摹，及所總覽籠絡」（〈跋柳子厚詩〉），如此醒人的話語，可知其難。那是因為古人所生存的時空，隔離我們甚遠，要想瞭解其所處時代的社會時空背景，以及寫者創作的複雜心理因素，跟語言運用的習性，在在都不是一項很容易的事。再加上，古人往往是飽讀群書，寫作時又常是隨意運用，所以想要確實掌握其作品，更是一件費力的事。莫怪，元代學者王俊臣會說：「選詩難矣。註選更難，解詩尤難。蓋識不踞絕頂，則去取淆。學不窮今古，則徵引漏。才不會作者寄托，則研討俱似隔身痛癢，爬搔無與也」（《郝天挺唐詩鼓吹箋註》〈小引〉），這種令人感受深刻的話。特別是李白這首〈靜夜思〉，言為字與誤解幷存於其間，更易使人陷入解讀的困境。關於譌字，對作者而言，實在是一件很疾惡的事，曾經遭受過此害的蘇軾，便憤恨說出如此沉重的話語：「然世之蓄軾詩文者，多矣。率真偽相半，又多為俗子所改竄，讀之使人不平。然亦不足怪，識真者少……李太白、韓退之、白樂天詩文，皆為庸俗所亂，可為太息」（〈答劉沔都曹書〉）、「古人用意深微，而俗士率然妄以意改，此最可疾」（〈題淵明飲酒詩作〉）。可惜，後人常常難以識真，因而造成以言為亂真的現象，李白此詩便是此例。再加上，李白此詩用字淺近，稍不細心便容易產生誤解，「疑」字語義的誤讀便是一個實例。像明代徐增的《而庵說唐詩》上說：「因疑則望，因望則思」，黃生《唐詩摘鈔》中云：「俯視而疑，及舉頭一望，疑解而思興」，晚清俞樾《湖樓筆談》亦

云：「牀前明月光，初以爲地上之霜耳」，吳烶《唐詩直解》
云：「月光照地，恍疑霜白」，章燮《唐詩三百首注疏》云：
「本是床前明月光，翻疑是地上霜……疑是地上霜，則披衣起視
矣」等，都出現過這種把「疑」當成「懷疑」的字義「誤解」的
詮釋。如今我們能夠運用版本學與校勘學的智識，辨証譌字，還
作者以原本，至少可以不使古人蒙冤，因爲就算是一個譌字，都
影響作品的解讀很大。北宋末學者唐庚便說：「等閒一字放過，
則不可」（《唐子西文錄》），南宋學者許顗亦云：「詩人寫人
物態度，至不可移易」（《彥周詩話》），南宋末的《漫叟詩
話》更謂：「詩中有一字，人以私意竄易，遂失古人一篇之
意」，都是這個意思。要是我們能夠再透過語義學與詞彙學的原
理，避免字義的誤解，更可使作者感人的詩情得以顯露。至於作
品的解讀與審美，一般而言總是較爲主觀。當代名學者兪平伯，
在其《葺芷繚衡室讀詩雜記》中說得好：「生千載之下，去逆千
載以上人之志，只求其立說，不遠乎人情物理，而又能首尾貫
串，自圓其說，即爲善說詩者」⑯。對於〈靜夜思〉，我只是依
據個人對於李白此詩的瞭解來加以詮釋，期盼能作到誠如兪氏所
說：「不遠乎人情物理，而又能首尾貫串，自圓其說」的地步而
已。然個人識有所愚，才有所拙，學有所涯，或難如願。作品的
評價，世有公論，非我所能獨定，正如北宋名詩人歐陽脩所言：
「文章如精金美玉，市有定價，非人所能以口舌定貴賤也。紛紛
多言，豈能有益于左右」（蘇軾〈答謝民師推官書〉引），我只
不過是盡力而爲，期使李白身後不再受誣，則願已足！

---

⑯　收入《古史辨》第三册。

〈李白《靜夜思》的審美詩感〉審查意見

王 金 凌

輔仁大學中文系教授

　　薛教授此文以考証見長。據版本與詩例証「床前明月光」句「明」爲「看」之訛；「舉頭望明月」句「明」爲「山」之訛。又據常理推論此詩應作於天寶十三至十五年間居寬城之時，凡此皆考証精詳之類。不惟如是，詞義解釋，亦能入理。如說「床」爲戶外之井欄，始得望山月，說「疑是」爲類似，以詩題「靜夜思」之「靜夜」爲前人「靜夜不能寐」之歇後詩法，以「思」作哀傷解，凡此皆入情入理。

　　雖然，其敘寫卓識難免煩瑣之瑕，如考証訛字、備列版本、煩詞演說，不如作一簡表，既省詞費，且清眉目。又如解釋詞義，煩舉詩例，不如一二詩例即明，其餘列入注中。此雖微瑕，珠光晦於沈沙，亦爲此故。

　　又此文釋「審美」一義不免率易。云「擺脫個人感性的愚昧，辨析一切外在的糾葛，認清事物的眞相，探索作品優良本質（美質）。」詩不能無感性，而以感性爲愚昧，何哉？

　　此詩意味，端在舉頭低頭之際。作者以痴望、沈思解之，似隔一層。蓋百無聊賴，故看床前月色如霜，然非閒情，故不由此生趣。實感懷萬端，心不自安，乃步庭戶，而望山月，雖望山月心猶浮沈，浮沈之間，惟故鄉一念稍止萬端之懷，遂一往幽思而不能已，此所以有味也。然有味正是定性之一障，自此以下，非詩所能爲。

康德論想像力與藝術

謝　仲　明

東海大學哲學系副教授

一、　前　言

　　康德(Immanuel Kant, 1724-1804)在現代西方哲學，是一個革命性的人物。他總結了傳統的形上學、知識論、及倫理學，予以批判，並爲這三門學問安立於一個嶄新的基礎，稱爲「超驗」（transcendental，有譯爲超越）的根據(ground)。①一個當代的康德學者卡艾耶(Paul Guyer)說：「在他〔指康德〕著作之後，沒有人再認爲科學或道德是被動地接受完全是外在的眞理或實在的事情。」②不只在科學和道德，在形上學方面，康德以後，也沒有人再沿著傳統的老路去作形而上的玄思。而且，康德的名字，也

---

① 「超驗」是指非來自經驗，但卻是經驗之所以能成爲經驗的必要條件；換言之，若無此等條件，經驗便不能成爲經驗。《純粹理性批判》的主要工作（或說貢獻），就在揭示這些經驗的必要條件；時間、空間、和範疇，即是此等條件的一部份。而「先驗」(a prioi)是指「獨立於經驗」、「非源自經驗的」。是以，凡是超驗的，一定也是先驗的；

② Paul Guyer, ed., *The Cambridge Companion to Kant*, "Introduction," by same editor (Cambridge: Cambridge University University Press, 1992), p.3.

不局限於哲學界,有多門的重要科學,在它們的理論層次,例如
數學理論、法學理論、和社會學理論等,都無不直接或間接牽涉
到康德。甚至我們所謂的當代新儒學,更與康德有不解之緣。卡
艾耶亦說:「康德極端且無可逆轉地改換了西方思想的性質。」
③如果「思想」一詞包括哲學及其他領域的思想,則卡艾耶此語
甚當。

在美學方面,康德的《判斷力批判》(1790)在西方哲學史上
是第一本完整地、系統地論述美學諸問題和觀念的著作。在此之
前的眾多論述,即使是亞里士多德的《詩學》,都只是局部的或
單一議題的,故美學之所以能夠成為「一門學問」(a science),能
夠成為緊隨在形上學、知識論、倫理學之後的一個哲學部門,是
始自此第三批判。縱使鮑迦登(A. G. Baumgarten, 1714-1762)被稱
為現代美學之父,但這主要只因他始用了「美學」(Aesthetics)一
辭來命名他有關美與感性知覺之關係之研究④;實質來說,康德
才較配當於這個稱號,故無怪乎黑格爾評論謂:「美學第一次得
到理性的論述,是來自康德。」⑤

《判斷力批判》在康德的超驗哲學體系內,佔一特殊地位,
在此不必多言。就美學或藝術哲學方面言,《判斷力批判》涉及

---

③ 同上。

④ 鮑迦登在其論著,*Meditationes phiolosophicae de nonnullis ad poema per-
tinentibus*(Halle, 1735)〈有關詩的若干問題的哲學反思〉,首先使用
「美學」一辭,定義為一門「知覺的科學」,其研究對是「感性認知之
完美化」。

⑤ *Samtliche Werke*, Stuttgart, 1927 ff., Vol. 19, p. 601. "Geschichte der Philos-
ophie," III, 3, B, 3, a.

了甚廣泛的主題(subjects)，例如審美經驗（aesthetic experience，或稱美感經驗）的現象學、對「美」之分析、對「崇高」之分析，及對品味(taste)之分析與辯証等；也包含了極豐富的觀念，例如藝術原創性、藝術天才、無待(disinterestedness)、完美性(perfection)，及藝術想像力等；也討論了很多重要的議題，例如藝術形式之高低評量、藝術與道德（或美與善）之關係、品味與天才之關係、藝術教育之基本原則等。

　　在眾多可供研究的題材中，本文選取了康德有關想像力在審美及藝術創造所起的作用的理論，予以介紹並闡發。此項選擇，一方面是緣於個人之研究興起，而另一方面，更重要的，是希望能在藝術界（或文藝界）及藝術教育界，引起更多對想像力之培養及注意，因為正如康德所言，天才的作品，一定是來自創造的想像力，而美的鑑賞，也依賴於一個自由的想像力。可以這樣說，如果沒有了一個自由或自發的想像力，所謂「美」或藝術，都不可能出現。但想像力的自由創造（或生發），不是它的正常狀態或功能，而是一種「異常」（比喻而言），因此，若要說明自由創造的想像力，便先要說明一般狀態的想像力——此即成就知識（或平常經驗）的心靈認知模式(cognitive mode)。但康德對此種想像力的說明，是關連於一個連他自己也認為是十分艱澀隱晦之論証中者，然關乎此論証之本身，卻非本文旨趣之所在，故以下之表述，乃僅就本文旨趣之所需而作，是不得不然地簡略。⑥

---

⑥　在《純粹理性批判》康德主要在兩個地方談及想像力，即「圖式論」（Schematism，有譯為「格子」或「涉子格」等）和「範疇之超驗推証」(Transcendental Deduction of Category)。此「超驗推証」在該書之第一版和第二版，就其重點和方式言，又有不同；而「圖式論」雖僅佔

二、認知模式下的想像力

康德在其第一批判，即《純粹理性批判》，對人類的認知能力(cognitive faculties)作批判和分析，以展示吾人有何種能力、何種超驗的認知成素及限度之所在。換言之，即展示人類經驗（即知識）之所以可能之必要條件、知識之性質及限度。康德發現，知識之構成，必須依賴心靈的二個機能，一是感性(sensibility)，另一是知性(understanding)。感性是一受納性機能，其先驗(a priori)形式是時間和空間；當有對象被給予時，感性便形成雜多的直覺，此等直覺並未成為知識對象（經驗）而有待於綜合統一。知性是一自發性(spontaneity)機能，其作用是思維；而所謂思維，就是要賦予感性的雜多直覺某種綜合的統一性，乃構成經驗概念；於此，知識方才形成。但知性要進行其思維作用，卻必須憑藉某些形式，這些屬於知性的先驗形式，稱知性的純粹概念，亦稱知性範疇(categories)，例如「一」、「多」、「實在」、「虛無」、「因—果」、「本體—屬性」等。是以，知識之構成，就須要有感性的直覺雜多和知性的純粹概念，且後者要落實於前者而使它們獲致綜合統一。

該書共 884 個編號段落的 11 個，但已是極多篇碩士論文水平以上的學術論文所研究之對象。本文此段關於認知模式下之想像力的表述，是依據「超驗推証」和「圖式論」而來，但有極多細節和精緻的論辯，將無法在此觸及。關於「超驗推証」見 Immanuel Kant, *Critique of Pure Reason*, tran. By N. K. Smith(London: Macmillan & Co., Ltd., 1st edition 1929; 2nd impression 1933, reprinted 1970), A95-130 及 B130-169；關於「圖式論」，見同書 B177-187。

　　但直覺與概念（經驗的及先驗的）、雜多與統一、感性與知性，皆代表兩個極端，二者性質截然不同，由前者過渡到後者，或說後者落實於前者，需要有一中介的項目，這就是想像力及其功能。

　　「想像力是一個能把本身並不現存的對象表現於直覺的能力。」⑦任何一個經驗對象，基本上都是直覺雜多經綜合統一而成，但直覺之所以是雜多，一方面固是就其內容而言，而更重要的，則是其出現的時間上的雜多，因爲除非是在當下之刹那，任何直覺皆在時間上的前一刹那消失──即不復在當下的知覺中，例如前一刹那與及無數更前一刹那的對於一棵樹的知覺，都已在時間中消失而不復存在於當前的刹那，故我們在概念中所指的那棵樹，其實並非現存(present)，故種種知覺，特別是在時間中流逝的，必須獲致綜合統一，經驗概念中所指的那棵樹，才成爲一個「對象」。但在達到概念所賦予之統一性(unity)之前，雜多知覺首先被串連在一起，結成一綜合體(a synthesis)而表現於直覺中，此綜合體最終就以一形象(image)而出現。執行這種綜合工作的，正是想像力的功能，而其所綜合的雜多，並非都是在同一時間並存的（當然，有些是同一時間並存，但大部份皆非），故想像力之綜合，在經驗層次言，其實是一種再現（reproduction，有譯爲重現或再生）。憑藉想像力，那些不在當下知覺中的「東西」，亦可彷如在目前。

　　但想像力的再現，不是任意、更不是自由的；它必須根據知性法則來執行其綜合工作。就經驗層次言，想像力所依據的，就是經驗概念和心理學所謂的聯想律(laws of association)──這也是

───────────────────

⑦　《純粹理性批判》，B151。引文之中譯，是本文作者，以下皆同。

一些經驗法則。康德舉例說：「『狗』這概念是標示一條法則，吾人之想像力便據之而可籠統地鉤劃出一隻四足動物的形狀而又不限於某一經驗……所實際呈示者。」⑧在此，我們所要強調的，並不是想像力的再現要依據什麼規律或產生怎麼樣的成果，而是要強調，想像力在一般經驗的認知模式下，其活動是受知性而來的法則所制約的。康德說：「它們〔直覺雜多〕的再現……定要符合某一法則，根據該法則，一表象(representation)便在想像力中與某另一表象連結而不會與其他表象連結。」⑨如果該法則是經驗法則，則連結的成果或產物，亦必符合實際經驗而將是知識的對象。

　　想像力之綜合，有另一層次，即超驗綜合(transcendental synthesis)。想像力的超驗綜合與前述之經驗綜合極為不同。經驗綜合是斜對已發生的零散知覺而言，故只能以再現、再生方式進行。超驗綜合則是斜對所有直覺——不管其如何零散雜多——的普遍形式而言，此就是時間。質言之，超驗綜合就是對時間作先驗(a priori)的綜合。但時間本身並不是一堆零散雜多的「東西」，故在此所言綜合，實質上不是把散雜多的「東西」連結起來的意思，而是把時間作必要的裁斷（determinations，通常譯為「決定」），例如「一個時間」、「幾個時間」、「佔有時間」、「不佔時間」、「恆常」、「先後」、「同時」、「在某段時間」、及「在所有時間」等。⑩這種裁斷的行動，顯然不是

---

⑧　《純粹理性批判》，B180。

⑨　同上。

⑩　這些用語，是本文作者為使讀者較易明瞭而用，犧牲部份的準確性，以換取可讀性。參考《純粹理性批判》之「圖式論」，特別是B182-185。

再現而是生發的(productive)行動，因為它不是把已成的雜多綜合，而是產生了上列如「先後」、「同時」等所謂的圖式(schema)；也不是在經驗法則的制約下進行，而是一種自發性的(spontaneous)行動。⑪。

　　想像力之超驗綜合，雖號稱有自發性和生發性，但實則並非源自想像力本身，而是源自知性，因為「此種綜合，乃是知性對感性所作的行動。」⑫知性必須使感性的直覺雜多得到統一，才能成為知識，故知性必須對感性有某種規限，一方面使感性符合知性的形式（即範疇），另一方面亦使知性形式能落實於感性材料。知性對感性的裁斷，是斟對其形式（即時間）而作，而此裁斷，乃是藉由想像力來完成。康德說：「這兩個端點，即感性和知性，一定通過想像力的超驗功能而彼此有必然的連結。」⑬又說：「知性以想像力之超驗綜合的名義，對這被動的臣屬〔指感性〕執行〔裁斷〕的行動。」⑭是以真正的主其事者，不是想像力而是知性；想像力只是知性行動中的媒介而已，故想像力在此行動中的所謂生發性的綜合活動，一皆要「符合〔知性的〕……範疇。」⑮總之，縱使在超驗層次言，想像力仍是受宰於知性、受制於知性法則。

　　總結地說，在認知模式中，想像力完全在知性的限制和主使下活動；它的經驗綜合，受經驗法則限制；它的超驗綜合，則受

⑪　參考《純粹理性批判》，B152。

⑫　《純粹理性批判》，B152。

⑬　同上，A124。

⑭　同上，B153。

⑮　上，B152。

先驗法則（即範疇）限制。比喻地說，想像力完全是爲知性的認知目的服務；只能配合知性、成全知性。在這模式中，想像力無自由、無創造可言。這是我們所謂的正常狀態。然而，人類之心靈活動，不僅止於認知，亦有審美和藝術創造的活動，可稱之爲審美模式(aesthetic mode)，其中想像力佔著一個全然不同的份位：在一般審美鑑賞中，想像力與知性彼此和諧協調，沒有「主—從」之對待；而在藝術天才的創造活動中，想像力更有自主自發性，知性僅能追隨和配合以成全想像力的創發。下文詳論之。

三、審美模式下的想像力

《判斷力批判》若僅就其自身而觀——即不關連於其他兩部《批判》即《純粹理性批判》和《實踐理性批判》而觀，其標的工作就是對「反射判斷」（reflctive judgement，亦可譯爲反省判斷）⑯作分析，以尋求建立其超驗原理。反射判斷又分爲審美判斷(aesthetic judgement)⑰和目的論判斷(teleological judgement)；而

---

⑯ 反射判斷是已有一殊相（particular，個別事例、個體等）而吾人爲其尋找一共相(universal)例如原理、定律、法則等以涵攝之；相對反射判斷是爲斷定判斷（determinant，有譯爲決定判斷），此是已有（已知）一共相而吾人裁決某一殊相是否歸屬於該共相之涵蓋內。此定義見 Kant, *Critique of Judgement*, tran. By J. C. Meredith(Oxford: Oxford University Press, 1952; Reprinted 1978)，p. 18。

⑰ "aesthetic"一字，一般已流行譯爲「美感」或「審美」，字面上和實際使用上，它似乎僅關連於「美」的種種事項；而英文的字義和使用，亦是如此，故這兩個中譯，都是的當的。但在康德，aesthetic 包括關於美和關於崇高者，不只是關於美。在《純粹理性批判》的一個註腳中(B35-36)，他更點名批評鮑迦登使用此字之不當，建議鮑氏不要用此字來命名其關於美的研究。《純粹理性批判》也用此字來命名其感性理論，稱爲「Transcendental Aesthetic」，此論完全與美無關；中譯爲「超驗感性論」是恰當的。今在本文，亦只好從眾，但必須留意崇高感之存在。

審美判斷又內分爲品味判斷(judgement of taste)和關於崇高之判斷 (judgment of the sublime)二種，只有品味判斷是直接與美和藝術相關，而崇高感則與內在道德相連，但二者皆與情感(feeling)——一種特殊的愉悅之感⑱有必然關係；審美判斷之所以稱爲「審美」(aesthetic)，正是在於它是「指涉於主體而不是指涉於客體（對象）。」⑲以上所勾劃，乃是一個架構，用以顯示想像力在《判斷力批判》複雜體系中的相對位置，此在下文可對照而得。

在《判斷力批判》的導論中，康德對相關的概念，給了一個概括性的定義，如下：

> 當吾人對一個對象，只就其形式（即不涉入其內容，例如感覺）作反省——即不冀求從中獲取任何概念——而此對象之表象乃被鑑賞爲是某種愉悅（pleasure，亦可譯爲快感）的根據，則此愉悅亦要被視爲是必然地與此表象結合，就是説，此愉悅不僅只是在那鑑賞者而爲然，且更是對所有對此對作判斷的人皆然。於是，那對象便稱爲美麗的，而藉由此種愉悅而作判斷的能力，便稱爲品味。⑳

這段話極爲複雜艱深，因爲它已濃縮了康德關於審美（品味）判斷的所有要旨於其中；他後來從四方面予以分析和說明，即質、量、關係、和程態。㉑今與本文直接相干的，是其質方面的分析。

---

⑱　詳見下文。

⑲　《判斷力批判》，P. 29。

⑳　*Critique of Judgement*, P. 31

㉑　這四方面，康德是沿用他在《純粹理性批判》對範疇之分類方式，今在《判斷力批判》也照用，名目比實質意義大。

　　就質方面言，品味就是一種能排除一切欲求而僅藉由「無待的愉悅」(disinterested pleasure)㉒來鑑賞對象的能力；如此被鑑賞的對象，便是所謂美的東西。愉悅或快感有三種，一是心理或生理欲求得到滿足而來的愉快，即一般所謂身體感官的滿足感，另一是道德欲求得到實現而來的喜悅，正如孟子所言「仁義之悅我心」之「悅」，康德稱爲「知性的愉悅感」(intellectual pleasure)。這兩種愉悅，性質有極大差異，但卻有一共同點，就是二者都預設有一欲求：前者是感性的欲求，後者是理性的欲求。第三種愉悅，卻是不預設任何欲求的；它的產生，完全只依乎我們所面對的對象形式而然：是那形式使我們產生愉悅，不是那東西之存在符合了我們的期待（欲求）而產生高興快樂，故稱爲「無待的愉悅」。㉓

　　無待的愉悅，固不涉及任何欲求，其產生之原因，乃在於某對象的形式，在我們的鑑賞時，我們的「想像力……無刻意地因此形式而與知性進入一協和狀態㉔，」此種心靈狀態，亦稱想像力與知性的「自由遊戲」(free play)㉕，而所謂無待的愉悅，乃正是這種「遊戲」的感情(feeling)。

　　但所謂「自由遊戲」實只是比喻用語，其直接的意思是：「沒有特定的概念來限制它們於某一特定的認知法則。」㉖如果

───────────────

㉒ "disinterested pleasure"一般都譯成「不計較利害的快感」或「無利害的快感」甚至「無關心的快感」。本文作者認爲這些中譯都不妥當，主要是因"disinterestedness"不只是針對利害或功利這麼簡單。請參考謝仲明，〈論「無待」的美學地位〉，收於《東海哲學研究集刊》，民80年10月，頁 165-176。

㉓ 以上所述，參考《判斷力批判》，§1—§5。

㉔ *Critique of Judgement*, p.30.

㉕㉖　同上，p. 58.

我們只囿限於《判斷力批判》，則此語亦是無從了解。今前文已述明，在認知模式下，想像力完全受制於知性法則——知性就是一個法則機能(faculty of rules)，它本身依法則（概念）來活動，同時又以其法則（概念）來導引想像力的綜合（再現）作用，故二者皆在法則中行事。今二者處在「自由遊戲」的狀態，就是指二者的相互活動，免除了認知法則的限制，換言之，想像力的活動，不必受特定概念的限制以成就一認知對象；它的活動不必以認知爲導向。在此意義下——即，沒有特定法則來限制——想像力是自由的；而二者之所謂「遊戲」，乃是指二者的活動並無預設特定的目的而言。

　　然而，無論在任何方面說，「自由」並不等於「沒有法則限制」。沒有法則限制的狀態，並不是自由的狀態，而是混亂(chaos)狀態。「自由」之概念，無論在道德或政治方面言，都含蘊律則的意義。今言想像力之「自由」，亦並非無法無天的意思，康德說：「在無法無天的自由(lawless freedom)中，想像力縱有豐盛的內容，卻只產生無意義之物(nonsense)。」㉗換言之，想像力的自由，是要合乎律則、有規有矩的。這似乎是十分矛盾的說法。

　　想像力之自由，實則是一種「自由的符合律則」(free conformity to law)㉘、一種「沒有〔某一特定〕律則而又符合律則」(a conformity to law without a law)的自由。㉙爲著說明這艱澀的概

㉗ *Critique of Judgement*，§50. "nonsense"一詞，字面上是「無意義」，但在實際使用中，意思甚多，包括「荒誕」、「無聊」、「廢話」、「不值一顧」等。

㉘ 同上，§22。

㉙ 同上。

念，我們構想一個易明的比喻，然後再回到康德式的用語。今假設有一嚴格的父親，向以嚴格家規約束子女，一舉一動都有規要循；在此情況下，子女無自由可言。又假設產生某種情況，此父親不執行家規（不是說父親不在或失去能力），子女可自動自發地行動，此刻便有兩種可能後果。其一是，子女的行為，無法無天、違法亂紀，破壞一切規矩；另一是，子女自主地行動，卻又不期然中規中矩，沒有父親的強制卻又合乎家規，這種情況，便稱為自由；而此情況，亦是父親與子女彼此處在協調和諧的關係中。依此比喻，想像力之自由類比於那子女的自由。

康德對「自由的符合律則」，有簡單的說明，如下：

〔有某一〕對象，它可能對想像力提供一個安排雜多的現成形式，正恰好有如想像力若自由自主地去安排雜多時，也會構成如此的形式而無忤於知性之律則。㉚

其意是：有某對象，其形式正好如想像力所自由構作者一模一樣。也可用另一方式說：若讓想像力自由構作，其所產生的形式，也正恰如對象本身所呈示的形式。今舉例說，我們仰觀天上浮雲，凝視而鑑賞之，我們想像力所構成的形式，就像浮雲本身所呈現的形式一樣。這裡的要點是：所謂對象本身所呈現的形式，其實就是依知性的法則活動而現成的形式，想像力若是自己構成的形式，也不外如是，故可說想像力一方是自由而同時亦符合知性的法則性。這個道理似乎有點奧妙，但其實在日常話語中，有一話十分近似，就是：「這個東西容許我們有很大的想像空間。」換成康德式的語言，將是：「這對象的形式正配合我們想像力所自由構作的形式。」因此，所謂想像力之自由，並非謂

㉚　同上。

知性法則不復存在，亦非謂知性法則不起作用，而是謂想像力之自發性就某一特定對象言，剛好與知性法則配合，故亦可以說二者處於和諧協調的遊戲狀態中。

想像力之獲得自由，似乎是偶然的事，就是要遇上適當的對象才能有上述之自由。這的確如此。一切品味判斷，都只能是單稱判斷如「這朵玫瑰是美的」；不可以是全稱判斷如「玫瑰都是美的」。㉛要作此單稱判斷，我們必須當下地鑑賞著「這朵」玫瑰；而「這朵」玫瑰之形式正好讓我們的想像力獲得自由，乃能與知性交相協和。淺而易見，不是任何一朵或隨便一朵玫瑰都必有如此效力，更不是一切玫瑰都有如此效力。在那全稱判斷中的「玫瑰」，僅止是一抽象概念，該判斷是一斷定判斷，不是一反射判斷，故亦不是一品味判斷。

總結而言，在品味判斷中，亦即我們所謂審美的心靈模式中，我們是緣於某一特殊的對象形式而產生一特殊的愉悅感，稱無待的愉悅，此種愉悅是在於想像力與知性藉著那對象形式而彼此和諧遊戲的心靈狀態，其中想像力得到它的自由而知性法則亦沒有被侵犯。不過，想像力的此種自由，似乎仍是被動和消極的，因為它實則只是在某些偶然的機緣下，遇到適當的對象形式，恰好地讓想像力和知性皆兩全其美（想像力之自由和知性法則皆得成全），故在某種意義下，想像力可說並未享受一種完全自主自發、積極主動的自由。

一個享有完全自主自發、積極主動的自由的想像力，就是一個創造性的想像力(creative imagination)。可是，這個想像力不是一般人可以有，只是藝術天才才有，而天才之所以是天才，又正

㉛ 此是康德所舉的例，見 *Critique of Judgement*，§48。

在於他有這種想像力。康德的天才論受到極大重視，對浪漫運動有重要的影響，我們在此僅就其與想像力相關處而論述。

「天才」的定義是：「天才是一種本有的心靈能力，由之而自然〔按：上天〕對藝術授予法則。」㉜天才是一種天賦的才能，故不能經由學習或後天培養而成；這種才能，只有對藝術而言，在科學或數學，無所謂天才之事；藝術之所以有創造、所以有美的作品，只能源於天才，故說「精美藝術就是天才的藝術。」㉝天才的作品，其特徵就是原創性(originality)。所謂原創性，是指其創作之法則，並無成規可循、也無前人可鑑，且其創作之意念，亦非模仿自然界，更不是襲取他人之作，故無論就其表達方式或內容，都是源自於該天才之手。

天才的原創性創造，是來自其想像力。康德這樣描寫創造的想像力：

> 想像力做爲一個生發性的(productive)認知機能，是一個強大的創造者，可以説，它從實際自然界所提供的材料，造出一個第二自然(second nature)……
>
> 此等想像力的表象，可稱爲意念(ideas)。這一方面因爲它們最低限度遙契於某種在經驗界限以外的事物，故亦冀求給予理性概念（即知性理念）若干程度的呈現，讓這些概念似有客觀實在性。但另一方面，更重要的，乃是因爲沒有概念能視之爲內在直覺而適當地配上它們。㉞

㉜ *Critique of Judgement*，§46。

㉝ 同上。

㉞ 同上，§49。

想像力所生發出來的表象，稱為審美意念(aesthetic idea)。㉟首先，想像力自發地提供某些表象，這些表象的根源可能是實際經驗或現實的自然，但卻已經過想像力的改造或重塑，故而脫離了實際經驗界限而成一種不同於實際經驗所得的表象，此所以說是第二自然。想像力在其改造或重塑的行動中，擺脫了聯想律的限制，故它是自由地行動。其次，它所提供的表象，卻找不到適當的概念來統攝之，因為概念只斟對日常的現實經驗才有效，而想像力的表象已不是依知性範疇的法則來作綜合而得，故我們既有的概念或概念化行動，便顯得不配當。簡單來說，就是我們找不到適當的日常語言，用平常的方式來表達它們，因為其所表象的，都在「經驗界限以外」。第三，美感意念所表象的「在經驗界限以外」的「東西」，可以是某些「關於那不可視觸的存有之理性理念、天堂、地獄、永恆、創造」等，也可以是某些「在經驗中有實例的東西，例如死亡、妒嫉、和種種罪惡，又如愛和名譽等」，然經由想像力的擴充，「它們卻能以極限的完整性(completeness)在想像力中具體呈現，以至「〔實際的〕自然〔經驗〕並無與之有相當者。」㊱總言之，美感意念表象了一些在實際經驗界（即自然界）不可能出現或未曾出現過「東西」，包括我們所追求或理性地景仰的「東西」如幸福㊲、神聖的莊嚴、宇宙情

㉟　同上，§49。"idea"如果是由理性產生的，一般都譯為「理念」；但若是由想像力產生的，便不宜稱為理念，稱為意念較適當，因為一般的美學或藝術論著，都慣用意念一辭，縱使其意與康德不一定相同。而在經驗論者如洛克或休謨的論著，則稱為觀念，但在柏拉圖，則稱為理型。

㊱　同上。

㊲　參考《純醉理性批判》，A395；及《判斷力批判》，§83。

懷、全德的聖人等。

　　但是，想像力的生發活動，不可以是完全脫離知性或理性的輔助或導引的，如果是這樣，它的活動是稱爲「不自主的」(involuntary)，其所產生的，便不是審美意念而是幻想或妄想(fantasy)㊳，此是想像力全無規律法則的遊戲；在睡眠中發生，稱爲夢；在醒時發生，便是所謂白日夢；而如果想像力的生發活動變爲失控(unruly)，此已「接近痴狂」(madness)。㊴屬於天才的、藝術的、創造的想像力，必須與此分辨開來，因此，不能說凡想像力生發出的，都是審美意念。

　　天才的想像力，是與知性處在一種「愉快的關係」中㊵，這就是前述所言的自由遊戲或和諧協調的關係。不過，在天才的心靈中，想像力更進一步成爲主動者，而知性則爲輔助，可以說，「知性是爲想像力服務。」㊶想像力自由地提供極多豐富的表象，就既有的概念，知性實無法綜合統一它們，但知性必須找出某一概念與那些想像力的表象合併，而使它們成爲一個總體(unity)──縱使是鬆散的總體，因此，想像力的表象「引發甚多思想㊷」，換言之，就是啓動知性去提供概念以配合此等表象。重要的是，想像力的表象不是被知性概念封限住，而是反過來該知性

㊳　見 Kant, *Anthropology from a Pragmatic Point of View*, tran. By Victor Lyle Dowdell(Carbondale, Ill.: Southern Illinois University Press; Paperback edition, 1996)，§31。

㊴　同上，§33。

㊵　*Critique of Judgement*，§49。

㊶　同上，§22

㊷　同上，§49。

概念的內涵被擴張和豐富了。就在這種活動中，知性縱是處在從屬或被動的地位，但它沒有消失或退下，這就是決分審美意念與幻想的關鍵所在，故審美意念就是：想像力的自發表象與一個概念的結合體——縱使該概念並不配當。是以康德說：「想像力與知性這二個心靈力量以某種關係而聯合，就構成了天才。」[43]此「某種關係」，就是如上所述。

想像力在整個審美活動中是一個主要的心靈能力。品味判斷要依乎一個自由的想像力；藝術創作則有賴於一個自由且自發的想像力。前者是鑑賞者所必須；後者是天才的藝術家所必具。品味可以培養，而天才則是全然天生。無論品味或創造，知性都不能缺席，否則，便只有荒誕無稽。

四、康德理論的實際含義

康德的理論，對藝術品鑑和藝術創作有很多重要的含義。首先，品味可有高低之分。此在於我們作鑑賞時，是否真以一種無待的愉悅為基礎？如果我們是以身體感官的舒暢為基礎，則我們不是對「美」作品味判斷，而只是對感覺(sensation)作判斷。例如某些惑人的色澤、或某些迷人的音色音調，可使我們產生舒暢或刺激的感覺，對這類感覺作判斷，不是品味判斷，但二者卻非常容易混淆。其次，我們作鑑賞時，是否著意於那事物（自然景物及藝術作品）的形式？如果我們只看到其內容，則我們實不能作出正確的品味判斷，因為美與不美，關鍵在形式，內容只是為呈現出形式而存在。第三，沒有自由的想像力，或說，想像力無法自由的人，就根本無從鑑賞到「美」；事實上，有很多人或是緣

----

[43] 同上。

於頑固的心靈活動習慣、或是因缺乏培養，他們是沒有此種自由想像力的心靈能力的。第四，品味判斷不是一種斷定判斷（認知判斷），故概念或歷史知識或科學知識，與此並無直接關係；是以藝術史知識或藝術理論知識，並非品味的保証。

在關乎到藝術創作方面，受康德理論打擊最大的，就是那些以模仿或抄襲而來的藝術作品，因為天才的原創性是作品的靈魂，模仿抄襲，實無資格稱為藝術。那些依著既有成規、一法一步地做出的作品，那只是一種完美的執行(perfect execution)，但其中並無生命力（即想像力所生的美感意念）。然而，有另一極端是，那些故作自由不拘、故作不守成規而無任何知性法則蘊含在其中的作品，實只是企圖模仿想像力的自由自發性，如此的作品，乃只是荒誕無稽、是 nonsense，不是有價值的藝術發明。

在藝術史上，康德的理論起了重要的影響。最著名的例子是那德國詩人舒勒(F. Schiller)。[44]一個美學史家這樣論斷說：「在嚴格的專門意義上，舒勒是一個康德主義者。」[45]他繼承康德，以道德使命來導引其作品，而其關於「人」和「美」的看法，皆沿著康德的道路。在十八至十九世紀間一度盛行的浪漫運動，藝術家推出一連串的口號（或說理念），此中包括天才、原創性、自然、創造的想像力、表達、溝通、自由等，無一不是康德已詳加論述和強調，我們固不能說康德啟發了浪漫運動，但最保守地也可以說，康德奠下了浪漫主義的理論基礎、提供給浪漫主義的

---

[44] 舒勒承繼康德的道德主義，以強烈的道德使命賦予文學。最為人所熟知的，是其〈人類美感教育書簡〉。

[45] Katharine Gilbert, *A History of Esthetics*(Bloomington: Indiana University Press, 1953), P. 358.

觀念一個強力的哲學証定(justification)。從十九世紀末開始醞釀而發展到二十世紀二十年代的藝術（特別是繪畫和雕刻），此中包括後印象主義（塞尚、高更等）、表現主義（馬蒂斯等），以至抽象藝術的立體主義（塞尚、畢加索等）和純粹抽象主義（卡汀斯基、蒙特利安等），我們除了個別地鑑賞和個別地分析以外，如果要尋求一個概括性的理解——究竟他們在做什麼？則康德的理論又可以提供一個解釋。正如一位藝術評論家格林保(Clement Greenberg)說：「我認定所謂現代主義〔現代繪畫〕就是一種自我批判的趨勢之強烈化以至劇烈化，而此種趨勢始自那哲學家康德。」㊻格林保無疑是對的，但如果他能更注意到一點，就是所謂現代藝術（指二十世紀三十年代以前），也是一種純粹化和形式化的歷程，而此純粹化和形式化的觀念亦源自康德，則格林保就更對了。康德的理論，不只是一套抽象的哲學理論，它對藝術鑑賞、藝術評論、藝術創作，以至藝術教育，都有具體實際的含義。

㊻　Clement Greenberg, "Modernist Painting" in *The New Art*, et. G. Battcock (New York: E. P. Dutton & Co., 1966), p. 101.

〔 **參考書選錄**(Selected Bibliography) 〕

1. Battcock, G., ed. *The New Art*. New York: E. P. Dutton & Co., 1966.

2. Cohen, Ted & Guyer, Paul, ed. *Essays in Kant's Aesthetics*. Chicago: University of Chicago Press, 1982.

3. Gilbert, Katharine. *A History of Esthetics*. Bloomington, Indiana: Indiana University Press, 1953.

4. Guyer, Paul, ed. *The Cambridge Companion to Kant*. Cambridge: Cambridge University Press, 1992.

5. Janson, H. W. *History of Art*. Englewood Cliffs, New Jersey: Prentice-Hall, Inc., 1964.

6. Kant, Immanuel. *Critique of Pure Reason*. Tran. By N. K. Smith. London: Macmillan & Co., Ltd., 1st edition 1929; 2nd impression 1933, reprinted 1970.

7. _____. *Critique of Judgement*. Tran. By J. C. Meredith. Oxford: Oxford University Press, 1952; reprinted 1978.

8. _____. *Anthropology from a Pragmatic Point of View*. Tran. By Victor Lyle Dowdell. Carbondale, Ill.: Southern Hlinois University; paperback edition, 1996.

9. Osborne, Harold. *Aesthetics and Art Theory*. New York: E. P. Dutton & Co., Inc., 1970.

〈康德論想像力與藝術〉審查意見

劉 千 美

東吳大學哲學系教授

　　謝教授〈康德論想像力與藝術〉一文，以康德《判斷力批判》，一書為據，鋪陳康德從知識論與美學的思想脈絡，論述人的想像力在認知過程與在美感經驗的形成過程中，所具有之不同的重要性。謝教授在文章中指出，從認知的過程來說，想像力銜接感覺與料的雜多與悟性範疇的抽象，使認知成為可能。在此層次，想像力為認知服務，無自由可言。但從美感層次來說，想像力的美感作用顯然與認知作用有所不同。在本文中，謝教授依據康德對品味判斷所作的質的分析，論述美感想像的自由性質，並以此指出，美感相像的自由在於符合規律的自由，因此美感想像的自由並不是指不受規範限制的任意與放縱，相反地，美感經驗中的想像的自由，在於藝術創作規律的發現，而成為天才創作力的來源。

　　謝教授的文章論述清晰，娓娓道出康德美學思想的部分內容，但也許因為受限於篇幅，因此未能說明康德思想內的一些問題，是其缺憾。首先，謝文僅指出認知想像與美感相像二者之間的差異，卻未能指出二者之間的相續關係；其次，謝文雖指出康德以其知識論的進路探究美感想像的運作功能，卻未能指出此一進路在美學研究方法上的價值與限度，而這點正是康德之後主體美學興衰的關鍵，也是當代美學研究所欲超越的重點。

　　此外，針對本文的論述，我想提出兩個問題請教，第一，謝

教授於前言中指出，希望藉此研究，「引起更多對想像力之培養及注意」，但又指出，藝術創造的想像力「天才才有」，而「天才是一種天賦才能，故不能經由學習或後天培養而成」，此一矛盾與困難，不知該如何解決？第二，謝教授在文中提及，康德之後的美學家 Schiller，「有關於人和美的看法，皆沿著康德的道路」，由於謝教授於文本的敘述中，雖論及想像力乃是心靈能力，但未論及康德有關美與人之關係的美學思想，而 Schiller 在其《論人的美感教育書信》的第一封信中卻明白指出，他雖使用了部分康德哲學的語彙，但卻與康德思想並不同，因此不知謝教授所言「有關於人和美的看法，皆沿著康德的道路」之意，何所指。

　　總而言之，謝教授「康德論想像力與藝術」一文，是對康德美學思想本身的細膩的研究，對於了解康德在《判斷力批判》中對美感想像的論述，的確有所助益。

Πνεῦμα與「炁」，Ψυχή與「性命」

——亞里士多德學派與新道家的生命哲學之詮釋與比較研究

鄺　芷　人

東海大學哲學系教授

摘　要

　　本文之目的有三。其一是詮釋亞里士多德學派的
"Πνεῦμα"與"Ψυχή"的概念，其二是詮釋新道家的
「炁」與「性命」（特別是元神及陽神）概念。其三是
對"Πνεῦμα"與「炁」，以及對"Ψυχή"與「性命」
（特別是元神及陽神）進行比較，而這四個概念，分別
是亞氏學派及新道家之生命哲學的重要環節。本文的詮
釋法是以意義分析作為進路。吾人在此把"Πνεῦμα"譯
作「氣」，又把"Ψυχή"隨傳統譯作「靈魂」，然後扣
緊原著的文理，對其意義加以分析。「炁」與「元神」
及「陽神」，在新道家的理念系統中，也是屬於基本而
重要的環節，吾人在本文對這兩個概念的義理，對其意
義以及其在丹道理論中的作用，提出本質性的闡述與分
析。然後，再針對"Πνεῦμα"與「炁」，及"Ψυχή"與

「性命」（特別是元神及陽神）之間的異同分別作比較。最後，在本文的結語中，吾人特別強調東方世界的丹道、瑜伽及藏傳佛教，乃性命之學的偉大成就，而以這些性命之學作為研究生命哲學的進路，不但可行，並且是必要的。

一、引言：「生命哲學」的新概念

本文所謂「生命哲學」，是相對於「生命科學」而對「生命」的本質作研究探討的。問題是：既然有了「生命科學」，則又何需「生命哲學」？其功能又如何呢？針對這些問題，吾人首先必須對這兩者之間的差異作說明。

㈠**第一，從生命的觀點來說**。「生命哲學」的研究對像主要是針對人類，而「生命科學」的研究則遍及一切有生命的事物。在中國的學術傳統中，人類的生命有其特殊性，因而常被視為「性命」①。在新道家，「人」被視為精、炁、神的統一體，而不僅是生物體。因此，「生命哲學」其實就是「性命之學」。

㈡**第二，從研究的進路來說**。「生命科學」是以分子生物學為主體，分別利用化學與物理學的原理及方法，從分子層面來研究生命現象。前者稱之為「生物化學」（bio-chemistry），後者名之為「生物物理學」（bio-physics）。「生命科學」的研究日

---

① 例如，《中庸》所謂「天命之謂性」。《論語》〈陽貨〉：「子曰：『性相近也，習相遠也。』」《孟子》〈盡心篇上〉：「君子所性，仁義禮智根於性」。又《六祖壇經》〈般若品第二〉：「善知識，一切般若智，皆從自性而生，不從外入。」見《六祖壇經箋註》（上海醫學書局，甲辰年），頁26。

新月異，然目前仍以下述五個環節爲主：（Ａ）蛋白質的結構、功能測定、及人工合成。（Ｂ）核酸之結構、功能測定及DNA重組。（Ｃ）代謝作用。（Ｄ）細胞膜的功能研究。（Ｅ）生物科技，如基因圖譜與基因工程、複製生物體等②。「生命哲學」則除了討論「生命科學」中的哲學問題之外③，更重要的是研究人類的生命本質，及其深層結構，例如、心、性、元神、眞炁、經絡、內視、天目、陰神、陽神、練精化炁、練炁化神、練神還虛、胎息等與性命相關的各環節。

　㈢**第三，從方法論方面說**。生命科學作爲「經驗科學」的一員，其方法有兩大枝柱。其一是實驗觀測，其二是理論建構。實驗觀測包括實驗設計及儀器的運用。至於科學的理論建構，方法主要有二途：

1. **其一稱之爲「原則理論」**（theory of principles），這種理論的進路是提出一些「原則」，並以這些「原則」作爲演繹的前提。再進而藉著數學演算，得到一些理論上的結論。這個方法，其先由亞里士多德在其《分析後篇》（Analytica Posteriora）所提出④，而阿基米德則是第一個把這種方法應用在物理

---

② 關於生命科學中的一些哲學問題，可見佘亮鄺芷人合撰：〈生命科學的新發展與倫理道德的新探討〉，見《展望二十一世紀》，國立空中大學印行，1993，頁 37-3445。

③ 關於生物科技中的哲學問題之討論，請參閱：鄺芷人〈複製人與基因工程之價值爭議〉，中央大學哲研所與南華大學合辦之「生命倫理學國際會議」論文集，1998/06

④ 詳見鄺芷人：〈亞里士多德的知識觀〉，《中國文化月刊》第 137 期，1991/03 ）。頁 53-81。

學上的科學家⑤。牛頓在其著名的力學巨著《自然哲學的數學原理》（Philosophia Naturalis Principia Matnematica）一書，開卷便提出八個有關力學定義和三大原則（公理），成爲「原則理論」的典範⑥。愛恩斯坦的「狹義相對論」也是原則理論，而其中的原則就是「光在眞空中的恆常速度」及「相對性」原則⑦。「原則理論」又名爲「科學描述」或「數學描述」（scientific description or mathematical description）⑧。

2. **其二名爲「假設理論」**，這是藉著提出一些「假設」，以解釋現象。愛恩斯坦又把之稱爲「建構理論」（konstructive Theorie）。他說：

---

⑤ See Archimedes' "On the Equilibrium of Planes", Bk.I & Bk. II. and "On the Floating of Bodies" Bk.I-II,，in *Great Books of the Western World*, Vol. 11.Encyclopaedia Britannica, Inc.,（Chicago, London, Toronta,1965。

又：對於對阿基米德著作的方法論問題，可見鄺芷人：〈希臘化時期的科學成就〉，《中國文化月刊》第 138，1991/04。頁 19-41。

⑥ See,Sir Isaac Newton, *Principia*,vol..I,， *The Motion of Bodies* , Motte's translation,（University of Calif. Press,1962), pp.1-13。

又：對於牛頓著作在方法論上的意義，本文撰者在許多地方都有說明。例如可見：鄺芷人：《命題邏輯與布爾代數》（文津出版社，1993），頁 180-182。

⑦ 關於對〈狹義相對論〉的方法意義，可見鄺芷人：〈狹義相對論的時間概廎的分析及其哲學意義〉，《東海學報》卷 24，pp.47-66（1983/06）。

⑧ See O.Neurath ed., *International Encyclopedia of Unified Science, Foundation of Science,* Vol. I, No.7（University of Chicago Press, 1969）

「物理學的理論可分爲不同的類別，其中大多是建構性的
理論。這種理論是從立足於相對簡單的形式系統中，爲相
對複雜的現象建構一幅圖像。......除了這種重要的理論之
外，尚有第二類理論，我把之稱爲原則理論。......相對論就
是屬於原則理論。」⑨

愛恩斯坦在此雖然只是扣緊物理學來談方法論，但是，從科
學方法論來說，物理學方法畢竟是嚴格的自然科學之典範。「氣
體動力學」便是一種「假設理論」，其中假設氣體是由像小皮球
一樣分子所組成，而分子的運動是遵循牛頓運動定律的。於是，
氣體的物理現象如力學的、熱及擴散現象等，均藉「分子運動」
這個假設來說明。因此，「假設理論」在方法論上又稱爲「科學
解釋」（scientific explanation）。天文學家托勒密（Ptolemy），
在其名著《至大論》（*The Almagest*）的開卷處，也提出一系列
的「假設」，並企圖以此解釋天體的運動⑩。

---

⑨　原文：" Man kann in der Physik Theorien verschiedener Art unterscheiden.
　　Die meisten sind konstruktive Theorien. Diese suchen aus einem relativ
　　einfachen zugrunde gelegten Formalismus ein Bild der komplexeren Er-
　　scheinungen zu konstruieren............ Es gibt aber neben dieser wichtigsten
　　Klasser von Theorien eine zweite. Ich will sie prinzipien -theorien ne-
　　nnen.......... Die Relativitatstheorie gehort zu den Prinziptheorien." Siehe Al-
　　bert Einstein, *Mein Weltbild*, ein Ullstein Buch 65（Berlin , 1974）.Se-
　　ite127-8.

⑩　See Ptolemy, *The Almagest*, ，in *Great Books of the Western World*, Vol.16
　　，encyclopaedia Britannica, Inc.,（ Chicago, London, Toronta,1965）。
　　又可見鄺芷人：〈希臘化時期的科學成就〉，《中國文化月刊》第
　　138，1991/04。頁 19-41。

　　科學的認知活動是藉著科學方法而進行的，而科學知識又是吾人所能獲得的最穩定的知識之來源。雖然如此，從科學方法論上說，科學方法是有其局限性的，因而，科學知識不宜視爲人類知識來源的唯一途徑。對於這方面的問題，吾人可扼要地提出下述三點說明。

　　(a)科學儀器的功能是受到儀器的靈敏度所影響的。

　　(b)觀測的結果不一定就是事物的本來狀況，而是三聯互動之結果，這三聯就是觀測者、儀器及對象。

　　(c)儀器通常是針對個別事物而設計的，然而，藉著儀器是不容易認識事物的整體性。

　　在這種情況下，「生命科學」其實是留下許多研究空間，讓「生命哲學」對「性命」作進一步的探討⑪。

　　以上是扣緊「生命科學」與「生命哲學」之間的差異性，企圖藉此以彰顯「生命哲學」的內涵意義。從哲學史上說，「生命哲學」的研究曾在十九世紀到二十世紀初，在歐洲的德國和法國出現過，並且以狄爾泰（W.Dilthey）、岑美爾（G.Simmel）及柏格森（H.Bergson）爲代表⑫。但是，這些所謂生命哲學的哲學家們，雖然強調以心靈力量或生命衝動爲核心的哲學思辨，並沒有對生命的本質、生命的轉化等深層問題作研究。本文所謂「生命

---

⑪　對於這方面的問題，撰者另有更進一步的討論。見鄺芷人，〈新道家的丹道學之時代意義〉，《宗教哲學》季刊 22，第六卷第二期，（中華民國宗教哲學研究社，1999/06），頁 102-122。

⑫　Wilhelm Dilthey, 1833-1911. Georg Simmel, 1858-1918.二者均爲德人. H. Bergson,1859-1941,法國人，1927 年因《創化論》一書獲諾貝爾文學獎。

哲學」，基本上是探討人類性命的本質，以及性命的轉化。這可
藉著東方世界的瑜伽術、藏密的氣、脈、明點、脈輪及新道家的
丹道等，作為研究性命的進路。至於研究的方法，撰者個人經過
將近十年的氣功及丹道等之實踐與體會，提出所謂「內省體証
法」，藉著對丹道與藏密相關功法的修持，從切身處地的體証，
反省生命體的內在本質⑬。

二、亞里士多德學派論Πνεῦμα與ψυχή

㈠關於Πνεῦμα的詮釋

現在通行的《亞里士多德全集》，都收入Περι Πνεύματος一
文。英文譯者如賀特（W.S.Hett）及杜遜（J.F. Dobson）等人，均
把Περι Πνεύματος譯作"On Breath"⑭。問題是：把"πνεύματος"
或"πνεῦμα"譯作"breath"是否適宜？後者可指「呼吸」、「氣
息」、甚至有「微風」之意。但是，亞氏另有〈論呼吸〉（Περι
άναπνοης）一篇，可見"πνεύματος"與呼吸（άναπνοης）之間是
有差別的。此外，呼吸（無論是指 breath 或 respiration）必涉及
「空氣」，而「空氣」在古希臘文是άήρ或αέρος。吳壽彭先生
把Περι Πνεύματος譯作〈炁與呼吸〉，他一方面欲配合英譯者把
"πνεῦμα"譯作「呼吸」，而另一方面卻又不完全贊同這樣的英
譯，遂以新道家的「炁」字來補充。中文的「炁」有具「熱」的
屬性，因為「炁」是從「無」從「火」，也就是所謂「在虛無中
出現溫熱」之意。但是，在Περι Πνεύματος中，「呼吸」卻具有

---

⑬　見註 12 一文。

⑭　W.S.Hett 的譯文收入 The Loeb's Classical Library 叢書（ Harvard University Press) 1975

「冷卻」的功能，以保護心臟⑮。進一步來說，把"πνεῦμα"視為「炁」，則當與溫熱有關。在《動物的生殖》（Περι ζώων γενέσεως）裡，亞氏明確指出"πνεῦμα"是一種熱氣⑯。由怎此可見，亞氏學派的"πνεῦμα"概念具有多重意義，因而，若將這概念與道家的「炁」作比較研究，則是可行的。然而，若把"πνευμα"譯為「呼吸」，則明顯與Περι Πνεύματος的內容不一致。

　　"Πνεῦμα"一字，在古希臘文是具有「空氣」、「風」、「吸呼」、「精神」、「生命氣息」等意義⑰。為了行文的方便，吾人在下文姑且把"πνεῦμα"一字譯作「氣」，（有時為了文理上的需要，也會直接採用"πνεῦμα"一字），而又把Περι Πνεύματος一篇譯作《氣論》。

　　《氣論》一文甚短，共分作九章。其中有關「氣」的概念，要旨如下：

1. "πνεῦμα"是熱能，促進成長：

　　《氣論》的開卷便提出這樣的問題：

　　「如何說明氣是怎麼樣保存於體內？又如何說明氣的增

---

⑮　W.S.Hett 的譯文："For if the heat resides in the upper parts, refrigeration would not be needed in the parts below. See *On Breath*, III, p.495.同註 15., 本節引文表明人體上部份需要冷卻，下半部則不需要冷卻。

⑯　"Semen, then, is a compound of breath and water, and the former is hot air; hence semen is liquid in its nature because it is made of water.." See Generation of Animals,736a,1-2 in *The Complete Work of Aristotle*, ed. J.Barnes, （Princepton University Press,1984）, p.1142.

⑰　See F.E.Peters, *Greek Philosophical Terms, A Historical Lexicon* （New York University Press, 1967）, pp.160-162.

加？」⑱

　　對於這個問題，《氣論》的回答是：由於生物體需要營養（τροφής），因此必須從營養的來源及營養的本質來說明「氣」的保存與「氣」的增加。吸取養分的途徑有二：其一是呼吸（ἀναπνοῆς），其二是藉著消化作用（πέψεως）。藉著消化作用吸取營養，這個途徑較為基本，因為：

　　　"σῶμα γάρ ὑπό σώματατος τρέφεται, τό δέ πνεῦμα σῶμα"

　　這句話的直接譯文為：「生物體總是以生物體為食物，而氣是一種生物體」。⑲

　　在這語句中，「而氣是一種生物體」一語明顯有語意之困難。英譯者杜遜（J.F.Dobson）把"τό δέ πνεῦμα σῶμα"一語譯作「而『氣』是生命體的性質」⑳。幸好，原文接下來對於吸取營養與「氣」的功能有這樣的說明：氣是藉著血管把氣消化後而被吸納的，像容器存放食物一樣，氣被吸收後，以熱量的形式被儲存起來。進一步來說，氣在體內便產生作用，是使身體活動的媒

---

⑱　原文："Τίς ἡ τοῦ ἐμφύτου πνεύματος διαμονή,καί τίς ἡ αὔξησις. Περι Πνεύματος,481 a1-2.（Harvard Univewrsity Press,1975）. J.F.Dobson 的英.譯："What is the mode of growth of the natural breath and the mode of mainttenance？"見 J.Barnes 主編之"全集,p764. W.S.Hett.譯作："How can we account for the maintenance of the breath inherent in us. 收入 The Loeb's Classical Library 叢書,vol. VIII（ Harvard Univewrsity Press, 1975）, p.487."

⑲　Περὶ Πνεύματος,481 a9-10.

⑳　J.F.Dobson 此語譯作" the breath is the nature of body."見 J.Barnes 主編之全集,p764.

界，同時，藉著消化機能，製造養分而促進生命體的生長㉑。

2. "πνεῦμα" 的三種活動

《氣論》第四章講到有關「氣」的三種活動，這是有關「氣」的重要概念：

「在氣管中，氣有三種不同的活動。這就是呼吸、脈動，以及第三者：當氣進入時，對營養所產生的作用。」㉒

這裡明顯講到「氣」的三種不同的作用：其一是呼吸（ἀναπ-

㉑ 希臘本原文，語意極不清晰，撰者此處參閱 J.F.Dobson, W.S.Hett 及吳壽彭等各家譯文，譯文本身其實就是一種詮釋。在此再節錄原文，以供讀者參考，而Περὶ Πνεύματος一篇之難解讀，於此也可見一斑。"τίς οὖν ὁ τρόπος ; ἢ δῆλον ὡς ἐκ τῆς φλεβὸς ὁλκῇ τινί καί πέψει. τὸ γὰρ αἷμα ἡ ἐσχάτη τροφή καὶ ἡ αὐτή πᾶσιν. ὥσπερ οὖν εἰς τὸ ἀγγεῖον αὐτοῦ καὶ εἰς τὸ περιέχον λαμβάνει τροφήν εἰς τὸ θερμὸν. ἄγει δ' ὁ ἀήρ τήν ἐνέργειαν ποιῶν , τήν τε πεπτικήν αὐτὸς αὐτῷ προστιθεὶς αὔξει καὶ τρέφει" Περι Πνεύματος ",481a 10-15.很明顯，其中的ἀήρ（空氣）宜爲πνευμα.爲節省篇幅，現在只節錄 Hett 之英譯文："What is then this method? Clearly by some extraction and assimilation from the veins; for blood is the ultimate food for every part alike. Thus, the breath draws nutriment into its hot substance, as into a container or envelope. The air is the agent as producing activity, and by employing the digestive faculty causes growth and nourishment." SeeThe Loeb's Classical Library 叢書,vol. VIII（ Harvard University Press,1975）, p.487.

㉒ 原文："Ἐπεὶ δέ τρεῖς αἱ κινήσεις τοῦ ἐν τῇ ἀρτηρίᾳ πνεύματος , ἀναπνοή , σφυγμός , τρίτη δ' ἡ τήν τροφήν ἐπάγουσα καί κατεργαζομένη." Περι Πνεύματος，482 b 14-16.

νοή)，其二是脈動（σφυγμός），其三是對營養（τροφήν）所起的作用。講到呼吸的作用，《氣論》

認爲其原動力來自身體的內部，可能是屬於「靈魂」的原理，或是「靈魂」本身就是呼吸的原動力㉓。至於脈動，從觀察卵的孵化過程，發現一旦心臟形成，便出現脈動，由此而推測脈動在這三者中最先發動的，但是，心臟與脈動似乎仍待「氣」的作用才能產生活動㉔。

「氣」既然有三種不同的作用，而呼吸便是其中之一。《氣論》第五章進一步認爲，「氣」是藉著呼吸（ἀναπνοῆς）而進入胃部，其途徑不是喉管（στομάχου），

而是隨著腰部的一些管道，然後再送入胃部㉕。這表明《氣論》作者當時對人體解剖學或生理學的知識相當貧乏。

3. "πνεῦμα" 與「靈魂」

《氣論》第五章，又講到「氣」與「靈魂」（ψῡχή）之間的關係，認爲「靈魂」是寓居在「氣」之中：

㉓　原文："ἡ μὲν οὖν ἀναπνοή δῆλον ὡς ἀπὸ τοῦ εντὸς ἔχει τήν ἀρχήν" 482b 21-23.

㉔　選錄 Hett 的英譯文，以供參考：For respiration starts as soon as the embryo is released from its mother, and ingestion and nutrition belong to it both during and after its formation, but pulsation begins at the very outset while the heart is forming, as can be observed in eggs. So that pulsation is prior in origin, and resembles an activity, and not an interception of the breath , except in so far as this contributes to its activity." See The Locb's Classical Library 叢書,vol. VIII（Harvard University Press,1975），p.499.其中 breath 的原文是 "πνευύατος".

　　「倘若靈魂是寓居在空氣中，那麼，空氣當是共通性物
　　質」。㉖

　　此處所謂「氣」，原文是 "ἀερι" 或 "ἀήρ"（空氣），而非
"πνεῦμα" 或 "πνεύατος"。吾人這樣詮釋這種現象：《氣論》
的作者或是把 "ἀήρ" 與 "πνεῦμα" 混雜使用，或者認爲「空氣」
中存在著 "πνεῦμα"。《氣論》接續謂：

　　「無疑地，倘若藉著一些影響或變更，而使這種物質變成
　　凡是具生機或靈魂，便被其同性質的東西所吸引，同時，
　　同類型的事物是靠其同屬性之物的增加而增加」。㉗

　　這節引文在理論上說是非常重要的，因爲它說到「靈魂」與
「氣」之間的關系。

㉕　Περὶ Πνεύματος，483 a19-24．J.F.Dobson 的英譯，They say that the
　　breath which is respired is carried into the belly, not through the gullet-that is
　　impossible---but there is a duct along the loins through which the breath is
　　carried by the respiration from the trachea into the belly and out again: and
　　this can be perceive by the sense. " 見 J.Barnes 主編之" 全集,p768..其中
　　breath 的原文是πνευμα.又文中雖然用 "they say" 或 "It is said that" 開
　　始,表示乃引用當時流行的意見,但是,引文的末句 "and this can be per-
　　ceive by the sense",表明《論氣》的作者是接受這種說法的。

㉖　原文："ἀλλ' εἰ δή ἡ ψυχή ἐν τῷ ἀέρι τούτω , οὗτός γε κοινός." Περὶ Πνεύ-
　　ματος，483a 31-32.
　　原文κοινός.意爲「共通之性」,相當於英文 "common" 或 "shared in
　　common" J.F.Dobson 譯作 " a neutral substance"。吳壽彭先生把此語
　　譯作「但,若說靈魂就寓於氣內,這卻是通順的。」見《靈魂論及其
　　他》,頁 356。「這卻是通順的」一語之譯文不可取。

　　「氣」經過一些改變之後，似乎會產生質的變化而成為具有「生機」（ἔμψυχον）或「靈魂」（ψυχή），而且還會「同類相增」（同類型的事物是靠其同屬性之物的增加而增加）（τῷ ὁμοίῳ τὸ ὅμοιον αὔξεται.），吸納屬性相同的「氣」，使到靈魂的生機（活力）會隨著「氣」的增加而增長。《氣論》接續又說：

> 「或者說，情況可能不盡是這樣？因為有人可能認為：氣不一定完全是靈魂的全部，而是某些物質給予靈魂的力量，或在這意義下說形成靈魂，而形成靈魂的物質，便是它的第一因或它的根基」。㉘

㉗　（此節譯文除希臘文外，另參考 Hett 及 Dobson 之英譯。）原文："η πάσχων γέ τι και αλλοιούμενος ευλόγως , αν έμψυχον η ψυχή , πρὸς τὸ συγγενες φέρεται , και τω ομοιω τὸ ομοιον αυξεται.". Περι Πνεύματος，483a 32-34.

Hett 的譯文："Surely if by some affection or change it becomes animate or soul, it is naturally attracted to what is akin to it, and like is increased by like". See The Loeb's Classical Library 叢書,vol. VIII（Harvard University Press,1975），p.501..

Dobson 的譯文："Surely, if it becomes animate or soul, it suffers some change and alteration, and so naturally moves towards what is akin to it, and like grows by the addition of like. 見 J.Barnes 主編之" 全集,p768.

㉘　在這節譯文中，我把"δυναμιν"（dynamis）譯作「力量」（power），而不隨其他英譯者譯作「潛能」（potentiality）.原文："ἤ οὔ ; τὸ γὰρ ὅλον οὐκ ἀήρ ,ἀλλὰ αυμβαλλομενὸν τι πρὸς ταύτην τὴν δύναμιν ὁ ἀήρ, ἤ οὕτω ταύτην ποιοῦν ,καὶ τὸ ποιῆσαν τοῦϊ ἀρχή καὶ ὑπόθεσις ." Πε-ρι Πνεύματος，483a 34-36

　　《氣論》的這節文句，強調即使「靈魂」不完全是由「氣」所構成，但是，「氣」必然對「靈魂」提供能力。甚至也可這樣說：「氣」造成了「靈魂」，因而「氣」是「靈魂」的「第一因」（ἀρχή）或根基（ὑπόθεσις）.

4.“πνεῦμα”概念對基督教的影響

　　由於“πνεύματος”或“πνεῦμα”的意義不僅是呼吸、風、氣息等，甚至還與「靈魂」（ψυχή）及「精神」（拉丁文 spiritus）有著密不可分的關係。本文特別把之譯作「氣」，並加引號來識別。事實上，“πνεῦμα”一字對“ψυχή”這個字發生關係，已正式出現於希臘文版（即所謂七十二子譯本，Septuagint）的《舊約聖經》裡。〈創世紀〉在講及上帝造人時，有下述的故事：

> 「耶和華神用地上的塵土造人，將氣吹在他鼻孔裡，他就成了有靈的活人，名叫亞當」。[29]

　　對這節經文，新版英文《聖經》這樣寫道：

> “Then the Lord God took some soil from the ground and formed a man out of it; he breathed life-giving breath into his nostrils and the man began to live.” [30]

　　其中所謂“life-giving breath”，在七十二子本便是“πνευμα”（pneuma）。除此之外，基督教的「三位一體」說中，聖靈（Holy Spirit）也是源作希臘文“πνεύμον ἅγιον”。這些名目或概念，明顯是受到亞氏及其學派的哲學理念所影響。

二關於 ψυχή 概念的詮釋

---

[29]　〈創世紀〉二章 7 節。

[30]　*Holy Bible*, Today's English Version（American Bible Society, New York, 1966）.

　　古希臘文 "ψυχή" 一字的直接拉丁化是 "psyche"，在英
語裡，它通常被譯作 "soul"（靈魂）。於是，亞里士多德的
Περί ψυχή 一書便被譯爲 "On the Soul"（《靈魂論》）。然
而，"ψυχή" 一字也是多義的，英語的 "spirit" "ghost"，
"soul"，"life"，"Psyche" 以及字首 "psych-" 都是在字源
上或語意上，源自 "ψυχή" 一字。此外，雖然古希臘文 "voῦς"
是 "mind" 的意思，然而，"ψυχή" 也有 "mind" 的意義㉛。在
德語方面，"Psyche" 是名詞，有 "Seele"（靈魂）、"Herz"
（心靈）、"Leben"（生命）、"Geist"（精神）等意思。在
當前西方的文化傳統中，較爲流行的「靈魂」概念是來自基督教
㉜。但是，亞里士多德Περί ψυχῆς一書中的 "ψυχή" 一字，卻不

㉛　例如："ψυχήν οὐκ ἄκρος"（not strong in mind）。See An Intermediate
Greek-English Lexicon,（Oxford, at the Clarendon Press,1972），p.31.

㉜　"This is how it will be when the dead are raised to life; when raised, it will
be immortal.When buried, it is ugly and weak; when raised, it will be beau-
tiful and strong. When buried, it is a physical body; when raised, it will be a
spiritual body. There is, of course,a physical body, so there has to be a spiri-
tual body. For the scripture says, ' The first man, Adam, was created a living
being'; but the last Adam is the life-giving Spirit. It is not the spiritual that
comes first, but the physical, and then the spiritual." 1 Corinthians, ch. 15.
sec.42-46.

「死人復活也是這樣，所種的是必朽壞的，復活的是不朽壞的。所種的
是羞辱的，復活的是榮耀的。所種的是軟弱的，復活的是強壯的。所種
的是血氣的身體，復活的是靈性的身體。若有血氣的身體，也必有靈性
的身體。經上也是這樣記著說：『首先的人亞當，成了有靈的活人』。
末後的亞當，成了叫人活的靈。但屬靈的不在先，屬血氣的在先，以後
才有屬靈的」。〈哥林多前書〉，第十五章,42-46 節。

同於基督教那樣強調能在死亡裡復活的「靈魂」（如註文中引《哥林多前書》所謂 "a spiritual body." 或 "the life -giving Spirit." ）。然而，爲了行文方便，本文在此也姑且把亞氏所謂 "ψυχή"，隨俗譯作「靈魂」，而有時爲了行文上的需要，也會直接用 "ψυχή" 一字。至於Περί ψυχῆς一書，也就隨俗稱作《靈魂論》。對於《靈魂論》一書的作者爲亞里士多德，則研究亞氏哲學的專家，向來皆沒有異議。

1. 亞氏的「世界圖像」中之 "ψυχή" 概念

以「自然界序列」（ scala natura ）這個詞項，來表述亞氏的世界圖像，大抵是最簡單而又最明確的了。吾人可把組成物質的各種元素（στοιχεῖα ）㉝，放在這個序列結構的最低層。由於物質元素尚未構成具體的事物，故又可稱之爲「純粹物質」（πρώτη ὓλη ）。至於最高層，則完全是精神性的，稱之爲「純粹形式」（ἀσώματα μορφή ），這樣的「純粹形式」，其實就是「神」。在「純粹物質」與「純粹形式」之間，就是現實的「存在界」或自然界。現實界的每一事物，都是由物質與形式所構成。「形式」（ μορφή ）相當於柏拉圖的本體論中所謂「理型」（ εἶδος ），而「理型」是指構成現象世界背後的「原理」而言。柏拉圖認爲，現象世界是變化不定的，因而是虛幻不實的；但是，這些「原理」則是永恆不變，並且能獨立於現象界。認知活動是要抓住「理型」，而不是虛幻的現象世界㉞。亞理士多德雖然對「理

㉝ 元素一詞在古希臘文，除了στοιχεῖα 一字之外，尚有ῥιζώματα一字，後者乃「萬物之根」（ roots of all things ）的意思。

㉞ 關於柏拉圖的理型論，請參閱鄺芷人：〈柏拉圖對知識的概念〉，《中國文化月刊》第 136 期，pp.28-52（ 1991/02 ）。

型論」提出批評，特別是有關「理型」是獨立自存的問題㉟，但是，亞氏仍採用「理型論」來解釋世界。在亞氏的世界圖像中，任何物體皆由物質（質料）及形式（理型）所構成。

　　「潛在」（δύνμις）、「現實」（ἐντελέχεια）與「成物」（γένεσις）也是亞氏的世界圖像中的重要概念㊱。若把“δύναμις”（dynamis）一字譯爲英語，則有 power, potency, capacity, potentiality 及 possibility 等意義；而“ἐντελέχεια”（又作ἐνέργεια，拉丁化分別作 entelecheia 及 energeia）則有 activity, actuality 及 actualization 或 fulfillment 之意。從「潛在」與「現實」這些理念來解釋亞氏的世界圖像，則現實世界是一個發展性的系統（the world as a system of development）㊲。而這種發展，就是所謂「成

㉟　關於亞氏對理型論的批評，原見於亞氏《形上學》卷Ａ，請參閱鄺芷人：〈亞里士多德的知識觀〉，《中國文化月刊》第 137 期，pp.53-81（1991/03）。

㊱　這個理論主要見於亞氏的《形上學》及《物理學》二書，本文撰者在多篇論文中均有詳細詮釋。如：鄺芷人〈亞里士多德的實有論與實體論〉--關於本質先於存在的問題⑵。《中國文化月刊》第 94 期，pp.38-61（1987/10），

　　又：鄺芷人〈亞里士多德的本質實有論〉，《中國文化月刊》第95期，pp.45-67（1987/11），

　　又：鄺芷人，〈朱子的理氣說與亞里士多德的 Eidos 與 Hyle 之比較研究〉，《東西哲學比較論文集》，第二集。（中國文化大學，1994），pp.383-402。

㊲　這個概念取自著名哲學史家 W.Windelband.. Vgl. Windelband-Heimsoeth, *Lehrbuch der Geschichte der Philosophie*, 15 Auflage.（Tübingen,1957），S.119-131.

物」。存在界就是不斷地從低層往更高層級發展，各層級之間構成一個密集而不間斷的「連續序列」體系㊳。

　　扣緊存在界作爲一個「連續序列」的體係這個理念，則生命界自然也構成一個「連續序列」，這是亞里士多德在其《動物誌》一書所展示的㊴。自然界中從無生命的層級進入生命的層級，由於存在界是連續的，所以其中沒有明顯的分界線。在無生命層級之後，接續而來的是植物層級，而植物之間又構成一個連續性系統，它們之間的生命活力是有高低之別的，而其連續體則向上邁向動物。所以，吾人從海中可發現到，對於有些東西究竟是植物抑或是動物的問題，有時候吾人是不易辨識的。例如，倘若把竹蟶（razorshell）從其洞穴中移動開來，它們便無法存活。事實上，整個介殼類的生物（testaceans）與植物之間有許多相似的地方。如果從知覺或感覺方面來說，情形也是這樣。有些動物只有微弱的感覺，而貝介類則沒有明顯的感官。植物中含羞草與捕蟲草具有觸覺，而向日葵有感光和運動機能。海鞘類（ascidian）及海葵（sea anemone）之體質，類似動物的肌肉，而海綿則又像植物，這些生命體皆屬於動植物之間的連續地帶㊵。

　　亞里士多德的「靈魂」概念是廣義的，凡是有生命的，皆有「靈魂」，這基本上是指提供生命體養份的機能而言，他把這層

㊳　關於亞氏的動態世界觀，請參閱鄺芷人，〈運動概念與方法論的關係〉，《東海學報》第 27 卷（1986/06），pp.89-125。

㊴　《動物誌》（ *Historia Animalium*, Περί τά ζῷα ιστορίαι），全書共十卷，乃亞氏中晚年時期從事實地考察各地生物而成的重要著作。

㊵　本節資料主要見於《動物誌》，588b 5-25。See History of Animals, in *The Complete Works of Aristotle*, ed. J.Barnes,Vol.I, p.922..

級的靈魂，名之爲「營養靈魂」（θρεπτικήν ψυχήν）④，任何的生命體皆需生長、發育等情形，而這些情形都需要營養機能。生命界旣然包含著植物、動物及高等動物的人類，因此，在亞氏的世界圖像中，生命界的「靈魂」自然也有差別。「營養靈魂」其實是植物性的靈魂，專司吸收養份。植物有此機能，才能繁衍子代。進一層級爲「感覺靈魂」（ψυχή τὸ αἰσθητικόν），這樣的靈魂是動物才具有的，故也可稱爲「動物靈魂」。再高層級是「理智靈魂」（ψυχή τὸ λογιστικὸν），具有思維、審度及計算等能力，爲人類所獨有的。由此可見，此三種靈魂乃對應於植物、動物及人類的生命序列。

2.《靈魂論》中對"ψυχή"的說明

　　亞里士多德在《靈魂論》卷 II，企圖從不同的角度提出他所謂「靈魂」的意義。「靈魂」是「實體」（οὐσιαν），是形軀的「理型」（ὡς εἶδος σώματος φυσικοῦ），因而「靈魂」作爲「實體」是具有「現實性」（ἡ δ' οὐσία ἐντελέχεια）的。亞里士多德說：

　　　　「因此，靈魂必然是實體,爲內在地具有生命潛能的物質形
　　　　骸之理型，實體是現實性，因而，靈魂乃如上述的形骸之

---

④　"Περί ψυχῆς," Τίν μέν οὖν θρεπτικήν ψυχήν ἀνάγκη πᾶν ἔχειν ὅτι περ ἄν ζῇ καί ψυχήν ἔχῃ ἀπό γενέσεως μέχρι φθορᾶς "434a22-24.見 The Loeb's Classical Library 叢書,vol. VIII（ Harvard Univewrsity Press,1975）, ,p. 194 .

譯文：「因此，任何有生命之物，必然具有營養靈魂，它們其實從出生至死亡，皆有靈魂」

現實性」。⑫

「現實性」雖然相對於「潛在性」，但是，亞氏又謂「現實性」有二義。他用「佔有知識」這個事件作類比。「佔有知識」一詞有二義：其一是指「具有知識」，其二是指「把所具有的知識使用出來」。意思是說，若「具有知識」而未將之使用，這種知識只能視爲潛在性的。亞氏強調他所謂「靈魂」的「現實性」是指「第一種意義的現實性」（ἐντελέχεια ἡ πρώτη）。所以，他說：

> 「吾人若要尋求一個適用於所有靈魂的定義，這樣的定義是：『具有器官的物質形骸之第一種意義的現實性』」⑬。

因而，任何具有生理「器官」的身體，便均有「靈魂」。總言之，亞氏是從具有生理機能（σώματος φυσικου οργανικου）的意義來界定「靈魂」的（「器官」有時可能沒有被應用），這點

---

⑫ 原文："ἀναγκαῖον ἄρα τήν ψυχήν ούσιαν εἶναι ὡς εἶδος σώματος φυσικοῦ δυνάμει ζωήν ἔχοντος.ἡ δ' ούσία ἐντελέχεια .τοιύτου ἄρα σώματος ἐντέλεχεια .412 a 20-23.Hett 的英譯："So the soul must be substance in the sense of being the form of a natural body, which potentially has life. And substance in this sense is actuality. The soul, then, is the actuality of the kind of body we have described.See The Loeb's Classical Library 叢書,vol. VIII（Harvard Univewrsity Press,1975）,",p.69.其中"a natural body"不宜譯作「自然的形骸」。「自然的」原文是φυσικοῦ,是「物質的」或「物理的」之意。故"Σώματος φυσικοῦ"當爲 physical body 之意。

⑬ 原文："ει δή τι κοινὸν επί πάσης ψυχης δει λέγειν ,ειη αν εντελέχεια η πρώτη σώματος φυσικου οργανικου." 412b3-5.又所謂"εντελέχεια η πρώτη"相當於英語"actuality in the first case".Hett 把之譯作"the first actuality"是不正確的，因爲"the first actuality"在語意上是相對於"the second actuality"。對於這個問題，可比較 William Charlton, "Aristotle's Definition of Soul", in Aristotle's De Anima in Focus, ed. Michael Durrant (York University, Toronto,1993) ,pp.197-216.

對詮釋亞氏的「靈魂論」是非常重要的。他其實也是從生理「器官」的機能來界定「生命」（ζωή ,ζην），凡是具「心智」（νοῦς）、「感覺」（ἅισθησις）、「運動或靜止」（κίνησις καὶ στάσις）的存在物，皆具有生命。而亞氏所謂「運動」，則包括「吸收營養」（τροφήν）、「衰敗」（φθίσις）與「生長」（αὐξησίς）等⑭。

3.“ψυχή”的其他屬性

關於亞氏的「靈魂論」，尚有兩個重要問題待分析。其一是「靈魂」的功能，其二是「靈魂」的是否會滅亡？

對於第一個問題，亞氏在〈論青年與老邁，及生命與死亡〉一文中認爲，生命體必須具有「先天自然熱能」（σύφυτον θερμότητα φυσικήν），因此，當生命體活著時，便感覺到體內溫熱；而當其死亡時，便變得冰冷。他又認爲心臟（καρδία）爲貯熱的地方，而食物就是靠著「自然熱能」（φυσικῷ θερμῷ）而被消化的。因此，當心臟冰冷時，整個生命體便毀滅⑮。在〈動物的結構〉一文中，亞氏似乎認爲「靈魂」是寄居在心臟之中的⑯。又在〈動物的運動〉中，把「靈魂」視作統轄身體各部份的中樞⑰。總的來說，亞里士多德在《靈魂論》一書中，一方面，認爲

---

⑭ 關於亞氏對「生命」一節的闡述，現節錄 W.S.Hett 之英譯，以供參考：“But the word living is used in many senses, and we say that a thing lives if any one of the following is present in it--mind, sensation,movement or rest in space, besides the movement implied in nutrition and decay or growth.” See The Loeb's Classical Library 叢書,vol. VIII（Harvard Univewrsity Press,1975），, p 75.

⑮ Περί νεότητος και γήρως, 469b, 7-20

⑯ 678b1-6

⑰ Πειρί ζῴων κινήσεως , 703a28-703 b2 .

靈魂是寓居於心臟之中。而心臟是貯存熱能的地方。另一方面，由於生物體必須依靠這種自然熱能，才能生存，而自然熱能來自心臟，且靈魂又寓居於心臟，並且統轄整個生物體。因此，亞氏所謂靈魂，必與輸送熱能至全身有關。

至於第二個問題，亞氏在〈論青年與老邁，及生命與死亡〉一文中，明確地指出：靈魂若「缺乏自然熱能，便無法生存」[48]。由此可見，在亞氏的理念中，植物及一般動物的靈魂，是隨著形軀生命的死亡而消失的。至於人類靈魂，情形則有所不同。人類靈魂的特性在於心智（理智或理性，ὁ νοῦς），心智就是「理智靈魂」[49]。他把心智分為二，其一是「實踐的」（νοῦς ὁ πρκτικός），其二是「理論的」（νοῦς τοῦ θεωρητικοῦ）。「實踐的心智」所考慮的，是如何能達成其所欲求之目的。「實踐的心智」與欲望（ὄρεξις）結合而產生行動，以達成其所欲求。「理論的心智」，則只為了純智性的思維而別無所求[50]。亞氏認為，正由於「理論的心智」無所求於外物，它是以自身為對象，所以能獨立於形軀而存在。進一步來說，當「理論靈魂」（「理論的心智」）脫離身體而獨存時，它便是「不朽」與

---

[48] 470a 21-22.Hett 之譯文 "Everything that lives has a soul, and this, as we have said, cannot exist without natural heat." See The Loeb's Classical Library 叢書,vol. VIII（Harvard Univewrsity Press,1975）, , p 427.

[49] "λέγω δέ νοῦν ᾧ διανοεῖται καί ὑπολαμβάνει ἡ ψυχή",429a23-24. 譯文：「所謂心智，乃指靈魂的思維與判斷而言」。

[50] 此節內容原文見於Περί ψυχης, 433a10-23. 見 The Loeb's Classical Library 叢書,vol. VIII（Harvard Univewrsity Press,1975）, ,p.186-7.

「永恆」（'αθάνατον καί ἀΐδιον）的眞實存在(51)。至於「理論靈魂」會往何處去？又是否與「宇宙靈魂」（τὴν τοῦ παντὸς）(52)結合？對於這些問題，亞氏著作中並沒有交代。

三、新道家論「炁」與「性命」

㈠關於「炁」的概念

1.丹道文獻中的「炁」概念

丹道或新道家多採用「炁」字，然由於相關文獻繁多，以下只能列舉其中重要之典籍來說明：

⑴從文獻方面說，新道家採用「炁」字，最早可能見於《太平經》。《太平經》〈神人自序出書圖服色訣〉第一百六十五：

「三重何象？象父母子陰陽合和也。二重何象？象王相炁相及也。」

又，〈西壁圖〉第一百六十四：

「不守其本，身死有餘過。乃爲惡於內，邪炁相召於外」。

《太平經》之後的《抱朴子內篇》，也是早期提及「炁」之文獻。例如，《抱朴子內篇》卷五的〈至理〉篇謂：

「抱朴子曰：『服藥雖爲長生之本，若能兼行氣者，其益甚速。若不能得藥，但行氣而盡其理者，亦得數百歲。……

---

(51) “χωρισθεὶς δ' ἐστί μὸνον τοῦθ' οπερ ἐστί , καί τοῦτο μόνον ἀθάνατον καί ἀΐδιον...” . 430a23-24.

譯文：“當它（按：指理論靈魂）獨立自存時，它便是眞實的存在，而且唯獨它才是不朽與永恆。”

(52) “τὴν γὰρ τοῦ παντὸς δῆλον ὅτι τοιαύτην εἶναι βούλεται οἷόν ποτ ἐστὶν ὁ καλουμενος νοῦς.” .Περί ψυχῆς407a4.

夫人在氣中，氣在人中，自天地至萬物，無不須氣以生者
也。』」

又謂：

「仲長公理者，才達之士也，著《昌言》，亦論『行炁可
以不飢不病，云吾始者未信之也。至於爲之者，盡乃然
矣。』」⑤。

《抱朴子內篇》的這兩節引文，雖然同出〈至理〉篇，但
是，前段引文的「行氣」，於後段引文卻改爲「行炁」。仲長公
理即仲長統，《後漢書》有其傳，但《昌言》一書已失佚⑤。又
《朴抱子內篇》之〈釋滯〉對「行炁」有詳細說明，認爲求神仙
之術，基本原則是「寶精行炁」，而其修練方法則爲「胎息」。
所謂「胎息」，字義上是指胎兒在母體中之呼吸方式。胎兒在母
體中之呼吸，不用口鼻。依《抱朴子內篇》，初學胎息法時，先
以鼻子引炁。然後閉炁，直至心中數至一百二十，再以口輕輕吐
炁。在吸與呼之時，皆不能讓耳朵聽到呼吸之聲。炁是入多而少
出，練習熟識之後，一吸一呼之間，可數至千。《朴抱子》又強
調行炁是在「生時」（半夜至日中爲生時）進行，不宜在「死
時」（即日中至夜半）⑤。由此可見，《朴抱子》所謂「行

⑤ 上述有關《太平經》的引文見王明編：《太平經合校》（北京中華書
局，未列年份），頁 458,460。關於《抱朴子內篇》的引文，見中華書
局,1996），頁 114-115。

⑤ 見《後漢書王充、王符、仲長統列傳》第三十九。謂其「著論名曰《昌
言》，凡三十四篇，十餘萬言。」見范曄《後漢書》，（台北宏業書
局，民國 73 年），頁 1646。然《昌言》一書已佚。

⑤ 原文：「欲求神仙，唯當得其至要。至要者在於寶精行炁。……雖云行
炁，而行炁 有數法焉。……其大要者，胎息而已。得胎息者，能不以

炁」，其實就是指達至「胎息」的吐納法。

⑵《雲笈七籤》有〈諸家氣法部〉，其中也講及胎息法、行氣
　（炁）等問題㊅。例如，〈墨子閉氣行氣法〉謂行氣即指練
　氣，又稱爲長息。方法主要是正偃臥，然後握拳，並以鼻子吸
　氣，以口吐氣。練者慢慢以鼻吸氣，並將之引入下丹田，但氣
　不宜過於飽滿。首先每吸五次，則閉氣，再吐出。又謂吸氣則
　體內之氣（此當指丹道所謂「先天炁」）上升，呼則體內之氣
　下降，自覺氣於體內流動。行氣是以每月初一至十五，觀想氣
　從十手指呼出；十六日至月終，觀想氣從十腳指呼出。這樣
　「行炁」既久，自覺氣通手足，便能閉氣不息，也能達至「胎
　息」境界㊆。可見《雲笈七籤》的〈墨子閉氣行氣法〉之行
　氣，並非指胎息，而是指用意念「導氣」，胎息則爲行氣之結
　果。《正統道藏》論氣的地方很多，如〈張果先生服氣法〉、

鼻、口噓吸，如在胞胎之中，則道成矣。初學行炁，鼻中引炁而閉之，
陰以心數至一百二十，乃以口微吐之及引之，皆不欲令己耳聞其炁出入
之聲，常令入多出少。以鴻毛著鼻口之上，吐炁而鴻毛不動爲候也。漸
習轉增其心數，久久可以至千，至千則老者更少，日還一日矣。夫行炁
當以生炁之時，勿以死炁之時」。見《抱朴子內篇》，（北京中華書
局,1996），頁149。

㊅ 見《雲林七籤》卷五十六至六十二（北京華夏出版社，1996），頁
334-382。

㊆ 原文：「行氣名煉氣，一名長息。其法正偃臥，握固，漱口咽之三，且
莫極滿，極滿者難還。初之時，入五息，已一息，可吐也。……凡納氣
則氣上升，吐氣則下流，自覺周身也。行氣常以月一日盡十五日，念令
行氣從手十指出。十六日盡月晦，念令氣從足十指出。若行之能久，自
覺氣從手足通，則能閉不息，便長生矣」。見《雲林七籤》卷五十九
（北京華夏出版社，1996），頁353。

〈李奉時山人服氣法〉、〈王說山人服氣新法〉、〈煉氣訣〉、〈委氣法〉、各式各樣的胎息訣、調炁、淘炁訣、嚥炁訣、閉炁訣、布炁訣等,種類繁多⑱。

至於「氣」與「炁」字的關係,《太平經》及《朴抱子內篇》皆沒有說明。《雲笈七籤》〈諸家氣法部〉只偶用「炁」字若干次。《正統道藏》輯錄丹經繁雜。其中當然也有「氣」與「炁」互用的情形,如〈胎息雜訣〉謂:

> 「一經云,但徐徐引氣出納,則元氣亦不出也。自然內外
> 之氣不離,此名胎息」。⑲

在這節引文中,無論是「元氣」、「自然內外之氣」或所謂「引氣出納」,皆以「氣」來表示。但是,〈張天師胎息訣〉:

> 「夫元炁無形,眞心無法,大道無迹,唯煉息一法,乃含
> 眞道。又云『心定、炁定、神定,凡修道流。……天之清
> 炁,聚而成形;下接地之濁炁,凝而成體。內包一眞,世
> 人不識,故泄於外,乃精、炁、神也』」⑳。

在這節引文中,「元炁」、「天之清炁」、「地之濁炁」及「精炁神」之「炁」,皆稱之爲「炁」而非「氣」。

(3)張紫陽在其〈金丹四百字〉中,也把「炁」與「氣」互用,如謂:

---

⑱ 見《正統道藏》洞神部,方法類。(即新文豐出版之《正統道藏》第
　31冊)。

⑲ 見《正統道藏》洞神部,方法類。(即新文豐出版之《正統道藏》第
　31冊。)頁0009。

⑳ 見《正統道藏》洞神部,方法類。(即新文豐出版之《正統道藏》第
　31冊。)頁0021。

「奈何百姓日用而不知元精喪也，元炁竭也，元神離

也。……眞氣凝結，元神廣大」⑥。

此處「元炁」之「炁」與「眞氣」之「氣」並用，其實「元

炁」也可視爲「眞氣」。紫陽眞人在《悟眞篇》中，把「眞氣」

或「元氣」稱爲「眞鉛」或「地魄」，又把「元神」稱爲「眞

汞」或「天魂」⑥。

(4)崔希範的著名丹經《入藥鏡》首句便提出「先天炁」與

「後天氣」之分：

「先天炁，後天氣，得之者，常似醉」⑥。

傅金銓的《入藥鏡註》，把所謂「先天炁」視爲「元炁」，

並以《道德經》所謂「有物混成，先天地生」來解釋「先天

炁」。又謂「先天炁即隱於後天氣之中」⑥。

(5)《大成捷要》有「氣」、「元氣」及「炁」之分。其中，

「氣」指呼吸之氣，又稱作風。「元氣」指腎氣，「炁」爲神之

母，而神則指「元神」。至於所謂「炁，神之母」，是丹道的重

---

⑥ 見徐兆仁主編，《金丹集成》，東方修道文庫，（中國人民大學，
1992）頁 2-3。

⑥ 《悟眞篇》：「好把眞鉛著意尋，莫教容易度光陰。但將地魄擒朱汞，
自有天魂制水金。」見徐競等注解（《中國氣功四大經典講解》，浙江
古籍出版社 1988），頁 322-3。其中地魄也是指眞鉛，天魂指眞汞。又
李涵虛在其《道竅談》中，對「地魄」有這樣解說：「採煉者，採彼家
陽鉛，煉我家子珠之氣也。陽鉛即地魄，」見徐兆仁主編：《涵虛秘
旨》，（中國人民大學出版社，1990）頁 32。

⑥ 見崔希範之《入藥鏡》，收入徐兆仁主編之《金丹集成》（中國人民大
學出版社，1992），頁 162。

⑥ 傅金銓《入藥鏡注》，見徐兆仁主編之《金丹集成》（中國人民大學出
版社，1992），頁 162。頁 161-166。

要概念，吾人於下文再作說明⑥。

　　⑹龍門派經典，如伍柳派及趙避塵之論著，對炁均有較詳細之說明。伍沖虛於《天仙正理直論》之〈序〉謂：

　　　　「昔曹老師語我云：『仙道簡易，只神炁二者而已』」
　　　　⑥。

　　趙避塵對「氣」與「炁」二字，當其講及後天鼻內呼吸時，視之為「氣」；當其講及先天真氣之時，稱之為「炁」。他說：

　　　　「巽風即後天鼻內呼吸之氣也，鼻內一吸氣為進，先天真
　　　　陽之炁一升。鼻內一呼氣為退，先天真陽之炁一降」⑥。

　　綜合以上各項有關丹經文⒃對「炁」字的使用，可作下述之結論：

　　〔a.〕「炁」字最早見於《太平經》，但對「炁」字沒有說明。《抱朴子內篇》講及「行炁」時，也稱為「行氣」。又當講及胎息法時，以「鼻子引炁」，而能用鼻子所引之「炁」，必然是「空氣」。可見《抱朴子內篇》是把「炁」與「氣」二字互用，而其所謂「行氣」或「行炁」，其實是指吐納法而言。

　　〔b.〕《雲笈七籤》採用「氣」字為主，「炁」字只偶而使用（如「六炁（氣）訣」），「氣」與「炁」二字也是互用。

---

⑥　《大成捷要》，收入徐兆仁主編之《悟道真機》（中國人民大學出版
　　社，1990）。本節相關之資料，見於頁 191。

⑥　《天仙正理直論》一書，收入《古本伍柳仙宗全集》（瑞成書局，民國
　　74 年）。本引文見於頁 027。

⑥　見《性命法訣明指》，收入徐兆仁主編之《先天派訣》（中國人民大學
　　出版社，1990）。頁 44。

〔c.〕在張紫陽的丹經裡，把「眞炁」稱作「眞氣」，可見他對「氣」及「炁」，也未作明確的分辨。此外，他又把「眞炁」稱作「眞鉛」。

〔d.〕《入藥鏡》分「先天炁」與「後天氣」，又把「先天炁」稱爲「元炁」。

〔e.〕《大成捷要》有「氣」、「元氣」及「炁」之分，其中把「炁」視爲「神之母」。

〔f.〕到了龍門派的晚期（伍柳仙宗），對「先天炁」與「後天氣」才有明確的說明，也確定了「炁」的具體意義。

2.「炁」的意義

在伍柳派之前，丹經其實缺乏對「炁」概念作明確的闡述，伍沖虛認爲此原因乃出於保持天機之密[68]。至於對丹道所謂「先天炁」與「後天氣」的概念，伍沖虛有較詳細的說明。首先，他對「先天炁」有下述的說明：

> 「然所謂先天炁者，謂先於天而有無形之炁，能生有形之天，是天地之先天也。即是能生有形之我者，生我之先天也。故亦曰先天，修士用此先天始炁，以爲金丹之祖。」[69]

伍沖虛所謂「先天炁」，若是「先於天而有無形之炁，能生有形之天，是天地之先天也」，則此「先天炁」，可用〈太極圖說〉來說明：

> 「二五之精，妙合而凝。乾道成男，坤道成女，二氣交

---

[68] 「群書之作，或有詳言神，則未有不略於炁者；或有詳言炁，亦未有不略於神者，是亦天機之不得不秘也者。」同前註，頁029。

[69] 見《古本伍柳仙全集》（瑞成書局，民國74年）。本引文見於頁107。

感，化生萬物」。⑩

〈太極圖說〉所謂「二」是指陰陽二氣，「五」則指五行之氣。此「二」與「五」之氣，正是伍沖虛所謂「能生有形之天，是天地之先天」的「先天之炁」。這裡所謂「先天之炁」，是新道家的「本體宇宙論」的（onto-cosmological）的概念。然則何故以「先天之炁」視爲「本體宇宙論」的「原理」呢⑪？伍沖虛是從人的意識達至「當靜虛至極」而達至「入定態」時，所出現先天的氣（炁）來「印証」。所以，他說：

> 「夫用此炁者，由何以知先天之眞也？當靜虛至極，無一毫念慮，亦未涉一念覺知。此正眞先天之眞境界也，如遇混沌初分，即有眞性始覺，眞炁始呈，是謂眞先天之炁也。」⑫

明清以後，新道家所謂「炁」，基本上是指「先天之炁」（或作「先天之氣」就是「炁」）或「眞氣」（或作「眞炁」），這是丹道（甚至氣功）的基本原理。眞炁（氣）是在入定態時出現的，而入定態是指「靜虛至極，無一毫念慮，亦未涉一念覺知」的意識狀態。在這種「入定態」下，吾人的意識有如

⑩ 見《周濂溪全集》（香港文學出版社，未註年份），頁2。

⑪ 在哲學上，「原理」一詞乃源自古希臘文 ἀρχή，拉丁文譯作 prinzipium，爲英文 principle 一字的字源。原義有起源（origin）、來源（source）、開始、泉源、根基及基礎之意。請參閱鄺芷人：〈對懷德海所謂「自然二歧性」問題之論衡〉，收入《中國哲學與懷德海》，pp. 93-119。

⑫ 見《古本伍柳仙全集》（《古本伍柳仙宗全集》（瑞成書局，民國74年）。本引文見於頁108。

「混沌初分」，而此時人體中之「炁」，有如「先於天而有無形之炁」，由此可見，所謂「先天之炁」的「先天」，原義是指「先天地而有」之意，而之所以稱之爲「先天地而有」，乃在於「入定態」的「混沌初分」，彷彿如天地未開之像，於是「入定態」所呈現之「炁」，便被新道家如伍沖虛視爲「先於天而有無形之炁」。故有些丹經把這種「炁」，稱爲「祖炁」。

　　與眞炁（氣）或「先天之炁」相對的爲「後天之氣」（不可稱爲「後天之炁」）。爲了彰顯「先天之炁」的特性，故對「後天之氣」的說明也是必要的。伍沖虛謂：

> 「所謂後天氣者，後於天而有，言有天形以後之物，即同我有身以後有形者也。當陰陽分，而動靜相乘之時，有往來不窮者，爲呼吸之氣。有生生不已者，爲交感之精，故曰後天。自呼吸之息而論，人之呼出，則氣樞外轉而闢；吸入則氣樞內轉而闔，是氣之常度也。自交感之精而論，由先天之炁動，而爲先天無形之精。觸色流形，變而爲後天有形之精。……修士於此，須不令先天之精變爲後天，又必令先天之精，仍返還爲始炁。」[73]

　　以上有關伍沖虛的一段引文，說明呼吸調息與先天及後天精炁的關係，確有其精闢之見，說古來丹經所未說，對後學修眞之士，在理念的認知上，有所增益。首先，「後天氣」乃指「呼吸之氣」。在丹道或氣功修煉上，有規律地調整呼吸，稱之爲吐納法。從上述引文也表明，藉著吐納法，可帶動先天之炁，再由先天之炁，帶動「先天無形之精」。修眞之初步境界，一方面是

---

[73]　見《古本伍柳仙全集》（《古本伍柳仙宗全集》（瑞成書局，民國74年）。本引文見於頁 109-111。

「不令先天之精變爲後天」生殖之精，另一方面，又必須「令先天之精，仍返還爲始炁」。由此可見：在煉精化炁的階段，宜採用吐納法，以通任督，這是符合（或者不違背）伍柳派的丹道理論的。

　　既然「炁」爲先天之氣或眞氣，然則「先天之氣」或「眞氣」究竟又是甚麼。本文撰者對「炁」曾提出「人體作爲生命能量場」的理論模型，並藉「耗散結構理論及「信息控制系統」等理念，來闡述丹道及氣功原理⑦。近二十餘年來，物理學界對「炁」做各種觀測，並企圖提出理論⑦。首先，他們把「炁」給予新的概念，視之爲一種能量的物質流，又將之分爲內氣及外氣。以在人體內流動的炁稱爲「內氣」，而把從人體發射出去的炁名之爲「外氣」。根據謝煥章先生的研究報告，則到目前爲止，利用各種儀器，對「炁」所測試出的物理效應有：⑴受低頻漲落調制的紅外及遠紅外輻射，⑵低頻磁信息，⑶微粒流信號，⑷次聲，⑸生物等離子流，⑹可見光及或超微弱發光等。於是，謝煥章先生把內氣視爲在「人體內部，受意念支配的，使活機體有序化的信息波動」。又認爲內氣和外氣之間，能互相轉化或部份轉化。他特別強調內氣的主要作用是：有序化及信息波動⑦。另一位科學研究者則認爲「炁」的成份很複雜，包括靜電脈衝、

───────────

⑦　見鄺芷人：〈丹道之學的研究網領〉，收在鄭志明主編之《道教文化的精華》（南華大學宗教文化研究中心，民國 89 年），頁 371-404。

⑦　其中的代表性論著，可閱謝煥章編著：《氣功的科學基礎》（台北氣功文化出版社，1991）。

⑦　閱謝煥章編著：《氣功的科學基礎》（台北氣功文化出版社，1991）。頁 30-3。

磁脈衝、不同頻率的電磁波以及未知其屬性的輻射微粒流。由氣功師發出的外氣，每因其功力的不同而有不同頻率的電磁波，其強度且會受到發功者的意念所控制⑦。本文撰者在氣功與丹道的實踐中，體驗到炁的屬性是能量、信息、光及靈性的結合體。

(二)關於「神」的概念

「神」的概念對新道家來說，是有多個意義，而其中的「元神」乃「性命」的重要本質，丹經中所謂「神」，有元神、陰神、陽神及識神。現在分別說明如下：

㈠元神

新道家把人的「性命」視為精、炁、神及形軀的統一體，其中「神」指「元神」。《性命圭旨》對「元神」之來源有下列的說明：

> 「原人自父母未生以前，本體太虛而已矣，其予之所謂無極者乎？既而父母媾精而後，一點靈光而已矣，其予之所謂太極者乎？而一點靈光，原從太虛中來者，我之元神也」。⑦⑧

人的「元神」有如人體之太極，是當胚胎形成後，進入胚胎的「一點靈光」。此靈光來自太虛，這其實就如一般所謂靈魂。丹經又把「元神」稱為「眞性」。所以，《太一金華宗旨》說：

> 「一靈眞性，既落乾宮，便分魂魄。魂在天心，陽也，輕

---

⑦ 見王而則：〈一些氣功現象，近代科學理論的解釋〉，《氣功與體育》第 105 期（1999 年第 10 期，北京《氣功與體育》雜誌社），頁 8。

⑦⑧ 《性命圭旨》，收入徐兆仁主編之《天元丹訣》（中國人民大學，1990），頁 196。

清之氣也。此自太虛得來，與元始同形。」⑦

「天心」指位於眉心內之祖竅穴，為「元神」所在，故修性功需意守祖竅。故《太一金華宗旨》又謂：

「惟元神真性，則超元會而上之，其精氣則隨天地而敗壞矣。然元神在，則無極也，生天生地，皆由此也」。⑧

依據上述的引文，則「元神」是永恆不滅的，而人的精氣會敗壞。於是，《太一金華宗旨》便主張修真之法，採用回光，即以兩目內視天心，守護元神。不過，若依少陽派法脈，則修真方法與途徑，不是回光守元神，而是利用元神與炁，以十月懷胎及三年哺乳方式，修煉「陽神」。

2.陽神與陰神：

丹經中所謂「陽神」，乃藉精、炁，煉去元神中的陰質。故伍沖虛在其《內煉金丹心法》謂：「煉神者，煉去神之陰而至純陽。全無陰睡，火足炁定而神俱定，方是陽神成就」⑧。依丹經之說，煉成後的陽神便是自己的分身，而且能身外有身。陽神與陰神的差別，在於陽神能被看見，而陰神則不能被他人看見，但它卻能看到他人⑧。煉「陽神」的階段，稱為「煉炁化神」，對於這個問題，伍沖虛的《天仙正理直言》有詳細說明。一般所謂

⑦ 《太一金華宗旨》，收入徐兆仁主編之《全真秘要》（中國人民大學，1992），頁202。

⑧ 《太一金華宗旨》，收入徐兆仁主編之《全真秘要》（中國人民大學，1992），頁179。

⑧ 伍沖虛：《內煉金丹心法》，收入徐兆仁主編之《金丹集成》（中國人民大學，1992），頁120。

⑧ 趙避塵謂「煉陽神陰神，在師點傳耳。陽神者，人能見；陰神者，能見人。」見《性命法訣明指》，收入徐兆仁主編之《先天派訣》（中國人民大學，1992），頁162。

築基，乃指建立煉陽神之根基。當吾人之精、炁旺盛之時，則元神不但也健旺，而且也更靈覺。倘其根基未築，則元神會逐馳外境之事物，遂使吾人之元炁散失，元精敗壞，這樣便能拆毀根基[83]。至煉陽神之方法，以及十月懷以及三年哺乳等問題，可詳見趙避塵的《性命法訣明指》[84]。

3.識神

「識神」之說，《性命圭旨》、《道竅談》及《太一金華宗旨》均有論列，但以《太一金華宗旨》最為詳盡。《性命圭旨》把「識」解作「妄」，故識神便是妄心，為生死輪迴的「種子」[85]。李涵虛在《道竅談》中，把「陽神」稱作「真神」。他對「元神」、「真神」、及「識神」之間的差別，有如下的重要說明：

> 「或問：『元神與真神若何？』
>
> 曰：『元神者，渾渾靈靈。真神者，朗朗明明。一隱混沌

---

[83] 伍沖虛《天仙正理直言》：「修仙而始曰築基。築者，漸漸積累增益之義；基者，修煉陽神之根本，安神定息之處也。基必先築，蓋謂陽神即元神之所成。純全而顯靈者，常依精炁而為用………」本書收入《古本伍柳仙全集》（瑞成書局，民國74年）。本引文見於頁192-3

[84] 見《性命法訣明指》卷十五。本書收入徐兆仁主編之《先天派訣》（中國人民大學，1992），

[85] 《性命圭旨》：「不悟者何？為有妄心。何為妄心？蓋為一切眾生，從無始以來，迷卻真心，不自覺知，故受輪轉，枉入諸趣……殊不知即死死生生之識神，劫劫輪迴之種了耳。故景岑云：『學道之人不悟真，只為從前認識神。無量劫來生死本，痴人喚作本來人。』」收入徐兆仁主編之《天元丹訣》（中國人民大學，1990），引文見頁128。

> 而無光，一經鍛練而有用。儒以靜安能慮得，釋以行深大
> 般若，道以泰定生智慧，此眞神之妙也。以此言之，元神
> 是無知無識，識神是多知多識，眞神是圓知圓識。』」⑧

　　歷代丹經均認爲，吾人的生命體乃精炁神及形軀的統一體。
從煉精化炁，再則煉炁化神（陽神），然此歷程均有「元神」參
與。元神不離炁，而炁也不離元神。元神又稱爲「性」，而命之
本在炁，故也可謂「性不離命，命不離性」⑧。正由於「元神」
與精炁互動，其中尚存陰質，故從性命的自覺性層面上說，「元
神」是「渾渾噩噩」的。「元神」經提煉後，去除其中之陰質，
成爲純陽之體，其體質便成爲「朗朗明明」的「眞神」（「陽
神」）。至於「識神」，則爲吾人一切欲望、追求、認知、判
斷、思維、推論等活動之主體，故謂「識神是多知多識」。《性
命圭旨》以「妄心」爲「識」。「妄心」乃虛妄之心，非智之所
在，故丹道修煉，也可視之爲「轉識成智」。⑧

4.元神、識神與陽神

　　吾人在上文已提及：《太一金華宗旨》〔以下簡稱《太

---

⑧　見《道竅談》，收入徐兆仁主編之《虛涵秘旨》（中國人民大學，
　　1990），引文見頁 22。

⑧　《性命圭旨》謂：「是以神不離氣，氣不離神。吾身之神氣合，而後吾
　　身之性命見矣。性不離命，命不離性，吾身之性命合，而後吾身未始性
　　之性，未始命之命見矣。未始性之性，未始命之命，是吾之眞性命也。
　　我之眞性命，即天地之眞性命，亦即虛空之眞性命」。本書收入徐兆仁
　　主編之《天元丹訣》（中國人民大學，1990），引文見頁 80-81。

⑧　《性命圭旨》謂：「由妄瞥起，俄然晦昧，則失彼元精，粘湛發知，故
　　轉識成智。形中妄心，名之曰識」。見徐兆仁主編之《天元丹訣》（中
　　國人民大學，1990），頁 128。

乙》〕的修眞理念與少陽派不同[89]。少陽派主張「煉精化炁」、「煉炁化神」、「煉神還虛」，以及「還虛合道」的修眞歷程，藉著元神與炁的相互作用而產生陽神。《太乙》的修眞方法，雖然偶也提及「結丹」，但是卻沒有講到如何從結丹而煉陽神，更沒有像少陽派那樣把修眞過程分爲四個層次，代之而來的卻是主張回光凝神。《太乙》雖然也講及「坎離交媾」，把「離」（離中虛，中間爲陰爻）類比爲「元神」或「性」，又把「坎」（中間一爻爲陽）類比爲「炁」，但是，卻把「坎離交媾」只視爲「斂息精神，不爲境緣流轉」的「眞交」，認爲只要「元神」修煉好之後，便能超越「元會」而成爲永恆不滅，這其實就是指回復人的本來面目。《太乙》認爲，當靈體投胎人身後，其靈便分爲兩部份，即魂與魄。魂進入祖竅穴（天心），其質輕清而純陽。與元始大道相同。魄則居於心臟下方，一切欲望皆出於魄，而魄就是識神[90]。「識神」旣爲慾之源，便如同強藩悍將，侮居於天心的元神。倘若吾人回光，凝神天心，兩目之光便有如左右

---

[89] 關於少陽派的丹道理論，請參關麗芷人：〈少陽派前期的性命雙修之法理研究〉。本文於 2000 年 8 月參加「中國社會科學院世界宗教研究所」於北京舉辦之「海峽兩岸世紀之交的宗教與人類文明」學術研討會，見研討會《台灣學者論文集》，pp.182-213。

[90] 《太一金華宗旨》謂：「凡人投胎，元神居方寸，而識神則居下心。……假如一日不食，心上便大不自在，以致聞懼則跳，聞怒則悶，見死亡則悲，見美色則眩，頭上何賞微微有些動也。」見徐兆仁主編之《全眞祕要》（中國人民大學，1992），頁 200。

大臣維護君主一樣⑨。所以，《太乙》說：

> 「故回光即所以煉魂，即所以保神，即所以制魄，即所以
> 斷識。古人出世法，煉盡陰滓以返純乾，不過消魄全魂
> 耳。回光者，消陰制魄之決也。無返乾之功，只有回光之
> 訣。」⑨

　　這裡雖講及「煉盡陰滓以返純乾」，但是，此說與少陽派的
觀點不同。少陽派雖也講及「煉盡陰滓」，然其中所謂「陰
滓」，乃指元神之陰質⑨，故少陽派認爲元神非純陽，而是帶有
陰質，用「離」掛中爻來表示。「坎」中間一爻爲陽，於是，坎
離交媾的結果，坎掛中間的陽爻取代中離掛中間的陰爻，而成爲
純陽的乾掛，便以此表示陽神。但是，《太乙》所謂「陰滓」，
卻指識神或魄而言，而去除陰質，其方法就是回光，直接維護元
神。

　　綜上所言，新道家言「神」主要有三，即元神、識神、及陽
神。「識神」指吾人慾望與思維判斷的主宰，「元神」爲無知、
無覺、無欲的靈體，「陽神」則是藉著精炁與元神之間的互動與
轉化，並且又視之爲「眞神」。不過，這樣的陽神，尚非修眞的

---

⑨　《太一金華宗旨》謂：「下識心如強藩悍將，欺天君孤立，便爾遙執紀
　　綱，久之太阿倒置矣。今擬光照元宮，如英明主有伊佐之。日日回光，
　　盡心輔弼，內政旣肅，自然一切奸邪，無不倒戈乞命矣」。見徐兆仁主
　　編之《全眞秘要》（中國人民大學，1992），頁 200。

⑨　《太一金華宗旨》，見徐兆仁主編之《全眞秘要》（中國人民大學，
　　1992），頁 201。

⑨　伍沖虛：「煉神者，煉去神之陰而至純陽，全無陰睡，火足炁定而神
　　俱，方是陽神成就。」。見《內煉金丹心法》，收入徐兆仁主編之《金
　　丹集成》（中國人民大學，1992），頁 120。

最終目標，因爲往上仍有「煉神還虛」與「還虛合道」的更高層次。在這個意義下，作爲吾人「性命」之本質的元神，是能轉化或提昇自己的，這就是從元神產生質變而變成陽神，再進而還虛而與道合一。

四、比較與異同

(一)Πνεῦμα與炁

1.從生理機能方面說：

〔一〕、《氣論》一書常常把「氣」（Πνεῦμα）與「空氣」（ἀήρ或ἀέρος）這兩個概念相互應用，表明「氣」具有「空氣」的意義。《氣論》認爲，當空氣被吸納後，是以熱量的形式被儲存起來。在丹道方面，「炁」也可藉空氣來帶動。把炁視爲「先天之氣」（或作「先天之炁」），而從呼吸所得的空氣被視爲「後天之氣」。利用吐納法可使下丹田溫熱，便是一例。新道家認爲，這是藉「後天之氣」而帶動「先天之炁」的結果。在這個意義上說，亞氏學派所講的「氣」，與丹道的「炁」，是有相似之處。但是，從來源上說，「氣」是藉呼吸而獲得，而依新道家，則「炁」是先天內在於人體的。

〔二〕、《氣論》謂「氣」有三種作用，這就是呼吸、脈動及營養。呼吸是以靈魂爲原動力，而脈動之原動力似乎就是「氣」。營養則藉著消化機能，製造出養份，促進生命體的生長。這些作用，也是靠「氣」作爲媒介才能完成。亞氏學派的這些觀點，與中醫的氣概念可有相似之處。依中醫的理論，氣的來源有三：其一是呼吸，其二是水穀（按：指飲食營養），其三是先天元炁。這些氣在人體生理上，形成胃中的胃氣、脾中的充氣、在人體表層的衛氣、在體內的營氣、在上焦的宗氣、在中焦

的中氣，及在下焦的元陰元陽之氣等⑭。中醫學對氣的研究，其
理論之詳盡與深入，絕非亞氏學派的《氣論》一書可比擬。中醫
學認爲，氣的主要功能有六：

(1)生理作用：包括水液代謝、血液運行、推動臟腑機能、生
長發育等。

(2)溫煦作用：人體及各臟腑，在氣的溫煦作用下，才能保持
正常的運作。

(3)防禦作用：衛氣能防禦外邪入侵。

(4)固攝作用：氣有控制和調節腹腔內之器官、組織、血液、
汗、尿等作用。

(5)氣化作用：中醫學所謂氣化，乃指氣在人體內所起的生化
功能，轉化食物與能量等作用。

(6)營養作用：指吸收食物水穀，以滋養身體。

亞氏學派的《氣論》也提及「氣」的營養功能，中醫學也認
爲，氣（因而是「炁」）與營養作用也有關。至於《氣論》所提
及的脈動，在中醫學也認爲出於心臟的搏動。而且，這種搏動也
與氣（因而與「炁」）有關，並把這樣的氣稱爲「宗氣」。《靈
樞》謂：「人一呼脈再動，氣行三寸。一吸脈亦再動，氣行三
寸。呼吸定息，脈行六寸。」⑮。這說明呼吸的節律，與血液的
運行有密切關聯。依據《靈樞》，血脈的搏動特別受到宗氣的盛
衰所影響，故說：「宗氣不下，脈中之血，凝而留止，弗之火

---

⑭　見張弘強/杜文杰著：《從氣攝生圖說》（台北，千華出版社，民國80
　　年），頁154。

⑮　《靈樞》〈五十營〉，見《黃帝內經靈樞譯解》（台北志達書局，民國
　　83年），頁182。

調，弗能取之」。⑥這也是亞氏學派的「氣」與中醫學之氣（因而與「炁」）的另一同似之處。

然而，在另一方面，依據中醫學的理論，則氣又與血是同類而異名。血乃生於氣，且隨氣而行；而氣則必須依附於血，才起生化作用⑰。亞氏學派的《氣論》，沒有論及「氣」與血之間的關係，

2.「氣」與「靈魂」的關係

亞氏學派的《氣論》一書，對於「氣」與靈魂的關係，與新道家的「炁」與「元神」（真性）有相似的地方，也有差異的地方。就其相似性來說，《論氣》認為，「氣」是構成靈魂的第一因。在人體內，藉著呼吸，「氣」會因而產生質的變化，從這種質變而產生具有生機的靈魂。同時，靈魂因「氣」的作用，吸納相同屬性的「氣」，並不斷增強靈魂的活力。新道家則認為，呼吸吐納後天之氣，可激發人體內的先天之氣（炁），並且在與元神的相互作用下，能除去元神中的陰質而產生陽神。可見亞氏學派以「氣」為靈魂的第一因之說，與新道家的陽神理論有相似性。吾人在此只強調其彼此間的相似性，而不是相同性。事實上，兩者之間同時也具有很大的差異性。《氣論》所講的靈魂是有不同層級的，但是，不論是屬哪個層級的靈魂，皆與丹道的陽神不同，後者其實是指具有大成就的修行者之分身。

---

⑥　《靈樞》（刺節真邪），見《黃帝內經靈樞譯解》（台北志達書局，民國 83 年），頁 543。

⑰　本節有關中醫的氣概念，基本上是引自沈自尹主編：《中醫理論現代研究》（啟業書局，民國 77 年），頁 109-120，及印會河/張伯訥主編之《中醫基礎理論》（台北，知音出版社，民國 82 年），頁 145-148。

(二)" ψυχή"與性命

1.「氣」與" ψυχή"及炁與性命：

上文已指出，《氣論》認爲「氣」是構成靈魂的第一因，新道家也謂炁是「神」之母。這是兩種有關「氣」與「靈魂」及炁與性命之間的關係，是有其相似之處。

在另一方面，" ψυχή"與新道家所謂的「神」（因而也與性命），有著很大的差異。亞氏在《靈魂論》中，認爲凡是有生命的，便有靈魂；或者說，任何具有器官的存在物，皆有靈魂，而靈魂乃統轄生命體各部份的中樞。由於生命界有序列性，因此，《靈魂論》便從自然序列，來分別靈魂的層級性。其結果是：植物、動物及人類的靈魂，均有質的差異。這就是指具營養功能的植物靈魂、具有感覺功能的動物靈魂，以及具有理智機能的人類靈魂。人類靈魂除了營養及感覺機能之外，尚有「理智靈魂」，後者的表現於思維、審度及計算等智能活動。新道家不是從「生命」來看人類，也就是不把人僅作爲生物體來看待，而是視之爲「性命」，乃精、炁、神及形軀的統一體，並且把精、炁、神視爲「性命」的三寶。三寶中的「神」是指元神，乃吾人「性命」的重要本質。但是，在新道家的性命之學中，除了元神之外，尚有識神、陽神及陰神，關於這方面，前文已有說明。《靈魂論》中所謂的人類「理智靈魂」，在新道家來說只能被之爲識神，而識神其實就是待轉化的妄心或識心。但是，《靈魂論》卻沒有轉化理智靈魂之說。丹經不但把精、炁、神視爲人類性命的三寶，而且強調煉精能化炁，煉炁能化神，而「煉炁化神」中的神，是指把元神轉化爲陽神。這方面，雖然與亞氏學派在《氣論》中，認爲「氣」是靈魂的第一因之說類似，但是，《氣論》的靈魂與丹道的陽神不同。對於這個問題，上文已有說明。

2.理智靈魂、元神及其超昇

　　亞里士多德在《靈魂論》中，認爲靈魂一旦缺少自然熱能，便無法生存。在這個意義下，植物及一般動物的靈魂是會因形軀生命的死亡而消失的。在人類靈魂方面，亞氏認爲「理智靈魂」中的「理論靈魂」是不朽的，他的理由是：「理論靈魂」對外物無所求，因而能脫離身體而獨立。亞氏對「理論靈魂」爲不朽之說，其實尚未構成論証，或者說，其論証是非常不足的。儘管如此，然而這種論點卻可視爲亞氏的觀點。進一步來說，亞氏也沒有說明不朽的「理論靈魂」，究竟會到哪裡去？及是否終與「宇宙靈魂」結合？

　　吾人在上文已指出，對新道家來說，亞氏的「理論靈魂」只能歸之於「識心」（或作識神），而修眞之道，則必須克服「識心」。「識心」是不會永恆不朽的，而且也是通往永恒之路的障礙。依據新道家各派的理論，人類靈魂的超昇之途基本上有三說，因而修眞的方法也有三途。其一是少陽派，在「還虛合道」的修煉過程中，強調「煉炁化神」的階段[98]。其二文始派，本派鑑於煉陽神的危險性，故強調直接還虛[99]。其三是由《太一金華宗旨》所強調的守竅回光，這是從事性功的法門。對《太一金華宗旨》的回光守竅法，上文已有提及。這三個法門，其最終目的皆在於與宇宙「大道」相結合。亞氏既然沒有提出「靈魂」會往何處去？也沒有提出修持的方法，故其「靈魂」觀與新道家的修

---

⑱　請參閱鄺芷人：〈少陽派前期的性命雙修之法理研究〉。本文於2000年8月參加「中國社會科學院世界宗教研究所」於北京舉辦之「海峽兩岸世紀之交的宗教與人類文明」學術研討會，見研討會《台灣學者論文集》，pp.182-213。

⑲　本文撰者也曾於文始派門下修習，因而對文始派也有實踐上的認識。

眞之旨，也相去甚遠。

五、結語

本文從「生命哲學」的進路，詮釋與比較亞里士多德及其學派對Πνεῦμα、ψυχή與新道家的「炁」、「性命」（特別是其中的「元神」與「陽神」）之概念。

「生命哲學」關懷生命的「本質」以及生命的轉化。事實上，亞氏及其學派的論著，無論是在《氣論》或《靈魂論》，都是扣緊「氣」及「靈魂」來講生命體的本質，因為「氣」是「靈魂」的第一因，而「靈魂」又是生命體的中樞。對新道家來說，人的生命不能僅視之為生物體，而更要強調生命的提昇與轉化，遂把吾人的生命視為性命。明清時代的少陽派，特別強調性命雙修，又把精、炁、神視為人體的三寶，表示生命的本質在於三寶及其互相間的互動關係。然而亞氏及其學派的《氣論》及《靈魂論》，基本上是心理學或生理學的進路，故未能論及人類靈魂的提昇與轉化，因而不屬於性命之學。《氣論》中，雖然講及「『氣』是靈魂的第一因」，但卻未深入展示「氣」如何或在甚麼情況下，能產生質變而具生機。對於這個問題，新道家的丹經不但強調「煉炁」能夠「化神」，並且指出不斷往上使性命產生質變的方法。其所修的是性命，而其所講的是「性命之學」。

「性命之學」在東方世界的發展，是西方世界無法比擬的。正如上文所說，亞里士多德及其學派的生命哲學，基本上是針對心理學及生理學的問題為出發點。十九世紀至二十世紀初，歐洲所出現的生命哲學，其中以柏格森的《創化論》為最具代表性。然而，柏格森所強調的，只是「生命活力」（vital energy）。他把上帝視為「生命活力」的儲藏庫，為所有生命的源流。但是，

柏格森的《創化論》只從「生命活力」的環節，也未進入「性命之學」（強調性命轉化之學）的範疇。在西方哲學中，普提丁奴斯（Plotinus）的《九章集》（The Enneads）是罕見的「性命之學」的論著。他雖然認為人類靈魂能藉「淨化」與超昇，而達至與大道（太一）合一的境界。但是，普提丁奴斯所謂「淨化」的工夫，其工夫論（達至與大道合一的工夫理論）是不具體的[100]。另一方面，東方世界的性命之學，除瑜伽具有哲學理論之外[101]，新道家的文獻大多只重修真的技術方法，在理論方面則相當不足。在藏傳佛教方面，修持法門繁多，如寧瑪派的大圓滿法、噶舉派的大手印瑜伽及六成就法、格魯派的大威德金剛法等，注重觀想、上師與宗教信仰[102]，也需要生命哲學之研究。總的來說，吾人藉修持瑜伽、藏傳佛教、及丹道的各種法門，不但能透視性命之本質，也同時能體証吾人「性命本質」的提昇與轉化，這是性命之學的偉大成就。因此，針對瑜伽、密教修持及新道家的丹道，一方面需要從實證或體驗中提供哲學理論。另一方面，把這些「性命之學」作為研究「生命哲學」的進路，不但是可行，而且也是必要的。理由是：「生命哲學」的要旨既然是探討生命的本質，而東方世界的「性命之學」又提供吾人「體証」生命本質

---

[100] 關於 Plotinus 這方面的問題，可見酈芷人：〈中西印天人合一的概念及其異同〉，刊於《東海學報》第 40 卷，pp.279-319。

[101] 關於瑜伽的概念，可見酈芷人：〈中西印天人合一的概念及其異同〉，刊於《東海學報》第 40 卷，pp.279-319。

[102] 本文撰者除實修丹道文始派法門之外，也兼修寧瑪巴破瓦法及大圓滿法。關於本人修破瓦法的經驗，請閱本人的個人網頁之「破瓦法札記」，網址：http://home.kimo.com.tw/klanfu/

的「實修」途徑，因而，「生命哲學」便可在「實修」的途徑
上，進行哲學理論的建構⑩。

---

⑩ 本研討會的主題爲「美學與人文精神」，對「生命哲學」罕有接觸的讀
　者，可能懷疑本文與所謂「人文精神」之間的關係。「人文精神」的理
　念基礎爲「人文主義」（humanism），而 humanism 乃源自 humanitas。
　後者在西塞羅（Cicero）時代是指一種使人類異於禽獸的教育或訓練。
　在文藝復與時代，人文主義是指回歸古希臘時代，有關「人」的價值觀
　（例如 Protagras 所謂「人乃一切事物的尺度」）。在最廣義的意義上
　說，人文主義是針對人類具有認識眞理能力，富有正義感及理性等特
　質，並提倡人類應發展這些特質，展示人性的尊嚴，而不是依附宗教
　（特別是指基督教，其實應指一切啓示性的權威宗教。在上述的意義
　下，本文所闡述的，正是人文精神的具體表現。就西塞羅的 humanitas
　來說，東方世界的「性命之學」正是「一種使人類異於禽獸的教育或訓
　練」。從文藝復與時代的人文精神來說，本文一方面分析古希臘時代，
　有關「人」的價值觀；另一方面，本文所闡述的性命之學，正表明人性
　的尊嚴，這其實就是人文精神的本質。最後，性命之學強調人類可有自
　主性與主體性，這其實就最廣義義上的人文精神。）

〈 Πνευμα與炁、Ψυχή與「性命」
－亞里士多德學派與新道家的生命哲學之詮釋與比較研究〉審查意見

巨　克　毅

中興大學國際政治研究所教授

　　本篇論文係將亞里士多德學派所指的「氣」(Πνεῦμα)及「靈魂」(Ψυχή)概念與中國新道家中的「炁」與「性命」作了一番比較與分析的工夫，說明兩種思想（哲學）有相通處，亦有相異處。作者對希臘思想與文獻的深入瞭解與研究，闡述了「氣與靈魂」的生物功能及其本質。作者進一步說明亞氏世界圖像中之靈魂概念、分類與屬性，對希臘靈魂觀重視人的理性(reason)特點，闡述的非常詳盡。

　　「炁」字是道家（道教）專用之字，所指爲人身之「眞氣」，來自先天，故亦稱爲「祖氣」或「先天氣」，爲了與「後天氣」加以區隔，而寫成「炁」。作者在闡述「炁」的涵義及引伸出的「神」之觀點，包括：元神、識神、陽神等方面，有著正確的與詳盡的分析與體悟。作者將希臘思想與道家思想中的觀點作比較研究，意圖在建立「生命哲學」方向中，釐清兩者之異同，立意甚佳，非常難能可貴。

　　本篇論文內容涉及東西方生命哲學思想之精華，非有深入與實際之研究與修証，否則不易撰述；顯然作者之功力甚強，論述詳盡，內容創新與豐富，實爲一篇東西方思想會通之代表佳作。

譬喻認知與文學詮釋

——以〈圓圓曲〉中的譬喻映射為例

周　世　箴

東海大學中文系副教授

壹、引　言

　　明末清初的吳偉業之《圓圓曲》為七言敘事體長詩中的名篇。周世箴(1998)〈吳偉業〈圓圓曲〉的表達模式〉探討了此詩的表達模式,確認了詞彙銜接方面的重要特色:詞彙銜接的基礎立足於詞彙類聚,即為語義學所研究的詞彙聚合現象如:語義場、上下義、同義反義等。詩篇中的意象若依類聚合,則密集地傳情達意,若順序鋪排在語句中,則語音群與語義群各自前後呼應,不但起銜接全篇的作用,並可間接突顯敘事情節的曲折回環與情感的起伏。由於周(1998)對詩中的典故及故事全局的歷史背景曾有所交待,本文這一方面就從略,直接從認知譬喻觀的角度探討此詩的譬喻特色,並以詩中譬喻性語言表達式為切入的窗口,透視詩中主要譬喻表達式所反映的譬喻概念,探討其原型及其語義延伸與擴展的軌跡。共集中於以下數點:

　　一、由描繪女性形象的詞彙類聚探討各詞的原型及其語義延伸軌跡

　　㈠「紅顏－紅粧－蛾眉」之原型與語義延伸及其在漢語中的同義類聚

㈡「傾國傾城」之原型及語義延伸

㈢花鳥意象的意涵

二、由陳圓圓之活動形態及範圍的描寫看「人生是旅行」「人生存在容器內外＼活動在容器之間」「人在容器內是禁錮」「人在容器外是流落」等譬喻概念的角度攝取及其整體互動的映射效果

三、「鼎湖當日棄人間」所反映的「死是離去」的譬喻概念

四、由「換羽移宮萬里愁」「一斛明珠萬斛愁」看抽象概念具象化之認知特色

五、由「烏臼紅經十度霜」看「時間是空間」之認知特色

貳、譬喻性語言研究溯往與開來

譬喻性表達一般被視爲修辭學中的一種修辭類型，是文章、敘事的修飾法，是文學作品中常見的手段之一。由此可見，其定位是在文學語言表達範圍，作用是「增強」語言表達效果，所扮演的角色是語言表達的點綴與修飾。也就是說，它不是語言表達的主角而是錦上添花的配角。此一定位角度的認定源遠流長，在西方可遠溯至古希臘時代的亞里斯多德(Aristotle)，其《修辭學》附於「論證、結構、風格」三部份之「風格」之下①；其《詩學》附於悲劇六要素之一的「言詞」之下。《詩學》第二十一章將詞分普通詞、外來詞、譬喻詞、裝飾詞、創新詞、延伸詞、縮略詞、變體詞，後七項均歸「奇異詞」，譬喻詞僅屬其小類。亞

---

① 古希臘的「修辭」是指修辭術，即演說的藝術，包括立論和修飾詞句。參羅念生譯《修辭學》導言。關於譬喻性質的早期定位問題，劉靜宜1999第二章第二節有詳細深入的探討。

氏認爲「使用奇異詞可使言語顯得華麗並擺脫生活用語的一般化。」②此一定位開譬喻修辭說之先河，延續至今，雖代有更新補強，但基本定位點未變。相關論述及分類也都圍繞比與被比的兩項在具體語言表達式中的呈現方式。

當然，不將譬喻視爲一種修辭手段的自古不泛其人。柏拉圖(Plato)以及後來的浪漫主義文學家如雪萊Shelley、華茲華思Worthworth等均對譬喻修辭說持貶斥態度，但其自身卻時時運用渾然天成的譬喻而不自覺。此足以證明，他們所排斥的應非譬喻性表達本身，而是那種將譬喻性語言視爲語言的外加點綴的觀點與作法。浪漫派認爲譬喻性語言不是技巧而是本能，是原始人擁有與生俱來的「詩意智慧'poetic wisdom'」（Vico 1725 New Science），「語言本身充滿譬喻」（ Worthworth 1798 Lyrical Ballards 抒情歌謠集 ）。人類學家的更是直搗譬喻性語言的本源，沃爾夫 Whorf (1956)所著《語言、思維與現實 Language, Thought and Reality 》一書認爲「隱喻反映現實」。李維斯陀Levi-Strass(1962)所著《野性思維 The Savage Mind》一書中更明確指出譬喻性思維與其所表現的社會現實之間具類比關係，認爲野蠻人爲應付環境而「臨場發揮improvised」或「拼湊made-up」的神話結構，是爲了在自然秩序和社會秩序之間建立類比關係 analogies。依其本族「社會邏輯」，通過以圖騰方式展開的譬喻性「變形」而進行運作。③其實這些都可歸類爲當代認知譬喻派的前驅。

譬喻研究到了現代，與研究人類心智與語言的認知科學及語

---

② 亞里斯多德《詩學》第二十二章。本文引用的《詩學》中譯本是陳中梅譯注，北京：商務印書館，1996，頁156。

③ 參見 Hawkes , 1972 , Metaphor 及高丙中譯本《論隱喻》

言學產生了交匯點，更是如虎添翼。有一系列的研究證據顯示譬喻性語言在心智作用中的重要地位，並顯示出「文化」對於譬喻認知的根本性因素。這一觀點將譬喻性語言從修辭的特殊技巧層面還原到生活與思維的基本層面，揭示了其在人類生活中的重要性：譬喻性語言不僅僅是文學的修辭手段，不限於文學範疇，而是一種思維方式，是我們思維、語言、行為、歷史、文化的基礎。自七八〇年代以來研究成果頗為可觀，尤以美國萊科夫(Gorge Lakoff)、約翰遜(Mark Johnson)(1980) 《我們賴以生存的譬喻 Metaphors we live by》最具突破性，開啓了譬喻性語言認知的新紀元。影響所及，與生活中的各個面向結合，「譬喻」更成了備受矚目的論題。對文學理論、語言學、人類學、認知心理學以及人工智慧等領域都有其意義。劉靜宜(1999)幽默地將此轉變比之為：「譬喻」不再只是文學上的「裝飾品」，更是生活中的「日用品」。

參、當代認知譬喻觀點

Lakoff1993 在討論譬喻本質時指出：

・譬喻是我們理解抽象概念及表現抽象理由的主要的機制（頁 244）

・許多主題事件(subject matter)，從最世俗事件 mundane 到最抽象的科學理論，只能通過譬喻來理解（頁 244）

・多數詩性譬喻是我們每日的、譬喻思維的常規系統之延伸（頁 245）

譬喻的重要性在於它顯示了語言的彈性與原創力(Creativity)。一般科學的專門用語初被引進時，也往往利用現有語彙的譬喻功能，再加以專業角度的界定而成為專門術語的。例如物理學

上的場(field)、力(force)、自然忌眞空(Natural adhors a vacuum)等。從認知層次上看，譬喻無疑是人類企圖了解與表現抽象概念的重要媒介。兩種本來不相干的現象常可藉隱喻的運用構成某種新的認知關係，而成爲人類了解新事物，新現象的憑依。④

　　萊卡夫 Lakoff& Johnson (1980)由大量英語資料中發現，大部分的概念體系本質上是譬喻性的(metaphorical)，我們經由此一途徑建構了我們觀察事物、思考、行動的方式。而 Lakoff & Mark Turner 在其(1989)之合著《More Cool than Reason : A Field Guide to Poetic Metaphor》中更進一步根據他們所搜集到的歷代英文詩篇中的譬喻性語言表達式，發掘出西方世界對「生、死、時間」的文化共識。歸納出「一生是一個旅程，生是來，死是去」「一生是一日，老年是日暮」「一生是一年，死是冬」「人生是一場戲」等一系列譬喻概念。當我們視生命爲有目的時，我們是認爲生命也具有達到目的地的途徑，生命是旅行。我們可以說童年如「開端」，老年如「路走到盡頭了」。我們形容人在爲生存而工作是「謀生」、擔憂人生的「歸屬」、有「人生要有目標」的共識。知道並掌握「人生方向」的人通常受到尊崇。作人生方向之選擇時，我們會說「站在人生的十字路口」「我不知選那條路」，選擇錯誤是「誤入歧途」，錯了然後省悟是「迷途知返」。從這一角度看，譬喻性語言便有普遍性、系統性、概念性等三大特點：

(1)**譬喻的普遍性：**

　　不只是修辭手段，而是語言的常態。經過長期約定俗成而進入日常語言並使人們習以爲常。據 Lakoff & Johnson (1980)統計，

---

④　參見黃宣範(1974)，〈隱喻的認知基礎〉，

英語中 70%的表達方式是譬喻性的。

(2)譬喻的系統性：

　　轉喻 metonymy 與譬喻 metaphor 是語言與思想中廣泛存在並且是其中最重要的部分(e.g. Johnson 1987; Lakoff 1993)。既是認知範疇擴展的主要途徑，也是語義延伸的主要手段。⑤轉喻和譬喻同樣扮演著促成意義延伸的角色，所建構的不只是我們的語言，也包括我們的思想、態度與行為；二者均立基於我們的經驗(Lakoff1980:39-40)。有系統地存在於我們的文化中(Lakoff1980:37-8)。

(3)譬喻的概念性：

　　譬喻性語言之運用涉及我們認識世界的方式，萊科夫與約翰遜強調身體經驗在概念形成中的重要性。他們以大量英語材料證明，大部分的概念體系本質上是譬喻性的(metaphorical)，是「譬喻」建構了我們觀察事物、思考、行動的方式，也就是說，譬喻在我們的生活中是不可或缺的。這個認識除了有助於瞭解人類思維運作的方式（基本上我們是以身體經驗為基礎），更有助於瞭解各種文化間的特性與共性，更深入發掘我們的世界。

---

⑤　隱喻和轉喻是人類對自我、事件以及日常世界的概念化的兩個重要方式，而語法意義是經由詞彙意義的「語義內容泛化(generalization)或弱化(weakening)」的過程發展出來的。「泛化」是指一種過程，語言學習者或一般使用者憑藉這種過程把他初次使用的一種語言特徵或規則擴展到另一些語言單位。而「弱化」則是指語言使用者常自動省減語言單位中的某些部份，並逐漸定型。蘇以文 Su 等(1999)「Metaphorical Extension and Lexical Meaning 隱喻延伸和詞彙語義」。

㈠譬喻的表達層面與認知層面

一般認為，譬喻辭格由「喻體」「喻依」「喻詞」三者配合而成，因三者之中的一項或兩項在譬喻語言表達式中的變化狀態而區分其類型，有明喻、隱喻、略喻、借喻等型，其定義如下⑥。為便於談論，本文暫時標為abcd式，例子為筆者添加，以便平行比對：

類型	喻體	喻依	喻詞	語言表達式
a式：明喻	有	有	好像＼就像＼真像＼竟像 如＼就如＼真如＼恍如＼有如 似＼似乎＼一似＼恰似＼好似 若＼有若＼好比＼彷彿＼猶	愛情好象紅玫瑰
b式：隱喻	有	有	是＼為等繫詞	愛情是紅玫瑰
c式：略喻	有	有	無	愛情，盛開的紅玫瑰
d式：借喻	無	有	無	紅玫瑰枯萎了

從認知角度看，「譬喻語言是概念譬喻的一種表層表現」(Lakoff 1993:244)，「譬喻表達式(metaphorical expression)」都是字詞排列成的語言表達式(linguistic expression)，是譬喻運作的表象(Lakoff 1993:203)。譬喻是概念映射，不只是語言問題，也是思想問題(Lakoff & Turner 1989 CH2:107)。其實，認知派的觀點與修辭說的觀點相較，與其說是水火不容的對錯關係，倒不如說是不同角度的互補關係：如果將譬喻性語言視為一座冰山，那麼修辭派注重的是其露出水面的表象，有許多不相關連的山頭，類別依形而定；而認知派注重的則是冰山的水下部份，發現水表分立的山頭的共同基底，彼此之間有脈絡相連。但若回到表達的層面，

---

⑥ 據黃慶萱(1986)，《修辭學》，台北：三民，1975.1 初版，1986 增訂四版。

還是要借助表層的語言表達式，亦即修辭學所關注的層面。下圖
便以一條粗橫線代表水平線，其上為語言表達式的層面，其下則
為認知活動運作的層面。

譬喻的語言表達層面

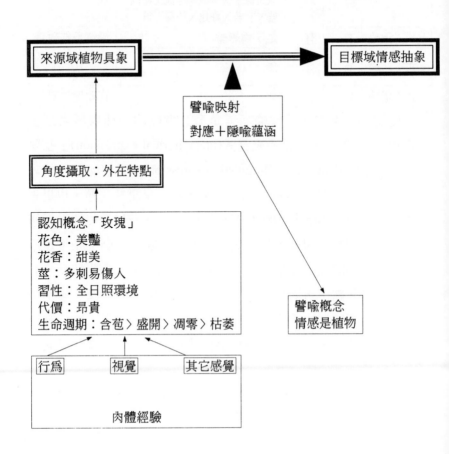

語言表達式：
詞彙－詞序－語言單位之間
的關係

不同**譬喻**語言表達式：
a 式隱喻：愛情是玫瑰
b 式明喻：愛情妳象玫瑰
c 式略喻：愛情，盛開的玫瑰
d 式借喻：玫瑰枯萎了

譬喻的認知層面

來源域植物具象　→　目標域情感抽象

譬喻映射
對應＋隱喻蘊涵

角度攝取：外在特點

認知概念「玫瑰」
花色：美豔
花香：甜美
莖：多刺易傷人
習性：全日照環境
代價：昂貴
生命週期：含苞＞盛開＞凋零＞枯萎

譬喻概念
情感是植物

行為　視覺　其它感覺

肉體經驗

　　上圖的認知概念與術語將在下文一一說明。目前僅根據圖示說明認知譬喻角度的解讀：

　　「譬喻是以我們的經驗對應而非相似為基礎的」(Lakoff1993: 245)「愛情」是以上整個譬喻訴求的目標。是抽象情感，可以感知，但無形無狀。必須借助易知可感的有形實體做為抽象感知具象化的來源。實體存在很多，植物是其一種，而「玫瑰」又是植物的一種。經由身體經驗我們獲得關於「玫瑰」的概念：花色豔麗（視覺）、花香甜美（嗅覺）、花瓣質感如綢緞（視覺+觸覺）。與此嬌美形象相衝突的則是其莖多刺易傷人，這是觸感經驗。如果你是園藝家或種過玫瑰，便知其喜陽光重肥的特性。另外「玫瑰」可食（味覺），可製成香精，有鎮定、安眠等療效（感覺），但非普遍經驗。多半經由閱讀或其他傳訊管道（如被告知或媒體）而獲得。所以「玫瑰」譬喻所取僅限於感官印象這個角度，這是一個角度攝取的選擇。也是我們的認知特性的一種表現（關於此一特性，下文有詳細說明）。也只有這個角度才能與浪漫的愛情產生本體對應：玫瑰花香豔誘人，因此愛情香豔誘人。附帶條件：玫瑰有刺，不小心碰到會傷人，愛情處理不當也會傷人。這樣的對應蘊涵由來源域「植物」映射到目標域「情感」，就產生譬喻表達式。由譬喻的認知結構之層面看，abc 三式的差別在於語氣強弱而非本質差異；d 式因為目標域未出現而表意不明，若無情境上下文的襯托很難斷定是否一種譬喻。但若讀者或聽者自設目標域來解讀卻也可行。

(二)一些相關概念

域 domain

　　當我們說「這句話我反復咀嚼回味無窮」「只要慢慢品嘗自然就能領悟其中的樂趣」「囫圇吞棗」「我們無法立即享用這項

美好的研究成果，特刊出其評介以饗影迷讀者。」「將這一年來的所學完整地沉澱消化」「要時時吸收與自己相關的專業知識」等語言表達式的時候，「咀嚼」「品嘗」「吞」「享用」「饗」「消化」「吸收」等詞彙都是關於食物域的詞彙編碼。這些表達式都根源於一個「思想是食物」的概念譬喻。涉及了我們對「食物域」與「思想域」的認知對應。⑦前者為具象（實體）域而後者為抽象域。抽象概念的具象化是我們常常津津樂道的一種文學表現手法，至於日常用語中的類似現象卻往往用而不察。⑧就認知而言，也是人類認識世界及表述感知的一個重要方式。

譬喻映射 Metaphorical Mapping

「譬喻是跨概念域的映射。」(Lakoff1993:244)以上所舉例都是將「食物域」的認知概念疊加在「思想域」認知之上，這樣的過程稱為映射(mapping)。我們稱前者為來源域，後者為目標域。譬喻映射涉及兩個以上不同的概念域，是「以一個經驗域理解並建構另一截然不同的經驗域的過程」(Johnson 1987)，將一個概念域的結構或邏輯（來源 source 如：食物＼旅行）映射到另一個概念域去（目標 Target 如：思想＼人生）。「映射不是任意的，而是以身體與日常經驗及知識為基礎的」（Lakoff1993:244），其本質是以本體的存在來了解客體的過程。目標域的概念被來源域的結構理解後而構成譬喻，通常以「T 目標是 S 來源」的表述形式出現。但此一表述形式並非譬喻語言表達式（如「愛情是紅玫瑰」）本身的句法結構，而是指「思想是食物＼人生是旅行」這樣一個概念結構。轉喻的作用僅發生於同一概念域之內，其本質

⑦　參見 Su(2001)

⑧　Lakoff and Johnson 1980, Lakoff 1987, Lakoff 1993。

在於某一概念域中並存的兩種實體 entity 之間有建立某種聯係的可能性（如部分代全體），依然存在映射關係⑨。譬喻映射主要針對的是語言背後的知識概念的對應。

譬喻概念可通過「詞彙編碼(lexical)」與「隱喻蘊涵(metaphorical entailment)」兩種表現方式發揮生成力。其一是「詞彙編碼 lexical」。某一語言的字詞或固定表達式(fixed expressions)可以將概念譬喻編碼(code)，在大小不等的程度上表達此概念隱喻的各面向。一個概念譬喻被多少常規語言表達式編碼，是衡量該譬喻之生成力的尺度。⑩像以上舉例中「咀嚼」「品嘗」「吞」「享用」「饗」「消化」「吸收」等詞彙就是「思想是食物」譬喻概念的「食物處理－思想理解」過程的詞彙編碼。而「餿主意」的「餿」以及「甜言蜜語」的「甜」「蜜」都是「思想是食物」譬喻概念中「味道」的詞彙編碼。

另一種表現方式是譬喻映射可以將相關知識的細節從來源域傳送至目標域。這樣的傳送稱爲之「譬喻蘊涵(metaphorical entailment)」功能。譬喻蘊涵是概念系統的一部份，並構成各種概念譬喻的詳盡表現。⑪

譬喻映射過程並不違反目標域本身意象基模結構，而且保留來源域與目標域的認知基模結構之間的固定對應。此一固定對應被稱爲「不變原則(invariance principle)」(Lakoff1990；Lakoff 1993:215-6)。

概念譬喻的結構是由來源域和目標域之間的對應集合所組

---

⑨　參見 Lakoff1980, Lakoff1987:288; 及 Talor(1989)在其 Linguistic Categorization: Prototypes in Linguistic Theory 之第七章之論述

⑩　見 Lakoff 1987: 384

⑪　參見 Lakoff 1987: 384

成，這個對應還可以分成「本體＼實體對應(ontological Correspondences)」和「認識上的對應(epistemic Correspondences)」兩種類型。本體上的對應是來源域中的實體與目標域中的相應實體之間的各種對應。認識上的對應是有關來源域的知識與有關目標域的相應知識之間的各種對應。⑫

本（實）體上的對應(ontological Correspondences)可以人體與山之對應映射關係爲例：

動物體		山
來源域 Source Domain	⟶	目標域 Target domain
頭		一座山峰的上部
腰		一座山的中部
腳		一座山的底部
脊		一座綿延的山嶺之上部隆起
脈		山群的延展分布狀態

以現代漢語中與身體部位相關的名詞爲例：「山頭」「山腰」「山腳」「山脊」「山脈」都是談山的。其中「山頭」「山腰」「山腳」分別對應「山的最高處－中段－底部」，對應於一個直立的人體而言；而「山脊」則是視一座綿延的山嶺之最上部如人或獸之脊背，是對應於一個趴臥著的人體或是站著的走獸的而言的。「山脈」指成行列的群山，山勢起伏，向某一方向延展，對應於人體的經脈之間的關係。山的常規意象疊置在人體的常規意象之上，這是一個從人體部位的概念域對應物體的部位的概念域的映射關係。這樣一個意象的重疊本身就構成一個譬喻。但這幾個詞早就進入我們的常規語言，我們並不察覺其譬喻性了。

認識上的對應(epistemic Correspondences)

---

⑫ Lakoff 1987: 386-8

　　譬喻蘊涵是概念系統的一部份，並構成各種概念譬喻的詳盡表現。⑬我們通常具備「來源域」的廣泛知識。如果我們將「食物」作爲是來源域、「思維」作爲目標域，這是一個具有豐富「譬喻蘊涵」的體系。例如我們知道：食物由「原料」組成，每種食物都有香甜苦辣等各種「味道」，必須經過「烹調」才能吃，吃下去以後要經過「消化」才能被人體「吸收」而成爲養份。這正好對應了「思想」之必須有「內容」，「內容」有品質差異，思想的內容必須「成形」才能傳達意思，別人聽了以後必須「理解」才能獲取等程序。蘇以文 Su(2001)由目前台灣見用語中歸納出概念譬喻「思想是食物」的分析正好映證了譬喻之普遍性、系統性、概念性等三大特點：

概念譬喻「思維是食物」的映射關係(Su 2001:18Figure5) ⑭

來源域 Source Domain	映射形式 Mapping features	目標域 Target domain
食物 FOOD		思想 THOUGHT
原料 ingredient	THE CONTENT OF THOUGHT AS THE IN-GREDIENT OF FOOD 思想的內容如食物的原料	內容 content
味道 taste	QUALITY OF THOUGHT AS FLAVOR OF FOOD 思想的品質如食物的氣味	品質 quality
烹調 preparation	COMPREHENSION OF THOUGHT AS PREPARATION OF FOOD 思想的理解如食物的烹調	成形 formation
消化 digestion	COMPREHENSION OF THOUGHT AS DI-GESTION OF FOOD 思想的理解如食物的消化	理解 comprehension

---

⑬　參見 Lakoff 1987: 384

⑭　Su(2001)原文爲英文，中文係筆者所加，未徵求原著者意見。

　　僅以食物域之次範疇「消化」為例,「了解思想是消化食物」這一概念譬喻就有如下豐富的語言表達式,食物的消化過程與思想的處理過程對應:

THE COMPREHENSION OF THOUGHT IS THE DIGESTION OF FOOD

了解思想是消化食物(Su 2001:10　Figure2)

Domain of FOOD 食物域	Domain of THOUGHT 思想域
DIGESTING VERBS 消化類動詞	Linguistic expression 語言表達式
咬\嚼\咀嚼	這句話讓我反復反復咀嚼不已
品嘗	只要慢慢品嘗自然就能領悟其中的樂趣
吞	囫圇吞棗
享用 饗	我們無法立即享用這項美好的研究成果 特刊出其評介以饗影迷讀者
消化	將這一年來的所學完整地沉澱消化
吸收	我們要時時吸收與自己相關的專業知識

PROCESSING of THOUGHT 思想的處理過程

　　意象基模 image-schemas ⑮

　　譬喻以意象基模作為其進入的對象(Lakoff 1987、435)我們獲得訊息的主要來源是感知 perceptions（特別是視覺）和語言。透

---

⑮　據劉靜宜(1999)考察,Schema 譯為「圖式」、「圖型」、「範型」、「間架」、「構架」、「基模」,因為它是指構造對象的框架,所以李澤厚認為「構架」較合適。但這個譯名很少為人使用。

　　據李明懿(2000)之觀察:「關於 schema 各領域或各家之說略有不同,國內心理及教育學界慣於將之譯作「基模」。心理學家認為圖式作為一種心理組織;集合了關於事物的具體構成的知識,如事件的空間構成,時間構成,故事的情節構成等等。這些知識的內部結構是很緊密

過直接感知某一事物或是被告知某一事物都可獲得訊息，不管甚麼來源，我們都能就此訊息來進行推理。甚至能不知不覺地運用來自視覺與語言這兩個來源的信息，這表明我們可以把這兩個來源的信息以同一方式解碼。意象基模就提供這樣一種方式，聯繫知覺和理性。意像基模是一種內心意象(mental images)。內心意象和感知的區別在於：對某一情景的感知是細膩豐富的；充滿整個視野。即使最細微末節之處亦可成為注視焦點。此外，我們的眼睛不斷地掃瞄視野中的各部分，注視焦點也隨之而變。我們看顏色時，可察覺色調的遞變。有色彩視覺的人無法對色彩視若無睹。不需著力就能感知，儘管注意與察覺是一種需要著力的活動。內心意象遠不如知覺詳細，而且不允許有類似所視色彩的整個視野這樣的東西存在。看彩色者可具黑白心象，心象也不見得充滿心靈視野。盡管在作白日夢時，不費吹灰之力就可形成心像，但是建構一個意象並儲存起來卻是一件需要著力的活動。此外，亦可構成我們無法看到的事物。(Lakoff 1987: 440) 多數心像是動覺的。也就是說，獨立於感覺方式，而涉及起空間作用的諸方面意識：方位、判斷、移動判斷、平衡判斷、形狀判斷等。這其中包括意像基模，這些意像基模在性質上有足夠的概括性，具有最基本的動覺本質。(Lakoff1987:445-446)

　　意像基模是人體與環境互動中不斷重現的簡單身體經驗結構：容器、通道、鍊環、力量、平衡，以及各種方位與關係：上-下、前—後、部份—整體、中心—邊緣等。本文將 Lakoff(1987)據Johnson(1987)所列舉的主要動覺意象基模列為圖示收於文末附

　　的，有很強的整體性，它在語言材料的理解和記憶中具有多方面的重要作用。在閱讀方面，圖式起預期作用；在理解過程中，圖式成為意義表徵的重要組成部份。」

錄一。

映射焦點面＼角度攝取

我們用某一概念去瞭解另一概念，其實只是運用前者的某部分特質去瞭解後者的類似特質，其他相異之處就被「隱藏」起來。Lakoff & Turner (1989)分析了英詩中生、死、時間的譬喻意象，以「人生是旅程」為例，以「旅程」的概念來譬喻人生的生、死、成長有如旅程的起點、終點、過程，都是段落性，不斷的延伸還是有極限。又如「時間是金錢」譬喻：時間並不是真的金錢，所以當你花了時間做一件事沒有成功，化去的時間是無法收回的；我佔了你多少時間，卻無法還給你；沒有時間銀行等等，都說明了用金錢來瞭解時間的概念是有其侷限性的。在「人生是戰爭」這個譬喻概念中，「敵對」是其焦點面。爭辯雙方防守各自的觀點，打擊對方的意見，以勝過對方甚至使對方臣服於己為目標。但是，當雙方在爭辯過程中，其實也變相給了對方時間與經驗交流去促成對爭辯目標的了解。但我們往往把焦點集中在「敵對」面上而忽略了「爭辯」時會產生的其他意義面（如：雙方的合作面）⑯。所以當我們說用一個概念去構建另一個概念時，其實只是運用了某個部分，而非概念的全部。這反映了我們一般認知事物時角度攝取的特性。

肆、認知譬喻類型

Lakoff & Johnson(1980)中詳細論證了：方位譬喻(orientational metaphor)、本體譬喻(ontological metaphor)、結構譬喻 (structural metaphor) 三個譬喻範疇：

---

⑯　參見 Lakoff1980，第三章。

(一)空間方位譬喻⑰：

　　由於在情感（如幸福）與感覺中樞運動肌經驗（如直立）之間有成系統的相關性，這些就形成方位譬喻的基礎（如快樂屬性向上）(Lakoff1980:58)。方位譬喻是以說話人之身體經驗為中心的空間方位概念組織起整個概念系統，是在同一個概念系統內部，參照「上-下、前-後、裡-外、斷-續、深-淺、遠-近、中心-邊緣」等空間方位而自相組合而成的一系列概念。人類的空間方位感知是一種最基本的能力，空間經驗也是人在成長過程中較早獲得的基本經驗，這在心理學上已有共識。⑱空間方位來自於我們身體與外在世界的相互作用之經驗，由這些基本經驗而獲得的有關方位的概念則是人類生存中最基本的概念。將這些原初的具體概念投射於情緒、身體狀況、數量、社會地位等抽象概念上，便形成方位譬喻。原初的具體方位概念是譬喻的來源域，而被映射的抽像概念則是其目標域。這些譬喻的來源與目標之關係並非任意搭配，而是有其事物性質和身體或文化經驗為基礎的。方位詞（特別是單純方位詞）常見一詞多義現象(polysemy)。雖然每一個單純方位詞都具有特定的方向和位置意涵，但在與其他詞語結合後所呈現出來的方位意義，卻有多面向的廷伸，不僅表具體方位，有時亦可表時間、情況、條件、範圍等等較抽象情境。漢語方位詞以「上」、「下」、「前」「後」、「裡」的活動力較強，不但可跟名詞結合，直接加在名詞或名詞短語的前頭或後頭，例如：「桌子上」、「下學期」；也可以跟非名詞性的詞語結合，例如「上次」、「畢業後」。Su(1999)更進而將以「上下

----

⑰　Lakoff(1980)第四章專章論述。

⑱　參見 Clark1973, "Space, time, Semantics and the child." 中文論述參見張敏(1998:98-9)《認知語言學與漢語名詞短語》頁 98-99。

UP-DOWN」二維爲基礎的方位詞在語義延伸方面的譬喻性發展三分爲：(1) 質概念域（UP is GOOD 質優居上），例如：「上＼下策」「上等」「上＼下流」；(2)量概念域（UP is MORE 量多居上），例如：「物價上漲＼下跌」；(3) 權概念域（UP is POWER 權優居上），例如：「上級」「高高在上」。⑲其中質概念域（UP is GOOD 質優居上）的語言表達式比比皆是：「飛上枝頭變鳳凰」（吳偉業〈圓圓曲〉）「扶搖直上」、「青雲直上」等。英文「I'm feeling up」「I'm feeling down」，漢語有「情緒高昂＼低落」、「身欲奮飛病在床」（杜甫）及「白頭今望苦低垂」（杜甫〈秋興八首〉）等；均源自譬喻概念「Happy is Up ; Sad is Down 快樂屬性上揚；悲傷屬性下沉＼低落」。所依據的是身體經驗與物質基礎：人類和大部分哺乳動物睡的時候都躺下，清醒時是站立的（「起床」、「沈睡」）。下沈的姿勢主要與悲傷、失望有關；直立、跳躍的姿勢是積極的情緒狀況。而「智慧／智商」之優劣一般亦以高低爲等級來評量。

(二)本體譬喻⑳：

　　本體譬喻是將與我們本身經驗有關的抽象概念建築在周圍的實體上，即將抽象、模糊的思想、感情、心理狀態等無形的狀況化爲有形的實體，這是除了方位譬喻外我們得以依我們切身經驗去瞭解事物的另一個基礎。其中我們最熟悉的莫過於擬人化與具象化的表達式。

　　此外，我們時時在用而不自知的有容器譬喻(container meta-phor)。容器有裡、外、邊界，凡有這些邊界特質的都屬容器譬

---

⑲　轉引自李明懿(2000)

⑳　Lakoff(1980)第六章專章論述。

喻：如：出入境、出國、國內＼外、出門＼進門、離家出走、打開禮物看看裡面有什麼等，都是進出「邊界」內外，或打破邊界。當事物並非有清楚的分際時，我們仍將它們範疇化、設立人為邊界或範圍，如：山群、街角、障礙等。每個人本身就是一個容器㉑，當我們說：「心裡、眼中、離開我的視線、視野中、目中無人」等語時，其實已視「心、眼、視線」為容器了。另外還有「參加＼退出比賽、入會、漸入佳境、熱戀中」等也是將「事件／行動／活動／情況」等視為容器的。

㈢**結構譬喻**(structural metaphor) ㉒：

正如方位與實體譬喻，結構譬喻立基於我們經驗中的系統對應。單純肉體概念為基礎的譬喻如：上下、進出、物體、實體等，屬於我們概念系統的基本面，沒有這些概念我們簡直無法運作，無法說理或溝通，但這些單純肉體概念本身為數並不多，而且僅止於指涉與量化。在這些作用之外，結構譬喻卻使我們能用一個建構性高的、清楚描繪的概念去建構另一概念，也就是將談論一種概念的各方面詞語用於談論另一概念。如「思想是食物」「爭辯是戰爭」，「人生是旅行」等譬喻性表達中，「思想」「食物」「爭辯」「戰爭」「人生」「旅行」等各自都是獨立的概念，各有不同的認知域。當我們以「戰爭」專屬字眼談論「爭辯」或以「旅行」專屬字眼談論「人生」時，就運用了結構映射(structural mapping)」的方式。

㉑ 以身體譬喻為探討對象的研究遍及中外，清華大學語言所兩篇碩士論文：蔡立中(1994)《中文裡關於身體部位器官的譬喻現象》、劉秀瑩(1997)《身體部位譬喻現象與文化差異：中英對比分析》即為此例。

㉒ Lakoff(1980)第十三章專章論述。

　　至於哪些概念會用來比哪些？㉓ Ungerer & Schemid (1996)㉔
將近年來認知語言學家討論到的一些例子歸納爲下表。將左邊的
目標概念與右邊的來源概念作比較，可發現後者較前者具體而易
於理解，這也是人類認知活動的特性：依賴較具體的概念（下表
中右邊）去理解並習得較抽象而不易了解的概念（下表中左
邊）。有形、簡單的、熟悉的具體概念來自我們在生活中對具體
可感的人事物所產生的基本經驗，我們常借以談論無形、複雜、
難以理解與習得的抽象概念。

目標域 Target Domain		來源域 Source domain	
Anger	生氣	Dangerous animal	危險動物
Argument	論爭／爭辯	Journey	旅行／旅程
		War	戰爭
Communication	交際／通訊	Sending	發送
Death	死亡	Departure	離去
Ideas	觀念	Plants	植物
Lifetime	一生	Day	一天
Love	愛	War	戰爭
Theories	理論	Buildings	建築物
Time	時間	Money	金錢
Understanding	理解	Seeing	看見
Word	詞	Coin	硬幣
World	世界	Theater	舞台

　　目前臺灣所見的漢語譬喻研究以現代漢語爲主：安可思、黃

㉓ 引自張敏 1998:97

㉔ Ungerer & Schemid (1996) , An Introduction to Cognitive Linguistics 轉引
　　白張敏 1998，頁 97。

居仁、戴浩一教授等對時間與空間譬喻的系列研究，蘇以文教授對「思想是食物」的探討(Su2001)，由現代漢語表達式透視到的譬喻概念有如下的類型㉕：

目標域 Target Domain		來源域 Source domain	
TIME	時間	MOTION	移動
		MOVING ENTITY	移動物
		SPACE	空間
		A MOVING POINT OVER A LANDSCAPE	景觀中的移動點
		FLOWING WATER	流水
THOUGHT	思想	FOOD	食物

筆者對先秦詩歌㉖及清代詩歌〈圓圓曲〉的探討發現有更多的來源域與目標域之間的不同映射而形成的譬喻概念類型，僅列數例如下：

目標域 Target Domain		來源域 Source domain	
human	人	WORMS	小蟲
		BIRDS	鳥
		PLANTS	植物
	人格修養		
LIFE	人生	Journey	旅行／旅程
		CONTAINER	容器
SPACE	空間		
	情感	materials	物質＼物態

㉕ 筆者對此尚未有機會作周詳搜尋統計，如有疏漏，盼予指正。

㉖ 筆者國科會 89 年度計劃【89-2411-H-029-020】「漢語譬喻性語言之運用類型研究(先秦部份)」尚在進行中，此表所列僅為局部資料。研究生江碧珠利用本計劃所統計的「《詩經》中的植物類型」中的「蔓草類」寫成〈析論《詩經》蔓草類植物之隱喻與轉喻模式〉不久即將發表。

伍、《圓圓曲》譬喻世界

　　以亂世浮沉佳人陳圓圓爲中心的弱勢女子與強暴外力之間存在著對立與依存關係，在不同層次的交叉互動中形成了以下幾類的意象類聚，可由下頁的圖顯示：中心人物陳圓圓的美艷與身不由己，由花鳥意象及西施典故來映射。與圓圓一生經歷相關的四種強權分居圖中的四角，屬愛護與傷害兩大類。上方的兩大強權均對象徵「嬌鳥」「花」的圓圓有一種控制或摧殘：社會舊強權（豪門貴戚）形成「樊籠」來囚禁「嬌鳥」；在野強權（橫刀奪愛者）化作「狂風」來摧殘「花枝」並使「落花」飄零流落。所以「鳥」與「花」的化身只能期待新興強權（現實吳王吳三桂）來營救而「出樊籠」「渡銀河」「飛上枝頭變鳳凰」。歷史上沒落強權吳王夫差及其活動場所，是吳三桂不重家國重佳人的另類英雄形象之投影。與圓圓同族群的江鄉舊識則處於對圓圓友善的虛實兩大強權之間。六角框標示圓圓與外界的互動面，框內有五組意象類聚，聚焦於女主角、各別對應於一組多界勢力，標示此一勢力對圓圓的態度以及雙方互動情形。「花」的意象四度複現。四大強權各有一次：當朝權貴「侯門歌舞出如花」、夢中吳王「越女如花看不足」、現實吳王「揀取花枝屢回顧」、橫刀奪愛者[27]「狂風揚落花」，均標示了各方對主體意象「花」的態度，也點明了譬喻爲「花」的女主角的宿命。以圓圓爲中心的虛線六角框與各方的傳送管道以箭頭標示，

---

[27]　此詩中稱爲「蟻寇－逆賊－敵」的對象實指明末李自成的農民起義軍，而在本詩情境中，只是由義軍某將領扮演了橫刀奪愛者，成爲四強分立的其中一方。因此，本文僅以「橫刀奪愛者」稱之，或間接引用詩中語，不提與史實相關之字眼。

雙箭頭表示雙方有良好互動，單箭頭表示單向強勢行動，依時間順序分別為：「夢遊」→「船載－奪」→「揀取－攜－油壁車」→「索圍呼出→狂風」→「馬」。女主角活動範圍與形態及其壁喻意涵參看本文段第四小節。全詩附文末附錄二，所引詩句旁之阿拉伯數字為詩句編號，以便文中引用時查對。

《圓圓曲》中的意象類聚及其互動關係所顯示的譬喻映射

社會舊強權：
貴戚豪門

橫塘雙槳去如飛	樊
何處豪家強載歸	籠
奪歸永巷閉良家	
侯門歌舞出如花	
貴戚豪門競延致	
早攜嬌鳥出樊籠	

社會在野強權：
橫刀奪愛者

狂	遍索綠珠圍內第
風	強呼絳樹出雕欄
	狂風揚落花

傳送管道：船＋載＋奪

傳送管道：索＼圍-呼＼出

意象類聚
如花＼嬌鳥
＼箠＼篌妓

意象類聚
落花
綠珠絳樹

意象類聚
72 如花＼鴛鴦
17 採蓮人
54 浣紗女
（西施隱喻）

圓圓

意象類聚：
30 花枝＼柳＼柳絮
31 嬌鳥 42 ＼ 43 娥眉
0405 紅顏 70 紅妝
65 傾國傾城 37 思婦

意象類聚
如花＼嬌鳥
＼箠＼篌妓

傳送管道：夢遊

傳送管道消息

傳送管道：油壁
車／馬／揀取／攜

| 夢向夫差苑裡遊 |
| 宮娥擁入君王起 |
| 館娃宮裡鴛鴦宿 |
| 越女如花看不足 |

| 教曲技師憐尚在 |
| 浣紗女伴怨同行 |
| 舊巢同是銜泥燕 |
| 飛上技頭變鳳凰 |

江南故鄉

| 揀取花枝屢回顧 |
| 早攜嬌鳥出樊籠 |
| 待得銀河幾時渡 |
| 可憐思婦樓頭柳 |
| 化作天邊粉絮看 |
| 衝冠一怒為紅顏 |
| 娥眉馬上傳呼進 |

歷史上沒落強權
夢中吳王

社會新強權：
現實吳王

一、《圓圓曲》中譬喻的來源域縱覽

　　《圓圓曲》中的譬喻性表達的來源域涉及了植物、鳥、蟲、物質、容器、空間物象、樂調、度量單位等概念範疇。但每一映射均有特定的角度攝取而非來源域概念的全部，這正是譬喻性類比的特性之一，上文已有論述。以下將此八個來源域及相應的目標域，相關譬喻概念以及映射過程中的角度攝取、映射所依據的意象基模一一列舉，每一角度映射均盡量搜尋相關例句，包括詩歌（楷體）及日常運用（明體）的語言表達式。㉘（注角見307頁）在此一全局綜覽的基礎上，再聚焦於《圓圓曲》來進行討論。

來源域	概念譬喻	角度攝取	譬喻蘊涵	語言表達式	目標域
鳥	人是鳥	行為特性	人的行為習性是鳥的行為特性	小鳥依人＼大鵬展翅＼展翅飛翔＼倦鳥知返	人
		類別		31 早攜嬌鳥出樊籠＼55 舊巢共是銜泥燕＼飛上枝頭變鳳凰〈圓圓曲〉	
		外形特徵		丹鳳眼	
小生物	人是小生物	行為特性		蟻寇＼人命如螻蟻心如蛇蠍＼蛇蠍女人	人
		外形特徵		領如蝤蠐・蛾首蛾眉《詩經・衛風。碩人》水蛇腰＼臥蠶眉＼一排貝齒	
植物	人是植物	品種特質	女人是嬌弱的植物（花＼藤蔓）男人是強壯的植物（松＼柏＼大樹）賢人是芳草蕩婦是柳絮＼落花	蔦與女蘿，施于松柏《詩經》〈小雅・頍弁〉菟絲附蓬麻，引蔓故不長（杜甫〈新婚別〉）檢取花枝屢回顧〈圓圓曲〉家花哪有野花香＼辣手摧花＼年老入花叢＼名花有主	人
		氣味			
		外形特徵	植物的外形特徵是人的外形特徵	如花＼花枝〈圓圓曲〉手如柔荑・齒如瓠犀《詩經・衛風。碩人》雪膚花貌＼芙蓉如面柳如眉〈長恨歌〉人比黃花瘦笑靨如花＼美豔如化＼花容月貌＼花枝招展	

來源域	概念譬喻	角度攝取	譬喻蘊涵	語言表達式	目標域
				杏眼\柳葉眉\瓜子臉\冬瓜臉\櫻桃小口 （楊）柳腰 一朵鮮花插在牛糞上	
		生長周期		幼苗\碩果僅存\青澀\成熟 花樣年華\女人四十一枝花 狂風揚落花〈圓圓曲〉	
		生長狀態	植物生長狀態是人的生長狀態	十年樹木百年樹人 苗壯地成長	
		栽培過程	栽培植物是栽培人	培植幼苗\培養他長大成人	
物質	人是物質			膚如凝脂《詩經‧衛風。碩人》 眼如秋水\面白如玉\面如冠玉 你是一塊無暇美玉\璞玉	人
容器	人是容器	容器內容量	容器內容是人的內涵	虛懷若谷\肚量大\肚裡可撐船 心裡藏不住話	人
容器	人世是容器	外殼所界定的範圍	容納物件的容器是容納人世的容器 生命結束是離開容器	辭世\去世\離開人世 來到這個世上 鼎湖當日棄人間〈圓圓曲〉	人世
容器	人在容器外	狀態(2)	不在容器中的狀態 (1)自由開闊 (2)流落、飄泊無依	05 紅顏流落非吾戀 62 關山漂泊腰肢細	人
容器	人在容器中	狀態(2)	在容器中(1)受保護\安全 (2)受困\不自由	31 早攜嬌鳥出樊籠 〈圓圓曲〉	人
容器	社會或地理的區域範疇是容器	容器是保護層	容納物件的容器是容納社群的容器 攻破敵方的容器範圍是征服敵方 收回被強佔的容器是收復	破敵收京下玉關〈圓圓曲〉 傾國 傾城	人
容器物件	情感是物件	量	物件的容器是情感的容器 容器所容物之量是情感的強度 物件的代價是情感的代價	61 一斛明珠萬斛愁	情感
空間距離	情感是空間距離	長度	里程的長度是情感的強度	75（換羽移宮）萬里愁	情感
空間物態	時間改變是空間物態改變	變的次數		51 傳來消息滿江鄉 52 烏臼紅經十度霜	時間
曲調	情境變換是曲調變換	變換		75 換羽移宮（萬里愁）	情境

二、《圓圓曲》中譬喻類型的原型、語意延申與擴張

很多研究（包括英語與漢語）顯示，轉喻 metonymy 與譬喻 metaphor 既是認知範疇擴展的主要途徑，也是語義延伸的主要手段。而本文則對《圓圓曲》中的譬喻表達式作了如下的探討：

1. 同義類聚「紅顏－紅粧‧蛾眉」

《圓圓曲》中密集使用了「紅顏－紅粧‧蛾眉‧傾國傾城」等詞來指稱女主角。其中「蛾眉」一詞以部分代全體的方式指代美女的美貌，最早可溯源至《詩經》《楚辭》的譬喻性語言表達式。《詩經‧衛風‧碩人》形容賢女莊姜之美：「手如柔（荑）。膚如凝脂。領如蝤蠐。齒如瓠犀。螓首蛾眉。巧笑倩兮。美目盼兮。」。《離騷》亦有「眾女嫉余之蛾眉兮。謠諑謂余以善淫。」之句。可見後代『「蛾眉」喻美女』之用法源遠流長。但光就這兩項先秦資料考察，其譬喻類型就有原型表達式與抽象延伸式以及語義擴張三種：

A.「蛾眉」之原型：女子眉形之美

《詩經‧衛風‧碩人》中所呈現者為此一譬喻的原型，全詩由「手膚領（頸）齒首眉目」等七部分分寫，由身體部分特寫組合成整體之美。除「目」之外，其餘皆通過譬喻概念「人是生物」「人的美貌是具體物象」之映射，有「蟲」「植物」「物質」「物態」等四個來源域。

㉘ 此一方面未能做周全的搜尋考察，所集例句及古代文獻參考猶待補充修正。

本體域		《辭海》註釋	譬喻蘊涵
小生物	蝤蠐	蠐蟲，即天牛的幼蟲，色白身長，借以形容女頸之美。《詩經・衛風。碩人》：「領如蝤蠐」	色：白 形：長
	蠑首	郭璞《爾雅註》「似蟬而小」；郝懿行《爾雅義疏》「蠑，其形短小，方頭廣額，體兼彩文，鳴聲清宛，若咨咨然。」 毛傳：「蠑首，頰廣而方」。形容女子之美	形：方頭廣額
	蛾眉	亦作娥眉。女子長而美的眉毛。也指女子貌美。 《詩經・衛風。碩人》：「蠑首蛾眉」。 《離騷》：「衆女嫉余之蛾眉兮」。 亦借爲美人代稱。白居易〈長恨歌〉：「宛轉蛾眉馬前死。」	蛾之似彎眉狀之須
植物	瓠犀	瓠瓜子，因其潔白整齊，常以比喻女子的牙齒。《詩經・衛風。碩人》「齒如瓠犀」	色：潔白 形：整齊
	柔荑	荑，初生的茅草，比喻女手的纖細白嫩。	形：纖細 色：白嫩
物質	凝脂	凝凍的脂肪，比喻皮膚潔白柔滑。《詩經・衛風。碩人》「膚如凝脂」。 引伸指潔白柔滑的皮膚。白居易〈長恨歌〉「溫泉水滑洗凝脂」。	色：白 質感：光潤
物態	凝		

　　「蛾眉」「蠑首」是形的映射，前者指眉形而後者指臉形。「（瓠）犀」「凝脂」是顏色與質感的映射。「柔荑」「蝤蠐」則是形色質三者平行映射。其中「凝脂」「柔荑」還有觸感映射。這個譬喻均牽涉感覺映射，其實際運作卻有差別：形與色彩映射是直接的視覺感知，質感映射卻要借助視感即觸感之譬喻中介，我們並未眞正觸摸到觀察對象，只是憑我們的觸感經驗並借助視覺判斷而測知。均屬本體對應。由客體具象域映射到人的本體具象域。充分顯示譬喻性表達的原型特性：

來源域		譬喻映射		目標域
蟲		譬喻蘊涵＋本體對應＋角度攝取		女體
	蝤蠐	色：白 形：長 觸感：柔	▶	頸
	螓首	形：方頭廣額	▶	首
	蛾眉	形：蛾之似彎眉狀之須	▶	眉
植　　物	瓠犀	色：潔白 形：整齊	▶	齒
	柔荑	形：纖細 色：白 觸感：嫩		手
物　　質	脂	色：白		膚
物質狀態	凝	觸感：滑 質感：光潤	▶	膚

　　這些意象並列映射出一個廣額彎眉－方額角－柔細白晰的頸項，潔白整齊的牙齒的頭部五官之形，加上視感白嫩、觸感柔軟的手以及白而光潤的膚質。疊置在這些平行意象之上的是整體上層次與質感不等的白。這似乎勾勒出當時對女子的審美標準，中國人以白爲美的觀念看來是源遠流長。由此可見，「蛾眉」一詞之來源域爲「蛾的彎如美人眉狀的觸須」，其目標域爲女子「眉形」而非女子之代稱。足見此時還是一個有生成能力的新鮮譬喻，也是一個單純的本（實）體譬喻 Onological metaphor。

B. 「蛾眉」由具象域向抽象域之延伸：　女子之美貌〉美士之才德

　　《詩經・衛風。碩人》中由「蛾的似彎眉之觸須」譬喻映射「美女眉形」的這一原型意義，在《離騷》「衆女嫉余之蛾眉

兮。謠諑謂余以善淫。」之譬喻表達式中已有所延伸。單純的眉形之美已經「部分代全體」轉喻延伸為女子外在美，指涉「女子之美貌」，這是第二道延伸；此一譬喻蘊涵通過結構映射「眾女嫉妒美女之外在美＝＞眾人嫉妒美士之才德內在美」，而將語意延伸為表「才德之美」。由具象之美延伸至抽象之美。這是第三道延伸，但止於此。

C.「蛾眉」一詞語義擴張：女子局部美貌＞女子整體美貌〉美女

　　白居易〈長恨歌〉：「宛轉蛾眉馬前死」及吳偉業〈圓圓曲〉「爭得蛾眉匹馬還。」所顯示的則是第二道延伸「女子之美貌」擴張而來：以女子外在整體美擴張至女子代稱，這是最常見的用法。

「蛾眉」一詞的語義延伸途徑

來源域 Source Domain		目標域 Target domain
蟲－蛾眉	⟶	美女－眉形

部分代全體──轉喻延伸

來源域 Source Domain		目標域 Target domain
女性		男性
外在整體美	⟶	內在美－才德之美

部分代全｜體轉喻延伸

| 美士－詩人自比 |

部分代全體轉喻延伸

| 美女代稱 |

　　在後代形成的文學語言中，「美女－美人－佳人－紅粉－紅顏－紅粧－蛾眉」等一系列詞彙已構成一種具聯想關係的系譜paradigm，都用以指涉女子，甚至是否美貌亦非必要條件。在當

詞條	《辭海》解釋	本文分析語義延伸軌跡	
蛾眉	1. 眉形之美似蛾之似彎眉狀之觸須 《詩經・衛風。碩人》「螓首蛾眉」		本體譬喻
	2. 美女 ＊白居易〈長恨歌〉：「宛轉蛾眉馬前死」 ＊吳偉業〈圓圓曲〉：「若非壯士全師勝，爭得蛾眉匹馬還。」		部分代全體轉喻
	3. 才德之美者 《離騷》「衆女嫉余之蛾眉兮。謠諑謂余以善淫。」		譬喻
紅顏	1. 年輕人紅潤臉色 杜甫〈暮秋枉裴道周手扎〉：「憶子初尉永嘉去，紅顏白面花映肉。」	紅潤臉色指涉年輕	○
	2. 女子美豔容顏 曹植〈靜思賦〉：「夫何美女之爛妖，紅顏曄而流光。」	紅潤臉色指涉年輕貌美之女	○
	3. ＊吳偉業《圓圓曲》「衝冠一怒爲紅顏」	美女	部分代全體轉喻
紅妝	1. 女子的盛妝 古樂府〈木蘭詩〉「當戶理紅妝」 李白〈子夜吳歌〉「素手青條上，紅妝白日鮮」		○
	2. 蘇軾〈海棠〉詩「只恐夜深花睡去，故燒高燭照紅妝。」	以女子裝扮之色借指花之色	擬人化譬喻
	3. 指女子 ＊吳偉業《圓圓曲》「全家白骨成灰土，一代紅妝照汗青。」	以女子裝扮之某一明顯特徵來指代女子整體	部分代全體轉喻
紅粉	1. 胭脂鉛粉（女子化妝品） 杜牧〈代吳行妓寄薛軍事〉：霧冷侵紅粉，春陰扑翠鈿。	指女子臉上的粉與頭上的翠鈿對應	
	2. 杜牧〈兵部尚書席上作〉： 偶發狂言驚滿坐，兩行紅粉一時回。	以女子裝扮之某一明顯特徵來指代女子整體	所屬物代人
	3. 辛棄疾〈滿江紅。暮春〉 流水暗隨紅粉去，圓林漸覺清陰密。	以女子化妝品之紅色指涉或花	譬喻

代使用者看來都是可互換的同一層次的詞彙，而且都是毫無生成力與具體聯想的套語。如「美女－美人－佳人」是女人的泛稱，其意籠統抽象。「紅粉－紅顏－紅粧」未見於先秦詩歌。各詞語義延伸的層次與途徑不同。表中是《辭海》中查到的解釋，加＊者為本文外加：

由表中資料歸納各詞之語義延伸途徑圖示如下：

	原義	語義延伸途徑			
		譬喻	轉喻	譬喻	轉喻
蛾眉	蛾之似彎眉狀之觸鬚	女子眉形之美	女子之整體外形美	美士才德之美	美女通稱
紅顏	年輕人紅潤臉色 年輕女子紅豔容顏	○	○	○	○ 美女代稱－女子代稱
紅妝	女子的盛妝	花的紅豔			美女代稱－女子代稱
紅粉	胭脂鉛粉（女子化妝品）	花的紅豔			美女代稱－女子代稱

除了「蛾眉」一詞涉及複雜的語義延申途徑之外。「紅粉－紅顏－紅粧」由原義延伸至美女代稱均經由轉喻。「紅顏」一詞之早期原型用法有：曹植〈靜思賦〉：「夫何美女之爛妖，紅顏曄而流光。」以「紅顏」指涉女子紅潤嬌豔容顏，杜甫〈暮秋枉裴道周手扎〉：「憶子初尉永嘉去，紅顏白面花映肉。」以「紅顏」指涉年輕人白裡透紅的臉色之「紅潤」部分。二者均指涉年輕人的臉色之「紅潤」美，性別似乎不分男女，尚未成為女子專用詞。吳偉業《圓圓曲》「衝冠一怒為紅顏」之「紅顏」一詞已擴大至美女之代名詞，這應是由早期描寫女子紅潤嬌豔容顏這一語義原型延伸而來：年輕女子美豔容顏之具象域擴大指涉範圍至美女抽象域，是單純部分代全體轉喻，至今延用。「紅粉－紅粧」則是譬喻與轉喻雙向延伸：由女子妝扮擴大指涉女子，是所屬物代使用者轉喻。蘇軾〈海棠〉詩「只恐夜深花睡去，故燒高

燭照紅妝。」與辛棄疾〈滿江紅。暮春〉「流水暗隨紅粉去，圓林漸覺清蔭密。」兩例，將人之妝扮的視覺意象映射至植物域花的視覺意象上。

來源域 Source Domain 人的妝扮	映射形式 Mapping features ———————→	目標域 Target domain 植物—花
紅妝	花的紅豔如女子盛妝的紅豔	紅花
紅粉	花的紅豔如女子臉上所搽紅粉之色	紅色花瓣

蘇詩「紅妝」一詞有歧義性，若是以女子裝扮之色映射花之色，便與辛詞同屬以物態喻物態的視覺映射型。若是將「紅妝」一詞仍作女子之代稱，則屬擬人化的譬喻映射。若從各詞之原型來考量此一同義類聚中各詞之上下層級關係，則「美女－美人－佳人」指人的整體，屬上義層，而「紅粉－紅顏－紅粧－蛾眉」指人的局部，屬下義層。但在語義延伸至指涉美女或甚至女性之後，這組已成了陳年譬喻的意象群在表意功能上是毫無層次之分的。現代漢語中「美女－美人－佳人」還在使用，其中「美女」一詞的生成力最大，所以還有「電眼美女＼銀幕美女＼金髮美女」等新詞不斷湧現。「紅粧－蛾眉」已不大見使用，「紅粉－紅顏」雖還隨著「紅顏薄命」「紅顏知己」「紅粉知己」「紅粉佳人」等套語存在，已不再見單用了。

2.「傾國傾城」一詞的語義延伸

「北方有佳人，絕世而獨立，一顧傾人城，再顧傾人國。寧不知傾城與傾國，佳人難再得。」《漢書。孝武李夫人傳：李延年〈佳人歌〉》

詞條	《辭海》解釋
傾盆	大雨傾注貌 黑雲白雨如傾盆 蘇軾〈介亭餞楊杰次公〉詩
傾巢	1.猶覆巢 　傾巢有歸禽。李白〈贈從孫義行宰銘〉詩 2.全體出動，多用於貶義。如：傾巢而出 　宋江聞報，與吳用計議道：賊兵傾巢而來，必是抵死廝並。 　《水滸傳》一百零八回
傾國	1.傾覆國家，亡國 　萬乘之君無備，必有千乘之家在其側，以徙其威而傾其國。 　《韓非子。愛臣》 　民無禮義，傾國危主。《論衡。非韓》 2.全國 　孫權聞之大怒，商議起傾國之兵，來取荆州。《三國演義》地 　六十六回 3.指容貌絕美女子 　漢皇重色思傾國（唐白居易《琵琶行》
傾城	1.傾覆國家，亡國 　哲夫成城，哲婦傾城。《詩經。大雅。瞻仰》 2.全城 　傾城遠追送，餞我千里道。孫楚〈征西官屬送於陟楊侯作詩〉 3.形容女子貌美 　傾城最在著戎衣。李商隱〈北齊二首〉

「漢皇重色思傾國」（唐白居易《琵琶行》）

「嘗聞傾國與傾城，翻使周郎受重名」（清吳偉業《圓圓曲》）

　　後代一般均視「傾國傾城」為一詞，以為典出李延年〈佳人歌〉。這是也許是譬喻美女的最早創意，但卻未必是此詞的原型所指。

A、「傾國傾城」一詞之原型

　　「傾國」與「傾城」二詞在古漢語中分用，但屬同義類聚，均為「傾覆國家，亡國」之意。與之結構相同的還有「傾巢」「傾盆」。

　　以上四詞，「傾巢」「傾國」「傾城」三詞之第一義及「傾盆」均為「將一個容器傾倒或傾覆」，是其共有的基本概念。「巢」「盆」是容器實體，而「城」「國」則是容器概念。「傾盆」的結果是「盆」這個容器的內容物全被倒出，用以形容大雨，是將容器的內容物全被倒出這樣一個狀態映射到下大雨的情形，以容器的內容物與雨對應、內容物全被倒出的情形與雨勢對應。「傾巢」的結果是巢內生命受傷或鳥蛋打破，其結果是毀滅性的。容器實體與城及國家之間有種種類似，有邊界，有內容物，容器的正常狀態保障了內容物的受保護。容器被傾覆或破壞以後，導致容器內容物被破壞或無依存之所。

「傾巢」「傾國」「傾城」三詞的譬喻延伸一式

來源域（具象）容器	譬喻映射	目標域 國＼城＼巢
成形：製造	本體對應	成形：建立
正作用：保護內容物		
負作用：限制內容物		
危機：傾覆		危機：滅亡
傾覆容器之後果： 1.內容物受損 2.內容物由容器中出來 3.內容物不安全或被破壞	認識對應： 角度攝取： 後果(1)(3)	傾覆國與城之後果 （具象）
傾覆容器之破壞力：自然或人為	→	傾覆國與城之破壞力 （抽象）

B.「傾巢」「傾國」「傾城」三詞的延伸義：

　　「傾巢」「傾國」「傾城」三詞之第二義其實是第一義的延伸，第一義的映射形式在於「傾」的毀滅性後果，而第二義的映射形式則是「傾」的狀態，全部內容物都離開了容器，以全體成員﹨成本等投入的具象域來映射竭盡全力投入的抽象域。

「傾巢」「傾國」「傾城」三詞的譬喻延伸二式

來源域（具象） 容器	譬喻映射	目標域（具象） 國﹨城﹨巢
容器內容物	本體對應	國﹨城內容物：人、物、權
傾覆容器		傾覆國與城
傾覆容器之後果： 1.內容物受損 2.內容物由容器中出來 3.內容物不安全或被破壞	認識對應 角度攝取：後果⑵ 之狀態	全體出動

C.「傾國傾城」一詞的譬喻延伸三式：形容絕世美人的魅力

　　此一譬喻表達式是由「傾國」「傾城」的譬喻延伸一式中未被強調之破壞力再加以延伸，角度攝取由容器傾覆的後果轉移到引起容器傾覆的破壞力。將來源域中容器傾覆的結果與使容器「傾覆」的破壞力同時映射至目標域，譬喻女子之美貌魅力。

「傾國」「傾城」的譬喻延伸一式
↓
「傾國」「傾城」的譬喻延伸三式

來源域（抽象）———→	譬喻映射 ——→	目標域（抽象）
傾覆國與城的破壞力	譬喻蘊涵 結構對應 角度攝取：力	美女魅力

3. 花的意象之譬喻映射：概念譬喻「人是植物」「女人是花」

　　「10 侯門歌舞出如花」「30 揀取花枝屢回顧」「72 越女如花看不足」

　　「63 錯怨狂風揚落花」

　　「37 可憐思婦樓頭柳」「38 認作天邊粉絮看」

　　以常規譬喻概念「人是植物」為基底的譬喻表達式層出不窮。植物的生命週期是短暫而易於觀察到的具象經驗，而人生卻是漫長複雜的過程，我們能體驗其中的許多細節，但綜觀全局卻又非常抽象。植物及其芽、花、果在一年中的生命周期的各階段恰好對應了人的的生命周期的各階段，這樣的對應其實是本體對應與認識對應的疊加，由來源域向目標域映射。

來源域	譬喻映射	目標域
植物	──────────→	人
花（質感\形狀\顏色）	人的美豔嬌柔如花的美豔嬌柔	女人
花枝	花朵繁盛的美態	美女
嫩芽期		幼年期（不適用）
含苞期		少女期（常見）
盛開期		成年期（常見）
結子\結果期		生兒育女為妻為母
落花	人的生命凋零如落花之凋零	生命的凋零（常見）
	人的飄泊無依不由已如落花的飄泊無依不由已	飄泊無依的女人（常）

　　「嫩芽」對應生命的初期，「青澀」「含苞待放」對應少年成長期的兩個不同觀察面：前者多指心智而後者多指外形，「盛開的花朵」對應風華正茂的成年前期，「成熟」對應生理及心智

上的長成，「凋萎」對應外形上或心理上的衰退甚至接近死亡，而「成蔭子滿枝」對應結婚生子的婦人。而花朵因其柔弱的質感、嬌美的外形與顏色，幾乎成了女性專屬的譬喻來源域，加之其「含苞待放－盛開－凋零或結子／果」的生長週期恰好與女性的「少女期－成年期－年華老去或生兒育女」的週期重疊，其中「含苞待放－盛開」這兩個階段自古就是美女譬喻的一個主要來源域。《圓圓曲》中「10 侯門歌舞出如花」「30 揀取花枝屢回顧」「72 越女如花看不足」等語言表達式中的「如花」「花枝」二詞將來源域中花之美豔特質映射到女主角身上，「63 錯怨狂風揚落花」中的「落花」則攝取了植物來源域中花謝以後離枝無依這一角度來映射亂世流離的女主角，而自然現象中最有殺傷力的「狂風」則映射至女主角被搶走的事件的強暴勢力，是從屬自然物象的具象域向屬人類社會暴力的抽象域的映射。

「37 可憐思婦樓頭柳 38 認作天邊粉絮看」中之「粉絮」是蕩婦的常規譬喻，這種植物特性與女性角色的映射關係，其通俗的版本是「水性楊花」，早已成為普遍的文化共識，在此詩中卻與「37 思婦樓頭柳」所映射的「思婦」形象形成兩極。「37 思婦樓頭柳」是一個轉喻，也是一個認識上的對應：思婦是懷念出遠門丈夫之女子，是已婚的端莊賢淑的良家婦女的常規意象。因其時時憑欄望遠，與其樓頭楊柳接鄰而重疊，樓頭楊柳因被賦予思婦之婦德。但如果我們檢視楊柳的生存狀態就會發現，譬喻映射的角度攝取是有偏好的。本詩選擇「柳絮」的飄浮無定的特性來與「柳樹」生根在地這一基本特性作對比，前者映射在女主角原本的歌妓身份（被文化共識賦予「水性楊花」標籤的常規意象），而後者映射其後來從一而終的良家婦女形象。「樹根固定在土中」本是所有植物的生態共性，但相對於柳絮的無定而言，

這確成了一個不凡的特性，但不是一個常規譬喻，應屬《圓圓曲》作者創意的角度攝取。於是在「37 可憐思婦樓頭柳 38 認作天邊粉絮看」詩句中，出現轉喻與譬喻的疊置後的混合譬喻。

來源域：植物	譬喻映射	目標域：人
楊柳		女人
樹身及其枝條	有彈性＼有隨風擺動＼律動優美的特性	柔軟女體的姿態與律動
楊花柳絮	質輕柔，易隨風飄浮	不從一而終的蕩婦
樹根固定在土中	雖然枝條擺動但樹身固定在原地不移	從一而終的賢妻

　　譬喻概念「人是植物」「女人是柔弱植物」由來已久。《詩經》多數篇章中「蔓草」的〔蔓生〕、〔纏繞〕的特質，主要映射的是女人在個性和社會地位上之柔弱、依附的特性。自〈小雅‧頍弁〉的「蔦與女蘿，施于松柏」，到唐朝大詩人杜甫〈新婚別〉的名句「菟絲附蓬麻，引蔓故不長。嫁女與征夫，不如棄路旁。」，其間的過程反映了譬喻原型及其語義延伸的軌跡：在《詩經》時代，「蔦與女蘿」的依附關係對女性角色的映射，是直接取自於人與自然互動的本身經驗；到了杜甫的時代，這種植物特性與女性角色的映射關係，已轉為普遍的文化認知。至於現代，因為與自然的隔離以及兩性角色聯想的改變，則不大見到此類聯想了。

4.概念譬喻「人是鳥」在詩中的譬喻表達式之意涵

　　〈圓圓曲〉中以鳥為來源域的譬喻表達式有：「31 早攜嬌鳥出樊籠 32 待得銀河幾時渡」，「55 舊巢共是銜泥燕 56 飛上枝頭

變鳳凰」，有「嬌鳥」「銜泥燕」「鳳凰」等譬喻意象。「鳥」
的概念一般具有以下面向：

來源域 Source Domain「鳥」的概念各面向：

特性：	有翅能飛	
	有雙爪	
	有喙可啄食	
	棲息在樹上	
	有巢	
按體型分：	小鳥	大鳥
	嬌小依人	強勁
	自衛力弱不具攻擊性	自衛力強某些具攻擊性
	可關在籠中當寵物	多半不易馴服
按價值分：	燕子（平凡＼常見＼辛勞） 常見貼地而飛 忙碌地銜泥做巢	鳳凰（祥瑞罕見） 傳說中的神鳥 地位崇高

　　詩句「31 早攜嬌鳥出樊籠」中「鳥」屬原型鳥，亦即認知上
的基模鳥（如麻雀＼知更鳥等小鳥），不須描述就想得出認得
出。以上表中小鳥的特性映射至目標域「女人」，以譬喻其嬌
弱，無自衛力，需要保護。「燕子」「鳳凰」都是特殊種類的
鳥。「55 舊巢共是銜泥燕」，以燕子的勞碌、常見、與貼地而飛
的習性映射至人以突顯其姿態低而平凡。而此低而平凡的姿態正
好與下句的「枝頭鳳凰」之高而不凡形成對照，下句「56 飛上枝
頭變鳳凰」運用了方位譬喻中的質概念域中「UP is GOOD 質優
居上＼向上」之譬喻概念與權概念域中「UP is POWER 權優居
上」譬喻概念二者的疊加，來映射人（陳圓圓）的社會地位提昇
與命運的質變。

　　方位詞「出」對容器的作用諸如：⑴由容器內向容器外、⑵

突破容器壁、⑶離開容器範圍等；而「出」的後果也因容器的狀況及外在情境而有不同。「巢」與「籠」都是容器，都可以有內容物。前者是鳥類自築之棲息所，離開意味著不安全與流離失所，當然如果因另有更好的新巢而離開舊巢卻又是喜事；後者則是人造了來禁錮寵物或猛獸之物，離開就是獲救。

來源域	譬喻映射	目標域
鳥所居之容器	鳥所居之容器是人所居之容器	家
保護作用＼安全之所	────────────────────▶	
囚鳥獸之容器	禁錮「鳥」的容器是禁錮「人」的容器	豪門＼貴戚府第
禁錮作用＼不自由之所	────────────────────▶	

　　以「舊巢」這個容器概念映射至陳圓圓的江南故居，並與「銜泥燕」之譬喻意象疊加，以突顯其昔日的平凡，也反襯了「56 飛上枝頭變鳳凰」的不凡。而將「樊籠」這個容器概念映射至將陳圓圓搶至京師並收容爲歌妓的豪門，並與「嬌鳥」的譬喻意象疊加，強化女主角任人擺佈的命運。在此境況中，自由自在的飛翔更是期待。若參考我們上文所羅列的容器概念的各面向，「舊巢」攝取了容器概念的正作用蘊涵而「樊籠」所攝取的則是其負作用蘊涵。由此可見一個譬喻概念的各個面向可向各種對應目標域映射而產生不同譬喻性語言表達式：

來源域（具象） 容器	譬喻映射	目標域 居住範圍
成形：製造		
正作用：保護內容物【巢】	——————→	江南故居
負作用：限制內容物【樊籠】	——————→	京師豪門
危機：傾覆		
傾覆容器之後果： 1.內容物受損 2.內容物由容器中出來 3.內容物不安全或被破壞	角度攝取： 作用的正負值	
傾覆容器之破壞力：自然或人為		

5.　《圓圓曲》所述陳圓圓之活動形態及範圍所顯示的譬喻概念
「人生是一個旅程」「人生存在各種容器範圍之內或之間」
「人在容器內是禁錮」「人在容器外是流離飄泊」

　　人對「地盤 LAND AREAS」的認知也是一種容器譬喻的映射。我們是肉體存在於世的，通過皮膚表面與世界的其餘部分相連並由此出發，經驗世界的其餘部分如身外世界。我們每個人都是個容器，有一個有界的體表與一個進出的方位。我們將自己的進出方位映射到其他具表層界限的存在物上。於是，我們也視它們如一個有內外之分的容器。房間與房子是明顯的容器，從一個房間移至另一個房間就是從一個容器移至另一個容器，也就是說，出了一個房間再進入另一個房間。我們甚至也給固態物這樣的方位，當我們敲開一塊石頭看裡面有甚麼的時候。我們也將這樣的方位強加於自然環境。林中空地被視為是有邊界的，我們視我們自己為進入或走出這塊空地。林中空地有一些我們能覺察到的如自然邊界的東西---模糊地帶諸如樹木或多或少地止步而林中空地似有似無地開始。但甚至沒有自然實體的邊界處也可被視為

在界定一個容器，我們強加邊界 --- 劃出活動範圍，使其具有內部與一個有邊界的表層 --- 無論是牆、籬笆或抽象的線與平面。極少有人類的本能比活動範圍更基本。周圍放一個邊界來界定活動範圍，是一種量化行為。無論是人、石頭或田地，有邊界的東西都有大小。這允許我們以其所容納的實物的數量來將這些東西量化。物質本身可被視為容器。拿一盆水作例子，你進了盆就進了水，盆與水均被視為容器，但種類不同，盆是一個容器物體，而水則是容器物質。㉙以此推之，《圓圓曲》中所見容器譬喻除了以上討論過的「傾國傾城」「舊巢」「樊籠」之外，還有下列具體的地理區域及抽象勢力範圍：

《圓圓曲》中的地點詞及其譬喻映射

主角出沒的場所與事態進展的舞臺				串連各地的交通媒介
詩中所指	同義類聚			
古代吳王居處	77 吳宮（74 屧廊 71 館娃宮 香徑）			15 夢
圓圓故鄉	13 姑蘇（13 浣花里 18 ／ 19 橫塘）51 江鄉 > 55 舊巢			19 雙槳
京城	宮廷	35 長安		12 油壁車
		23 宮掖 25 永巷		
	權貴之家	09 田竇家 10 侯門 11 戚里 20 豪家	39 內第 40 雕欄	
吳王鎮守範圍	47 秦川 48 金牛道 49 斜谷 50 散關 78 漢水 45 戰場 76 古梁州			42 ／ 43 馬 48 車（千乘）

　　依詩中描述，陳圓圓的一生都輾轉在各類容器之間：姑蘇

㉙　參見 Lakoff & Johnson(1980)第六章:Onological Metaphors 本（實）體隱喻，頁 29-30。

（起點）→夢中吳宮→船（被搶）→京師（宮廷→奪→豪門）→
將軍油壁車（虛幻）→離開豪門的小容器＼京師的大容器（被
動）→流落＼飄泊在京師容器之外→到達漢中（目的地），不斷
進出各類容器。吳王宮是自由自在的夢遊，交通工具是夢，是自
由來去的唯一一次。這一次映射了她最終的歸宿也是吳王宮（吳
三桂），前後如鏡中反射。後來她由江南被搶到京師，交通工具
是船。在京師這個大容器中，先被送入宮中這個容器，後又被奪
歸另一容器－豪門，詩中已由「樊籠」這個意象來映射，突顯其
不自由。這是「人在容器內是禁錮」譬喻概念的映射。她是籠中
鳥，嬌弱無自衛力。雖受英雄吳三桂欣賞而「揀取花枝」，但等
待將軍「油壁車」來「攜」「出樊籠」可是落空。但是，當她被
在野強權逼出樊籠時，卻依然未改變命運。當她不在容器中時，
卻是「流落」、「飄泊」，沒有安全感。這充分表現了「人在容
器外是流離飄泊」的特性。這與上文「人在容器內是禁錮」之譬
喻恰成矛盾組合，暗示了陳圓圓的宿命。在此詩中，「人生是一
個旅程」譬喻與「人在容器內是禁錮」「人在容器外是流離飄
泊」兩個互相矛盾的譬愈的疊加，交繪出一個進退兩難的困境。

㉚ 參見馮沅君〈吳偉業《圓圓曲》與《楚兩生行的作期》〉之考據

《圓圓曲》中的容器譬喻與人生軌跡

人生旅程	活動範圍	語言表達式	容器譬喻映射	詞彙編碼	人生軌跡
起點：	容器一：出生地姑蘇	13 家本姑蘇浣花里 14 圓圓小字嬌羅綺			自由自在
虛幻交通工具	容器二：夢		夢是一個容器		自主進入
	容器三：夢中吳宮	15 夢向夫差苑裡遊 16 宮娥擁入君王起	夫差苑是一個容器	向……裡 入……起	【夢遊】 受尊重
短暫中途站 傳送管道 交通工具	容器四：「船」	19 橫塘雙槳去如飛 20 何處豪家強載歸	船是一個容器 以槳代船是轉喻	去 強載	被迫離開
中途站	容器五：「宮中」	23 薰天意氣連宮掖 24 明眸皓齒無人惜	「豪家」「宮掖」「永巷」		
中途站	容器六：「貴戚府第」	25 奪歸永巷閉良家	「良家」是容器	奪歸/	被動
		9 相見初經田竇家	「田竇」是一個容器		
		010 侯門歌舞出如花	「侯門」是一個容器	出	
傳送管道 交通工具 （虛）	等待容器七：將軍「油壁車」	11 許將戚里箜篌妓 12 等取將軍油壁車	「油壁車」是一個容器	等取	【樊籠】
	等待離開容器六：「貴戚府第」	29 白晳通侯最少年 30 揀取花枝屢回顧 31 早攜嬌鳥出樊籠 32 待得銀河幾時渡	「良家」是特殊容器 「樊籠」 鳥是籠中物	揀取 攜\出 渡	不自由 不受尊重
	被迫離開容器六：「貴戚府第」	36 一朝蟻寇滿長安 39 遍索綠珠圍內第 40 強呼絳樹出雕欄	「長安」是容器 「內第」是容器 「雕欄」是「內第」邊	圍 出	被動
無處所	不在任何容器中	05 紅顏流落非吾戀 37 可憐思婦樓頭柳 38 認作天邊粉絮看 62 關山漂泊腰枝細 63 錯怨狂風揚落花		流落 飄泊	無依靠 不受尊重
短暫中途站 傳送管道 交通工具	容器八：馬	41 若非壯士全師勝 42 爭得娥眉匹馬還 43 娥眉馬上傳呼進		還 進	【轉機】
終點 歸宿	到達容器九：現實吳王的勢力範圍「吳三桂鎮守之漢中」	44 雲鬟不整驚魂定 45 蠟炬迎來在戰場 46 啼妝滿面殘紅印 47 專征簫鼓向秦川 48 金牛道上車千乘 49 斜谷雲深起畫樓 50 散關月落開妝鏡	秦川、金牛道、斜谷、散關等地名均在陝西，均指稱吳三桂鎮守之漢中31。	迎來	【新天地】 自由 受尊重

6.「鼎湖當日棄人間」所反映的「死是離去」的譬喻概念

　　詩的開頭就以「01 鼎湖當日棄人間」交待了事件的歷史背景與時間：明朝末代黃帝思宗死了。「鼎湖」是歷史傳說中黃帝鑄鼎昇天之所[31]，第一層延伸以「鼎湖」代黃帝的「地點代人」轉喻指涉黃帝。第二層延伸再以歷史傳說中黃帝之帝王身份譬喻映射同樣具帝王身份的明末皇帝思宗。第三層延伸再以黃帝昇天離開人間的事件映射明思宗因李自成起義而自縊離世的事件。其角度攝取只取「生命結束」之意，至於死法不同、尊卑有別之差異則不在焦點之內。

　　我們通常將「死」理解為「別離」。有人死了，我們會說某人「離開人世」「逝世」「過世」「走了」「不在了」以及「他與過世的親人在一起了」。有人「在鬼門關上」有可說成是「正在溜走」。音訊隔絕多年或歷經浩劫之後的重逢，人們會以某人「還在嗎？」「還在」或「早就不在了」這樣的方式談論舊識中可能死去的人，以「還」強調其有「離去」的可能。如果一個病人的心臟停止跳動之後又被醫生救活，可稱之為「起死回生」，可將此醫生形容為「妙手回生」。如果醫生動完手術走出開刀房並且宣稱「我們失去了他」或「他被病魔＼死神奪走了」，那我們就知道病人死了，因為「失去」就是不存在。Lakoff & Turner (1989) 指出，這些世俗的說法都是譬喻，而且是很普通的譬喻方式，我們用以了解生死與生命，生是來，死是去，生命是存在。以上這些語言表達式只反映了一個關於「死是離去」的譬喻概念，並透露了一個很重要的訊息：譬喻藏身於思維，並非只在詞

[31]　典出《史記‧封禪書》。參見黃永年 馬雪芹(1991)《吳偉業詩選譯》，頁四十。

語而已。（Lakoff & Turner 1989 CH1：1-2）「死是離去」的譬喻概念通常有一個空間前提，如是與活人「別離」則是離開生前居所或親人所在範圍。此詩以「棄人間」映射「結束生命」雖然也根源於「死是離去」譬喻概念，但與其交疊的卻是「人世是一個物件」的譬喻概念。「棄」是一個自主性很強的行為，也是「死是離去」譬喻概念的一種詞彙編碼（標示如何離去）。似乎一方面保留了死者的尊嚴（其實死得很慘很被動），另一方面對被拋棄的一方（包括天下眾生及詩人自己）心懷悲憫。

7. 由「換羽移宮萬里愁」「一斛明珠萬斛愁」看抽象概念具象化之認知基礎

上文第四大段第二節介紹了Lakoff1980所觀察到的一種較原初的譬喻類型——「本＼實體譬喻」，其特色是將與我們本身經驗有關的抽象概念建築在周圍的實體上，將有形的實體特徵映射至抽象、模糊的思想、感情、心理狀態等無形的狀況，這是除了方位譬喻外我們得以依我們切身經驗去瞭解事物的另一個基礎。其中我們最熟悉的莫過於擬人化與具象化的表達式。

「一斛明珠萬斛愁」這句詩是情感是物件與情感是有價物兩個譬喻概念的交疊。單純以明珠喻淚則是一個意象譬喻。明珠的形與質感可與「水滴」「露珠」「淚珠」做聯想，而「淚」是「愁」的一種視覺表象，是物質的，也是具象的。一方面以物件之價論人之身價原本就是一種社會的共識。「斛」是古代量器，

亦為容量單位。「一斛明珠」價值昂貴，比喻圓圓身價之高。
㉜，若考慮這句詩的上下文：「59 當時抵受聲名累 60 貴戚名豪
競延至 61 一斛明珠萬斛愁 62 關山漂泊腰肢細」，則似乎感到詩
人在暗示女主角的愁煩是因名氣大身價高而起所付出的代價。如
作此解，則「一斛明珠」是因而「萬斛愁」是果。另一方面，
「萬斛愁」以量度實體物件的容器單位「斛」來度量「愁」，是
從物件來源域向情感目標域映射的譬喻運作，也是抽象域向具象
域的映射。反映了情感是物件譬喻概念。

　　「萬里愁」是虛實兩個意象的疊加，從吳王夫差的吳地到吳
三桂駐守的漢中是實的空間距離，此外又以空間距離來映射抽象
情感，便是虛的空間距離。情感可以空間距離量度。是從空間來
源域向情感目標域映射的譬喻運作。

　　「換羽移宮」是以曲調變換譬喻人世間的改朝換代。當時正
是明朝亡清朝取而代之，是其一；從春秋吳地的吳王夫差的沒落
到明末清初吳王的興起，是其二。映射人生無常，變幻莫測，是
其三。一個譬喻表達式力貫三層，其語義密度不可謂不高。

　　抽象情感形量化是文學創作上最常見的一種表現手法：以容
器、長度、重量、體積等度量單位來映射情感強度的在古今詩句
中層出不窮，此僅略舉一二來與以上兩句詩作一比較：

㉜　相傳西晉石崇以三斛明珠買愛妾綠珠。見黃永年 馬雪芹(1991)《吳偉業
　　詩選譯》。

抽象情感『愁』的來源域

譬喻概念	來源域	角度攝取	譬喻蘊涵	語言表達式	目標域
情感是物質	水	水流量水勢	自然物態是情感的狀態 自然物態的量是情感的強度	問君能有幾多愁，恰以一江春水向東流。（李後主） 花紅易衰似郎意，水流無限是儂愁。（劉禹錫〈竹枝詞〉）	情感
		面廣量大	物質的容器是情感的容器 物質的量是情感的強度	落紅萬點愁如海（宋秦觀〈　　〉）	情感
情感是自然物	山	層次		夕陽樓上山重疊，未抵春愁一倍多。（唐趙嘏〈　　〉）	情感
情感是可量物	白髮	長度	白髮的長度是情感的強度	白髮三千丈，緣愁似個長。（李白〈秋浦歌〉）	情感
情感是空間距離	空間距離	長度	空間距離的長度是情感的強度	（換羽移宮）萬里愁（清吳偉業〈圓圓曲〉）	情感
情感是物件	容器所容物	重量	物件的容器是情感的容器 容器所物之量是情感的強度	只恐雙溪舴艋舟，載不動許多愁。（李清照〈武陵春〉）	情感
情感是物件	物件	容量價值	物件的容器是情感的容器 容器所容物之量是情感的強度 物件的代價是情感的代價	一斛明珠萬斛愁（清吳偉業〈圓圓曲〉）	情感

8. 由「烏臼紅經十度霜」看「時間是空間」「時間推移是空間物態轉換」之概念譬喻

　　「傳來消息滿江鄉，烏臼紅經十度霜」是描寫男女主角劫後團圓、女主角苦盡甘來「飛上枝頭變鳳凰」的消息傳回故鄉，此時距她少小離鄉時已經十年之久了。上句是空間性的轉移，由吳三桂漢中駐守地轉至女主角江南故鄉。下句則是以空間景觀在視覺感知上的轉變之歷時性來映射時間的推移。

　　此一譬喻將靜態基模轉換成動態：烏臼樹葉的紅是靜態的，也是視覺上的；而烏臼樹的葉子到深秋變紅，自然現象「霜」指涉了紅的原因與時間，而且一年只有一次，這是經驗常識。由不

紅到紅的過程是歷時性的，周而復始地紅了很多次也是歷時性
的。但此一譬喻映射的角度攝取忽視了紅的過程的歷時性，焦點
放在一年一度的的空間物象的轉變（紅葉與霜）所量化的時間長
度。這是一個立足於經驗的概念譬喻：「時間推移是空間物態轉
換」。空間物象因時間推移而變化是常理，所以空間物象轉變就
反映時間推移，於是靜態視覺形式被理解為動態移動。

陸、小　結

　　以上探討證實：譬喻是文學奢侈品，更是大眾日用品。是語
言中語義擴張與延伸的主要途徑，我們由此延伸認知的觸角，舉
一反三擴張知識面，形成縱橫網絡。另一方面，我們由《圓圓
曲》看到古詩賞析過程中所存在的認知共性與隔閡。此詩在其當
代廣受好評，但現在的賞析者讀起來，卻往往不為所動。究其原
因，此詩因典故運用頻繁而產生認知阻隔是其一。當代詩歌賞析
偏重意象，賞析者往往因其常規化的意象重複堆疊（如以上所舉
「紅顏－紅粧－蛾眉」之類聚指涉美女）而覺得了無新意是其
二。由認知的角度來探此一現象之成因。典故多雖有意象稠密、
表達簡潔的妙處，卻也使現代的文學賞析者產生了文化隔閡。詩
中常規化的意象重複堆疊，對於口述文學來說是篇章繫聯呼應的
一種手段，其韻律上的呼應也加強了韻律美感的共鳴（註：此一
方面之詳細論述參見周世葳 1988、1999）。整體詩篇意象美與韻
律聲情美溶合為一體，自然令人蕩氣迴腸，為之感動。但當代詩
歌賞析多已剃去韻律部分，此詩若只剩下常規化的意象，是最不
利於作紙上的意象賞析的樣本。由此可之，此詩之不受當代年輕
賞析者青睞，自是意料中事。

〔參考書目〕

第一部分：《圓圓曲》相關研究資料

黃永年 馬雪芹(1991)，《吳偉業詩選譯》四川：巴蜀書社

周法高(1973)，〈吳梅村詩叢考〉《香港中文大學中國文化研究
　　所學報》6 卷 1 期 頁 245-317

錢仲聯(1984)，《夢苕盦專著二種》，中國社會科學出版社

程千帆(1984)，〈書吳梅村《圓圓曲》〉，收於錢仲聯(1984：
　　175-7)

馮沅君(1984)，〈吳偉業《圓圓曲》與《楚兩生行的作期》〉，
　　收於錢仲聯 1984：頁 178-185。

周世箴(1998)，〈吳偉業〈圓圓曲〉的表達模式〉《東海學報》
　　第 39 卷頁 15-42

中國社會科學院語言研究所詞典編撰室編(1979)《現代漢語詞
　　典》.北京：商務印書館

辭海編輯委員會編.(1979).《辭海》上海辭書出版社。

第二部分：譬喻與認知相關研究資料

㈠中文部分

李明懿(2000)，《現代漢語方位詞「上」的語義分析 A Semantic
　　Study of Modern Chinese Localizer "Shang"》，國立台灣師
　　範大學華語文教學研究所碩士論文

沈　謙(1995)，《修辭學》，國立空中大學

周世箴 (1994)，〈語言學是否能用於文學研究〉《東海中文學
　　報》第 11 期，1994

周世箴 1999，〈聲韻與詩歌──聲韻類聚的聲情作用〉，中國聲
　　韻學會《聲韻論叢》第八輯，台北：學生書局，頁 35-90，1999

年 5 月。

周世箴(2000-2001)《漢語譬喻性語言之運用類型研究（先秦部
　　份）》國科會 89 年度計劃【89-2411-H-029-020】（進行中）

邱秀華(1997)，《國語中「時間就是空間」的隱喻 The Metaphor
　　"Time as Space" in Mandarin》，國立中正大學語言學研究所
　　碩士論文

黃居仁(1981)，〈時間如流水 Time as Flowing Water: A Discussion
　　of the Chinese Concepts of Time from the Point of view of the An-
　　cient Classics.〉《中外雜誌》頁 70-88

黃宣範(1974)，〈隱喻的認知基礎〉，《語言學言研究論叢》.台
　　北：黎明圖書公司。

黃宣範(1976)譯，〈唐詩的語意研究：隱喻與典故〉《翻譯與語
　　意之間》,頁 133-216，台北：聯經,（高友工∖梅祖齡原著Kao,
　　Yu-Kung & Tsu-Lin Mei(1974)）

黃慶萱(1986)，《修辭學》，台北：三民，1975.1 初版，1986 增
　　訂四版

張敏(1998)，《認知語言學與漢語名詞短語》，北京：中國社會
　　科學出版社

葉維廉(1983)，〈東西比較文學中模子的運用〉《比較詩學》台
　　北：東大圖書公司

劉靜宜(1999)，《隱喻理論中的文學閱讀：以張愛玲上海時期小
　　說為例》，東海大學中研所碩論

戴浩一(2000)，〈概念結構與非自主性語法：漢語語法概念初探〉
　　《第七屆中國境內語言暨語言學國際研討會論文集》，頁
　　375-391

鄭昭明(1994)，《認知心理學－理論與實際》.台北：桂冠圖書公司。

㈡英文部分

Ahrens, Kathleen & Huang Chu-Ren(2000)，TIME IS MOTION in Mandarin Chinese: Parameterizing Conceptual Metaphors,《第七屆中國境內語言暨語言學國際研討會論文集》，頁 27-47

Clark(1973)，"Space, time, Semantics and the child." In T.E.Moore (ed.)Cognitive Development and the Acquisition of Language, New York: Academic Press.

Croft, William (1993). The Role of Domains in the interpretation of Metaphors and Metonymies. Cognitive Linguistics 4:335-70.

Kao, Yu-Kung & Tsu-Lin Mei(1974)，"Meanings, Metaphor, & Allusion in T'ang Poetry," Harvard Journal of Asiatic Studies, 38 (1974:281-356) [中譯見黃宣範 1976]

Hawkes , Terence 1972 ,Metaphor, London: Methuev Co. Ltd.，／Routledge. 高丙中(1992)中譯，《論隱喻》，北京：昆侖出版社

Huang, Shuan-fan. (1994). Chinese as a Metonymic Language 漢語是轉喻性語言. In M. Chen & O. Tzeng (eds.), In Honor of William S-Y. Wang: Interdisciplinary Studies on Language and Language Change, 223-252. Taipei: Pyraimid.

Lakoff, G. & M. Johnson (1980), Metaphors we live by 我們賴以爲生的譬喻, Chicago: The university of Chicago Press.

Lakoff, Gorge (1987), Women, Fire, and Dangerous Things - What Categories Reveal about the Mind. Chicago: University of Chicago Press. 梁玉玲等（中譯）《女人、火與危險事物－範疇所揭示

之心智的奧祕》.台北：桂冠圖書公司。

Lakoff, G. & M. Turner(1989)，More than Cool Reason：A Field Guide to Poetic Metaphor，Chicago: University of Chicago Press。

Lakoff, G.(1989), The Invariance Hypothesis: Is abstract reason based on image-schemas 不變原則：抽象概念是否以意象基模爲基礎？,Cognitive Linguistics :39-74 , 1-1 (1990), 39-74. Walter de Gruyter.

Lakoff, G.(1993). Contemporary Theory of Metaphor 當代譬喻理論. In Ortony, Andrew. (ed.) (2nd ed.) Metaphor and Thought 譬喻與思維. New York: City University Printed.

Lakoff, G.(1994), What is a conceptual system 何謂概念系統? In Willis F. Overton and Davis S. Palermo (eds.), The Nature and Ontogenisis of meaning. Hillsdale, NJ: Lawrence Erbaum. Pp.41-90.

Su, Lily I-wen and Liu, Hsiu-min. (1999). Metaphorical Extension and Lexical Meaning 譬喻性延伸與詞彙意義. In papers from The Pacific Asia Conference on Language, Information and Computation. Taipei.

Su, Lily I-Wen (2001), 'Mapping in Thought and Language as Evidenced in Chinese 思想與語言中的語義映照：以漢語爲例' ，《漢學研究》

Ungerer & Schemid (1996) , An Introduction to Cognitive Linguistics, London & New York: Longman

※筆者國科會 89 年度計劃【89-2411-H-029-020】「漢語譬喻性語言之運用類型研究（先秦部份）」尚在進行中，本文運用了局部資料。

附錄一：動覺意象基模 Kinesthetic Image Schemes(Lakoff 1986 E:271;C:382)

	容器基模	部分－整體基模	鏈環基模 (Lakoff 1987:274;)	中心－邊緣基模 (Lakoff 1987:274)	【源＋路徑＋目標】基模 (Lakoff 1987:275)
身體經驗 Bodily experience	人既作容器又作容器中的事物，不斷地體驗我們身體。	人是一個整體，能操縱身體各部分，知覺並體驗身體的部分－全體關係，了解客體的部份－整體的基本層次感知，從事活動。	臍帶是最初的鍊。以線或繩的類似物把穩相關物體的位置	中心與邊緣 人：軀幹＋內臟 手腳毛髮 植物：主幹＋分枝／葉 中心＞界定個體身份	移動＞起點－終點－方向 空間終點＝目標＝目的地
結構成分 structural elements	內部－界限－外部	整體 A WHOLE-部分 PARTS-構造 A CONFIGURATION	實體 A-實體 B-繫連 AB 之鍊	實體 an entity 中忠 a center 邊緣 a periphery	源（起點）－目的地（終點）－路徑（起－終中途點）方向→（目的地）
基本邏輯 Basic logic	其內部結構是安排好的，以產生一種基本邏輯。	整理－部分之關係： 整體存在所以部分存在。部分存在不等於整體存在。但是部分不存在，整體也不存在。部分－部分之關係：相鄰	如果 A 與 B 相連，那未 A 受限於 B 並依存 B 對稱性 如果 A 連 B，那未 B 連 A	邊緣依存於中心而非反向	由起點到終點必經中途每一點，行越遠歷時越久
樣本譬喻 sample metaphor	視覺領域： 進出視野 個人關係： 陷入／擺脫 （如婚姻）	家庭與婚姻關係的分合 家庭的整體－部分之關係，如： 婚姻＝合 家（整體）／夫妻（部分） 離婚＝鈤 社會結構的身體隱喻	社會關係與人際關係＝鍊 社會聯係： 建立與破壞	理論具中心原則與邊緣原則 重要者爲中心	複雜事件＝旅行 開始狀態（源）＞一系列中間階段（路徑）＞最終狀態（目的地）

附錄二：吳梅村〈圓圓曲〉

01.鼎湖當日棄人間	27.坐客飛觴紅日暮	59.當時抵受聲名累
02.破敵收京下玉關	28.一曲新詞向誰訴	60.貴戚名豪競延至
03.慟哭六軍俱縞素	29.白晳通侯最少年	61.一斛明珠萬斛愁
04.衝冠一怒為紅顏	30.揀取花枝屢回顧	62.關山漂泊腰肢細
05.紅顏流落非吾戀	31.早攜嬌鳥出樊籠	63.錯怨狂風揚落花
06.逆賊天亡自荒宴	32.待得銀河幾時渡	64.無邊春色來天地
07.電掃黃巾定黑山	33.恨殺軍書抵死催	65.嘗聞傾國與傾城
08.哭罷君親再相見	34.苦留後約將人誤	66.翻使周郎受重名
09.相見初經田竇家	35.相約恩深相見難	67.妻子豈應關大計
10.侯門歌舞出如花	36.一朝蟻寇滿長安	68.英雄無奈是多情
11.許將戚里箜篌妓	37.可憐思婦樓頭柳	69.全家白骨成焦土
12.等取將軍油壁車	38.認作天邊粉絮看	70.一代紅妝照漢青
13.家本姑蘇浣花里	39.遍索綠珠圍內第	71.君不見
14.圓圓小字嬌羅綺	40.強呼絳樹出雕欄	館娃宮裡鴛鴦宿
15.夢向夫差苑裡遊	41.若非壯士全師勝	72.越女如花看不足
16.宮娥擁入君王起	42.爭得娥眉匹馬還	73.香徑塵生鳥自啼
17.前身合是採蓮人	43.娥眉馬上傳呼進	74.屧廊人去苔空綠
18.門前一片橫塘水	44.雲鬟不整驚魂定	75.換羽移宮萬里愁
19.橫塘雙槳去如飛	45.蠟炬迎來在戰場	76.珠歌翠繞古梁州
20.何處豪家強載歸	46.啼妝滿面殘紅印	77.為君別唱吳宮曲
21.此際豈知非薄命	47.專征簫鼓向秦川	78.漢水東南日夜流
22.此時唯有淚沾衣	48.金牛道上車千乘	
23.薰天意氣連宮掖	49.斜谷雲深起畫樓	
24.明眸皓齒無人惜	50.散關月落開妝鏡	
25.奪歸永巷閉良家	51.傳來消息滿江鄉	
26.教就新聲傾坐客	52.烏臼紅經十度霜	
	53.教曲伎師憐尚在	
	54.浣紗女伴憶同行	
	55.舊巢同是銜泥燕	
	56.飛上枝頭變鳳凰	
	57.長向尊前悲老大	
	58.有人夫婿擅侯王	

〈隱喻認知與文學詮釋〉審查意見

沈　　謙

玄奘大學中文系教授

本文從現代語言學的認知理論，詮釋古典的詩歌，選題立意上頗具意義，論文優點甚多，如：

一、識大體，知門徑，切入點選得恰當，具創意。

二、資料豐富，廣涉古今中外，表現功力深厚。

三、闡論深入，分析細密，言之成理。

四、理念清晰，時露卓識，如P.3L5-6述及現代的隱喻觀念，「譬喻性語言不僅僅是文學的修辭手段，不限於文學範疇，而是一種思維方式⋯⋯。」

若干疑義及建議：

一、可考慮增加一段「結語」，或許更能撮舉成果，使論文更完整。

二、少數資料未明註出處，如 P.2L6 論亞里士多德的《詩學》、《修辭學》均設專門章節。何章何節，則未指明。

三、P.5引黃慶萱的說法，「明喻」、「隱喻」、「略喻」、「借喻」、「假喻」五型之中，「假喻」並非譬喻之一型。

美、色與人文片論：
性電影的後現代閱讀

吳有能著

彰化師大國文系教授

前　言

　　從常民的觀點看美不但與醜相對，而且是高雅的、高尚的，所以美除了與醜相對外，它也跟俚俗、低俗等詞相對。而一般來說，近代人文精神強調人的價值與尊嚴，尤其強調人是目的，而不是手段。隨著啟蒙精神的發展，現代社會中的人文精神漸次提升，隱然已經構成社會主流價值極為重要的一環。如果我們將上述兩點綜合來看，色情既低俗又貶抑人的價值與尊嚴，自然被摒棄於主流的人文價值之外，甚至應該通過立法加以壓抑、禁止與消滅。所以在探討美學與人文精神的主題的時候，色情恰好構成一個邊界論述（marginal discourse），甚至是反論述（counter-discourse），換言之，色情的探索將有助於我們映照美學人文精神這一主題。本文嘗試從後現代的觀點，首先探索主流社會價值與色情的關係的幾種側面──互滲、生產與權力，並進而反省性電影對美學所能提供的新反省。當然，本文並沒有打算針對這麼大的議題，進行系統而全面的論述，反之，本文的工作目標只在勾勒幾個重點，難免存在侷限性與片面性，所以只能說是片論。

但是在進入正文前，我必須說明由於「色情」已經成為負面的標籤，在常民論述中所謂「色情電影」，就常常包含負面的評價。①為了避開情緒性的評價，下文將盡量避免使用色情、情色等負載評價（value-laden）的字眼，而代之以中性的「性事明顯的電影」（sexually explicit movie）一詞，在本文中則一律簡稱為「性電影」。②讓我們從一件性電影的禁播事件談起。

認同／對抗／滲透

凱特琳布蕾亞(Catherine Breillat)是法國知名的演員、作家兼導演，不過，因為她素來致力於男女情慾主題的創作，作風大膽與前衛，所以她也成為一位爭議十足的人物。但無論如何，影藝界不少人肯定她的藝術成就，去年鹿特丹影展（Rotterdam Film Festival）就有她的個人回顧展。③最近她編導的法國情慾電影「羅曼史」(Romance)申請在臺灣的商業發行，卻曾被行政院新聞局裁定禁演，理由是部分鏡頭違反電影法中的「妨害公共秩序或善良風俗」，此舉引起發行商優士電影公司的抗議。其實這實

---

① 例如色情影刊有一個普遍接受的定義，即杜瓦金及麥金農在提出他們反色情影刊草案時對色情影刊的定義：色情影刊即使用影像或文字方式，以性行為畫面明顯現對女性的貶抑，當中的女性被人非人化、貶為性對象、性物品與性商品——被呈現出來的樣子是喜歡痛苦、被屈辱、強暴、緊綁、切割、毆打或肢體傷害，擺出性臣服、性屈服或性展現的姿態；只著重身體的某些部份；被外物或動物插入；出現在屈辱、傷害、折磨的片段中；以骯髒、低劣、流血、瘀腫、受傷的模樣出現在性場面之中。」

② 亞當・朱克思著，吳庶任譯，《為何男人憎恨女人》（臺北：正中書局，1996年4月初版），頁242。

③ Available http://www.tasteromance.com/ Online：2000/10/28

在是舊瓶新酒，老戲碼的最新演出而已。論述焦點依舊擺在「管制影響」與「言論自由」的對立框架中進行。④即一方面希望管制性電影對社會善良風俗的危害性影響，而另一方面則強調維護人民言論、表演及接受資訊的自由及權利。

審視電影乃至普遍的色情文化，在爭取表演的權利的時候最常採取策略有二，我稱之為認同策略和對抗策略。認同策略的手法在於拉近色情與社會主流價值的距離，甚至將色情換上主流價值的外衣而出現，因此色情電影也常自稱是藝術電影，而脫星也可以說是為藝術而犧牲；這次朱惠良立委就強調羅曼史探索人性，她說「這部電影其實可以讓觀眾思考很多事情」。⑤探索人性的大論述好比免死金牌，於是羅曼史突然又有了刀下留人的結果——開會討論再說。分析這種論說的邏輯，其實就在於借用主流社會的價值抵禦來自主流社會的攻擊，可說是以子之矛，攻子之盾的策略。但是在這種策略下，色情之所以被肯定是因為被用來包裝的價值被肯定，色情本身則未被肯定。

而對抗策略則是根本不追求主流價值的肯定，而要挑戰甚至顛覆主流價值，所以在手法上就常常將主流價值貼上負面的標籤，如封建、保守、頑固等，而色情文化則扮演著解放的角色，即要通過色情掙脫傳統不合理的枷鎖，從而解放社會，取得情慾自由，甚至從而建立充分的主體性，採取這樣立場的，彷彿就特別振振有辭。

---

④ See Susan M. Easton, *The Problem of Pornography: Regulation and the Right to Free Speech* (London; New York: Routledge, 1994)

⑤ 據鄒念祖著，〈羅曼史發人深省 立委期盼新聞局重新思考電檢制度〉，該文載於《明日報》，2000 年 10 月 20 日。Online: 2000/10/26 Available http://www.ttimes.com.tw/2000/10/20/entertainment/200010200240.html

反映眞實、遮蔽眞實、生產眞實

　　色情的論述除了常運用認同與對抗的策略外，又常常建築在色情與眞實的關係上。贊成色情文化者常常說色情反映眞實的人性，「食色性也」，我們可以稱之爲反映論；而反對者常常說色情遮蔽了人性的眞、埋葬了人性的善、粗暴的破壞了美，這一論點則可以稱爲遮蔽論。人性是甚麼？旣然人言言殊，那麼反映抑或是遮蔽了人性的爭論就自然持續不休了。

　　分析以上兩個常見的論述，我們看到一個盲點，也許論辯雙方眞正所關心的不盡是反映眞實或遮蔽眞實，而是色情所可能生產的眞實。⑥現在讓我們分別從反映論及遮蔽論兩方面觀察。

　　反映論者固然注意通過電影的媒介，反映他們眞實世界的種種認識；但是在性電影方面，也許他們更有興趣的是色欲的不斷再產，當色情挑逗著、煽動著觀衆的情欲，也同時導致後續色情消費的可能性，而這當然也包括再消費另一部性電影。一九九〇年代王晶推出羔羊系列電影很可以說明這一點，王晶繼九二年第一部「赤裸羔羊」非常賣座後，再推出「性追輯令」、「強姦3：OL 的誘惑」、到九九年「強姦終極篇之最後羔羊」等幾部以強姦爲主題的電影，⑦也就是說，通過觀衆的強姦慾的刺激與再產，而讓強姦主題的電影得以不斷生產。當然王晶創作室賺完一

---

⑥　有關生產的觀點，筆者是受到林芳玫〈A 片與偷拍：再現論與擬象論的色情研究〉的啓發，該文收入氏著，《色情研究：從言論自由到符號擬象》（臺北：女書文化出版，1999 年初版），頁 151-192，特別是頁 152-165。

⑦　參「香港電影信息庫」網站。

筆之後，又可以再賺一筆，這種再生產性也許是性電影業所最關心的。但是這種再產方式卻對主流社會的價值形成極大的反諷，因為它經常盜取主流社會所認同的價值，甚至在道德大旗下，一邊販售性慾，一邊還吶喊揭發真相，甚至還要「警醒社會，讓色魔技窮」。於是在竊取道德前提的掩護下，理直氣壯的量產色情。

另一方面遮蔽論者正是懼怕著虛擬的電影在現實世界裏面產生真實的影響，挑戰他們堅持的社會道德理想，說到底，也許他們懼怕的是虛擬的電影所可能產生真實，但是這並非無的放矢的，人們在現實生活中模彷著性電影的案例並不少見，⑧這明顯看到性電影在現實生活的生產性。所以這兩者其實真正更關心的是色情所產生出來的真實。這就指向更根本的問題，也就是說我們認識、掌握世界觀念架構，必須重新審視。社會價值與性電影不能看成是互相獨立的實體，而更應注意他們相互之間的相互滲透，社會價值觀念規範著性電影，但性電影也反過來模糊著社會價值的疆界，甚至產生新的社會價值。

疆界與去疆界

諷刺的是，當社會價值以正統、正常、正確、正當自居，而將主流價值與性電影的「小道」劃出疆界之時，卻漠視著性電影正在拆毀疆界，建構新的正統、正常、正確、正當。讓我們從性

---

⑧　一九九八年四月周瑞斌的案例可說是臺灣案例中的極端表現，周某開設電話交友中心，依照A片的情節，誘騙國小女童回住處，用V8拍攝女童裸身，並要求女童配合做出各種性動作。董介白著，〈囚禁女童拍片周瑞彬自扮主角〉，《中時晚報》，1998 年 4 月 8 日。

商品與性技巧兩方面探索這一問題。

　　我們看到性電影創造著眞實世界，例如性愛技術的繁雜化、情趣商品的普及化。當誇飾的情趣用品在性電影大量地使用之後，現實的情色世界就眞的愈來愈大量地使用情趣用品。大家只消看全臺灣情趣用品店林立，便可知人們模仿電影的虛構世界、創造現實世界的眞實。性商品的存在是早已存在的歷史事實，從黃色書刊的印行，到實際的用品，如作爲男陽代用品的「如意」。現代與古代的不同在於情趣用品已經曝光，從隱私的、諱言的閨房隱祕性「淫物」，到今日合法且公開的「情趣」，從淫物到情趣，反映著觀點的去道德化，及道具的商品化。古代粗俗不文的淫物正慢慢取得生活上正當且正常的位階，甚至成爲現今社會中被認可的夫妻正常性生活的一部份。

　　同時，性電影也在現實世界生產性愛技巧，七十年代有一部稱爲《深喉》（Deep Throat）的電影，女主角是 Linda Marchiano，但她以藝名Linda Lovelace知名於世。在片中，Linda 要爲男人口交，讓陰莖深入喉嚨，所以片名就叫《深喉》。不但如此，Linda 在片中更需要在替別人口交的時候，特意裝得非常陶醉享受的樣子。⑨因爲影片的震撼與賣座，品簫就變成當時許多美國年輕人視爲當然的性愛動作。當時男人流行對女人說：「如果你愛我，就應該做 Linda 所做的。」同時，隨著賣點的複製，口交變成性電影的必備情節，當然也在現實生活中，口交也就在性行爲中不斷複製，甚至有一天可能變成性愛行爲中的必備過程。也

---

⑨ Linda 後來在一九八〇年將她當年被迫拍攝的情形出版成書，參 Linda Lovelace and Mike McGrady, *Ordeal* (New York : Berkley Books, 1983).不過，也有人指她說謊，僞造苦難經歷以便騙取讀者的同情賺取版稅。

就是說，口交在性技巧的園地中，已經取得正常的地位。而且口交再不是男性的要求，而是男女共同的「性」趣。

　　在大眾媒體及常民文化的論述上，品簫事實已經從單純的男性的期盼，變成女性接受或期盼的性愛技巧。我沒有接觸到任何調查足以顯示女性是否從不愛品簫發展成或被塑造成主動的期盼品簫，所以我對這個「發展」的問題，不採取立場，但是我要強調的是從常民文化的論述中，有資料顯示有相當數量的當代臺灣女性至少已經接受口交。1997 年蕃薯藤工作小組建立「臺灣婦女資訊網」，提供許許多多生活中女性的資訊，在這個既有的基礎上，蕃薯藤後來又推出 HerCafe 網站。這個女性網站的目標是：「新時代的女性需要隨手可得的資訊，讓她從容應付生活各項挑戰；新時代的女性也需要一個釋放身心能量的空間，讓她以嶄新的心情面對快速變化的世界。」假定網上的資訊是為了達成以上所述的目的而張貼的，則其中一項變化世界中的生活挑戰應該就是女性替男性口交，因為網站轉載一九九五年台視文化出版《男人性愛透視》一書中兩份文件——「男人喜歡口交嗎？」及「口交的五個小祕訣」。⑩第一篇文章一開始就說：「用嘴愛撫男性的陰莖是伴侶相當親密的行為，大部分的男人都對口交深感興趣，並視之為女方愛意的最高表現。如果妳已經試過以口輕咬、**舔嚐親吻伴侶身體的愛撫方式，再將之運用在他的陰莖上，應該是輕而易舉之事。**」而第二篇則歸結說：「很多人會縱情於口交，並將之視為性交前的前戲。但**建議妳，何妨找個清晨，讓他在你熱情的吸吮下勃起！**」依照這兩篇文章的看法，口交不但是

---

⑩　HerCafe 之「愛情、性、身體親密討論區」，Online：2000/10/25 Available http://hercafe.yam.com/hertalk/herlove/sexuality/。

大多數男性深感興趣的，而且也是女性舉「口」之勞之事，所以很多人縱情於此一前戲，因此作者就乾脆給讀者建議：既然人人如此，那麼大家也不妨見「鹹」思齊。口交已經成為或將慢慢成為臺灣現實性生活的一部份，似乎在這些建議的出現看到端倪。

　　但問題是口交真的是男人的最愛，女人的享受？我沒有接觸到臺灣的數據，不過 Linda Lovelace 自己倒曾自述她的「深喉」經驗。根據她的自白，她是在毒打與槍管的淫威下進行口交的，所以她只有運用享受的表情來掩飾著反胃與想吐的苦況。AV 女優出身的日本知名節目主持人飯島愛，最近述說她的性電影經驗說：「實際進行拍攝工作的時候，其實就像是沒有任何感情的公式一樣」⑪，又說：「一邊不斷持續著像是有感覺的樣子，一邊叫喊著單一模式的話語。除此之外我不說其他的台詞，一直都叫著已經老套並且十分虛假的台詞。」⑫因為整個影片看似真實但全然是虛假的演出，所以飯島愛自述她自己在演出過程中毫無感覺，而且「也知道男性演員沒有甚麼感覺」⑬。她嘆道：「沒有愛情成份的性交和口交，讓我感到無止盡的漫長！」⑭飯島氏的自傳有點費辭，但中國時報的唐湘龍先生卻有一段生動的代言：「那些令人銷魂蝕骨的哀哀叫，都是表演。一山還有一山高的高潮是假的；像棒棒糖甜美的口交其實很累。」⑮

---

⑪　飯島愛著，《柏拉圖式性愛》（臺北：尖端出版有限公司，2001 年 2月初版），頁 163。

⑫　飯島愛著，《柏拉圖式性愛》，頁 164。

⑬　飯島愛著，《柏拉圖式性愛》，頁 165。

⑭　飯島愛著，《柏拉圖式性愛》，頁 165。

⑮　參唐湘龍，〈飯島愛不幹了〉，文載《中時晚報》，第十版「影視鮮聞」，2000 年 10 月 25 日。

　　而一九九四時代雜誌曾爲文介紹由芝加哥大學社會系Edward
Laumann 主持的一個有關美國人性行爲的調查，⑯這個調查訪問
過3,500位18至59歲的美國人，96%的美國人覺得陰道性交（va-
ginal sex）是「非常或有些令人心動」（very or somewhat appeal-
ing），而口交（oral sex）則排名在「觀看性伴侶寬衣解帶」之
後，以遠遠落後的狀態排名第三。是則口交是人人歡迎的自然性
行爲嗎？口交眞的是「男人的最愛」、「女性的享受」嗎？「正
常的」性行爲中，必然涵蓋口交嗎？文章還提到Camille Paglia的
觀點，口交是從七〇年代大學生經過對「深喉」的觀摩學習，再
通過流行雜誌的傳播，而成爲「學來的偏好（culturally acquired
preference）」。

　　綜上所述，從性商品與性技巧兩方面都看到性電影的生產
性，它滲透社會主流價值，顚覆異常與正常的疆界，倒置中心與
邊緣位置，模糊色情與藝術的區分，甚至在解構社會主流價值
後，進而建構新的價值及其疆界。德希達的補充邏輯對於理解上
述這一弔詭現象，甚具啓發作用。⑰人們習慣將性商品、性電影

---

⑯　See Philip Elmer-Dewitt, "Now for the Truth for Americans and Sex," Octo-
　　ber 17, 1994 Volume 144, No. 16。這篇文章提到的完整研究已經出版：
　　Edward Laumann el.at, *The Social Organization of Sexuality: Sexual Prac-*
　　tices in the United States (Chicago: University of Chicago Press, 1994).可惜
　　經查及國內幾個藏書較豐的大學圖書館的館藏目錄（如台大、清大、政
　　大）都沒有收藏此書，故筆者並未參考此書，所以本文所引用Laumann
　　的研究是依據 Philip Elmer-Dewitt 先生的轉手報導的。

⑰　See Robert Bernasconi, "No More Stories, Good or Bad：de Man's Criti-
　　cisms of Derrida on Rousseau," in David Wood ed., *Derrida: A Critical*
　　Reader(Oxford: Blackwell, 1992), pp. 137-166, eps. pp. 145-146.

僅僅看作是情趣，亦即把它們視為性生活有趣的補充，既然是補充，好像理所當然是既無傷大雅，也隨時可以終止。例如明清的色情小說就常在封面題上「公餘剩覽」等字句，這樣的配字透示著色情是公餘消遣，無傷大雅的訊息。而男人去嫖妓，也就順理成章的說是消遣，消遣自然可有可無，因為它只是生活的一點補充。可是從德希達的補充邏輯，我們知道補充不是可有可無的，補充正反映著有待補充的主體是並非完足的，補充扮演著補足欠缺的地位，而且補充能夠發展為新的主體。藉用德希達的論述，我們可以理解性電影正是一種補充，它補足原有社會主體的不足，而且慢慢生產新的社會主體、新的價值。

禁播：強權與弱勢

但是在新價值出現前，原有的社會價值常運用權力，鞏固並維持它自身。所以「挑戰」社會價值的性電影，就常面對禁播的命運。禁播的決定常常是基於法律的規定，而此法的精神則在貫徹倫理規範以建立、維持並強化理想的社會秩序，簡言之，就是政府有責任保護人民，使其免於色情的危害。但是自由主義經典穆勒（J.S. Mill）的〈論自由〉早就提出傷害原則（harm principle）的基本考量，米爾的傷害原則認為，只有在行為人的行為對他人構成傷害時，政府才有權干涉行為人的自由[18]，假設行為人的行為對行為人自身構成傷害，政府亦無權過問。依據這一原則，性電影的消費者本身應該為他們的行為負責，即使觀看性電

---

[18] 參穆勒〈論自由〉，見湯姆‧ L ‧彼徹姆著，雷克勤、郭夏娟、李蘭芬、沈珏譯，《哲學的倫理學》（北京：中國社會科學出版社，1990年初版），頁 403-406。

影會對行爲人產生不良影響，政府也不該干涉。當然這其中涉及行爲人本身是否成熟到可以理解電影可能帶來的影響，同時能夠承擔其一切後果等問題。

不過，假如政府認爲需要通過禁演的手段來保護人民，那麼是否意謂著人民尙未能成熟到足以自行判斷是否消費性電影，因爲人民幼稚才使政府有需要越俎代庖，代爲檢查、認定。在這種思惟裡政府變成十足的「父母官」，而人民就像要被「父母管」的小孩，政府要幫尙未成熟的人民決定甚麼是有益的，甚麼是有害的，如同父母官對人民如父母一般管教。當然這樣說並非枉顧社會對未成年人士應盡保護的責任，因爲電影分級制度本身就已經發揮保護未成年人士的功能。而現在的問題不是分級而是禁演，亦即任何人民不管成熟與否，都被剝奪消費性電影的自由。民國八十七年九月臺灣高等法院審理東佑文化公司出版的小澤圓寫眞集一案，可說是這種看法的反映。這一案的判例有一精神，就是不再單純以是否刺激或滿足人的性欲作爲猥褻的判斷標準。同時不考慮猥褻僅屬於道德層次的犯罪，則無異利用公權力強制倡導禁欲主義，且與憲法保障人民言論出版自由約旨趣相違。經過這個判例的突破，今年在出版品方面，就不再以是否出現性器官爲檢查標準了。⑲此案例跟本文相關的要點在於彰顯了一個認知，即便大家承認猥褻在道德上是不對的，但政府不應運用法律強制民眾不從事在道德上有問題的消費，因此將消費色情書刊與電影之決定權還歸民眾，讓他們自由地決定他的消費行爲。

更重要的是，性電影在臺灣的成功禁播不應視爲社會道德的強大，反而應該擔心的是本地社會道德的弱勢。當歐美日本的性

---

⑲　陳文芬著，〈限制級出版品審查大突破〉，文載《中時電子報》。

電影在臺灣隨手可得，而政府卻使用政治權力禁播片商申請的片子，律法與現實的反諷對照，實在令人憂心。因為社會道德似乎已經虛弱到或虛偽到必須藉助禁播來顯示反色情道德之存在。是則性電影的事實性，正反映著臺灣社會道德的虛構性。禁播顯示不一定是強權，而是虛弱。尚・布希亞（Jean Baudrillard）在《擬仿物與擬像》說：

> 所有的權力和機構，都是透過否定來發言。⑳

> 在它自身的死骸中，找尋新鮮的血液；透過危機、否定性，以及反權力的鏡影，來更新生死的循環──這就是每一種權力的不在場證明／解決之道（solution-alibi），也就是每一個機構要試圖衝破它的無責任性、與基本的不存在性，它早就被看見、以及早就已經死亡的當口，所可能獲致的法門。㉑

這個說法其實蘊含著所謂權力是透過否定來證明它的存在，正如同檢查制度通過否定它所禁止的事物來證明它的存在，所以檢查制度甚至有時候會張大其詞，把它要否定的事物誇大到適合否定的份量，放大到適合否定的位置，從而能夠將敵人剷除。這種權力的否定性本身，顯示著權力本身的荒謬性──藉助著摧毀事物而使它的生命得以呈現。這便非常接近傅柯的想法，傅柯認為在訓育過程中，人們透過訓育來顯示權力。權力的機制在否定的運作中，事實上常映現它本來權力的虛弱無力，因為否定並不一定代表權力的熾熱、高漲，相反的，有時候它反映著權力的衰

---

⑳ 布希亞著，洪凌譯，《擬仿物與擬像》（臺北：時報文化公司，1998年初版），頁48。

㉑ 布希亞著，洪凌譯，《擬仿物與擬像》，頁49。

落，權力的衰落借宿於禁止和否定之上來彰顯它仍然蒼白地存在
的事實。如果運用傅柯的觀點，也許我們可以說日漸衰落的權力
似乎不只表示著社會原有對色情與藝術分界的瓦解，它更指向大
眾文化正創造對美的新理解。因爲原來的分界與近代美學觀念很
有關係。

色情與藝術：康德美學的基進反省

約翰・費希克（John Fiske）曾經認爲消費者是可以透過大眾
文化產生顚覆主流文化的創造性力量。性電影顚覆主流文化的力
量正反映了大眾文化的創造力量。而第邁久（Dimaggio,1991）曾
經提過文化產品如果跨越慣常文化的區隔而引起強烈的反感，這
個文化產品就具有一種「象徵」的力量，從上述對性電影的社會
影響的分析，性電影正是一象徵力量，它刺激起藝術與色情本身
合法的區分。

如果因性電影可能對社會產生壞影響而禁止性電影的話，這
種論述是非常粗糙的；假如我們說禁止性電影是因爲性電影部份
情節會形成演練的示範，而導致現實社會中有因模仿性電影情節
而構成種種不當乃至犯罪行爲，這樣的說法也是可以爭議的：因
爲模仿的行爲可以因多種類型的電影產生，如智慧型犯罪、暴力
型犯罪搶案等電影，而這些電影有沒有如性電影般被禁播呢？上
述這些不同類型電影對現實世界所可能產生的示範作用，以及可
能產生被模仿的結果，其實都可能是一樣不良的，從這裏就可以
看到性電影之所以被禁止，顯然並不只從示範和模仿的作用及其
結果來考量，進一步的討論就關聯到藝術品所產生的動機或目的
是什麼？也就是說在考量某物是否有藝術性，或考量它是美或不
美之時，需要考慮甚麼是藝術性，甚麼是美的條件，而這層考慮

除了可從結果立論外，也可以從動機或目的立說。

在西方美學史上，康德曾提出一個重要的問題－那就美是什麼？㉒康德主張美感是一無私欲、無目的的觀點，至今仍影響深遠。㉓今天我們假設有一個裸女在前面，我在進行創作的時候，透過反省的層次從眞實的裸女創作出一個裸女的畫像，此時創作者對裸女是無目的（disinterest），並非陷溺在眞實的裸女上，而是在反省裸女的時候把裸女形象化地表達出來。如果將康德的觀點擺在裸女的藝術品上面，我們便可看出藝術與色情一個很大的區分，首先，我在欣賞裸女的時候，我不會直接引發出我的性欲，同時也不會直接去消費裸女，與裸女進行性行為，因為藝術品斷絕了我（創作主體）與產生藝術美感的產品（創作客體）之間的關係，藝術品是一個反省層次的客體，它不是眞實世界的客體。

即使從康德的觀點，論述性電影產生的動機或目的，還是可以爭議。如果我們反對性電影的理由是說，性電影在動機上是以刺激和誘發人的性慾為目的，即所謂色情的，而所謂的藝術則不以刺激和誘發人的性慾為目的，問題是沒有想像那麼簡單。因為創作者的動機是很難推知的，同時很多作品可能本身並沒有呈現任何明顯可見的挑逗目的，但是卻不斷引起人的遐思，如杜甫詩：「花徑不曾緣客掃，蓬門今始為君開」，照一般理解，杜工

㉒　這裡將 A 片與康德美學進行比較是受前揭林芳玫〈A 片與偷拍：再現論與擬象論的色情研究〉一文的啓發。

㉓　參曹俊峰著，《康德美學引論》（天津：天津教育出版社，1999 年 9 月），頁 200-209。劉昌元著，《西方美學導論》（台北：聯經出版事業公司，1985 年 8 月），頁 27-33。

部並沒有任何情色的暗示，但是這一對聯卻被廣泛地運用在有情色指涉的語境裏，難道我們就因此禁止朗誦杜甫詩歌嗎？顯然推測創作者本身是否引發或善誘別人的慾望這樣一個談論的模式，仍然粗糙而不精細。

從對色情的反省我們看到近代康德美學的限制，也許我們可以從大眾文化的興起，理解這一轉向。而大眾文化的產生似乎反映著新的美學認識似乎已經在產生中。在上文中，我們已分別從結果及動機（目的）來反省，下文則從性電影的生產過程進一步考察美的觀念。

性電影文類與後現代美學的一個側面

在反省性電影的產生過程前，從生產過程所理解的文類概念需要先介紹。文類本來是通過歸納相似的創作形式或風格而產生的，但是如果我們跳開以文本形式為定義依據，而從社會建構的立場來看，則文類不只是放在文本的考量之上，而是在文學社區的城市中，作者和讀者所發展出來的一種生產與接納的預期視域，也就是說我們知道如何去期待某一種文類。在文化生產的城市裏面，倘若某一種類型有商業利益可圖的話，文化生產者就會把這一類型定型化，加以大類重複生產擴散，所以就類型本身發展而言，它就會變成狹窄化、僵硬化的型態出現。

我們看到性電影在文化生產層次裏面來說幾乎變成一個類型，連發展的內容都有一定的軌跡可尋，亞當‧朱克思（Adam Jukes）在《為何男人憎恨女人》一書中曾經描述美國性電影慣常出現的情節：

　　影片開始時，總是會出現一個男主角，專心做自己的事情
　　（擦窗戶、送信等），沒有任何慾念，然後無意間看到一

位正在自慰的女人，再不然就是敲門後，出來一個一絲不
掛的女人。接下來可能就是女主角強拉著男主角和她發生
性行為，再不然就是毫無保留的接受男主角的每個舉動。
㉔

從讀者和觀眾的層次來看，它並不在乎故事情節的發展，而
純粹在意的是性的表演。有分析者便曾指出性電影內容發展的極
度相似性，有一定的公式和軌跡可尋，這樣特殊的做法，是大眾
文化極為平常的實況，例如我們常說的連續劇，基本上作者要發
展的軌跡很清楚，從接受者來說，其預期也是很清楚的，在作者
與接受者彼此默契的成，便構成了商品化的類型特色。

但是在這個趨勢中，性電影比一般商品化電影有過之而無不
及。溫蒂・莫艾洛依（Wendy McElroy）在《女人要色》書中提
到美國色情影片業最成功的業者約翰・史達格利艾諾，是把色情
電影從大預算影片轉變成為蓬勃的業餘家庭色情片的關鍵製片
人。這其中的轉變是這樣子的，本來色情影片跟一般影片一樣有
相當的預算、受過訓練的演員、高度的專業技巧，以及情節區曲
折複雜的劇本（如《綠門之後》〔Behind the Green Door〕、《艾
曼紐》〔Emmanuelle〕這類色情影片），後來一轉成為今日坊間
租售的家庭色情影片般拼貼的方式，這些拼貼式的色情影片成長
快速，影片的內容常常是真正的夫妻檔、男女朋友，在自己拍攝
後，賣給批發商，批發商把幾段業餘影片合組在一支片子裏面，
貼上一個標籤便拿去發行了，這個就是拼貼的狀況和它的產生。
㉕

㉔ 亞當・朱克思著、吳庶任譯，《為何男人憎恨女人》，頁 243。
㉕ 溫蒂・莫艾洛依著、葉子啟譯，《女人要色─女性的色情刊物權利》
　（台北：時報文化公司，1997 年 12 月初版），頁 6-11。

　　一般電影至少有一個比較完整的情節安排或故事內容，即使是要剪接，整個剪接工作的目的是構成一定的理序，即便是跳躍性的剪接，最終還是要求片段與片段之間必須呈現一定的關聯性，這樣的剪接才是成功的剪接。當然電影不可能是一個毫不過慮的事實連續發生的歷程，成功的電影必須有一個高明的剪接師，而剪接的目的就在除去不相干的繁縟，又兼顧情節與情節之間連續性，所以無論是形式主義還是現實主義的傳統，莫不強調剪接本身的連續性的要求。㉖但是性電影再產過程裏出現突破一般電影情節的理序性，性電影裏在再產過程裏可以利用原來不同的電影連接成另一新片。因為性電影的重點不在於劇情的鋪排，而在性動作的突顯和消費之上。飯島愛就曾自白說：

> 只進行最需要做的事，然後就趕快結束吧！那些故事、藝術性什麼的都不需要啦！沒有什麼是比早點結束更好的了。…不管是在劇情或是體位的變化，我全部都不要！當然每一部看起來都像是一樣的。…為了讓你看到的都是精彩的畫面，所以把不需要的情節都拿掉。㉗

　　所以性電影就常常將不同電影中含有性動作的部份加以剪裁編輯，連接成為一部所謂「新」電影。這反映一個很奇怪的現象，即它打破了一般電影講究劇情連續性的剪接要求，而同時也顛覆了劇情的連接，它可以說是以很具體的方式宣示了後現代的文學及美學理念。

　　因為在剪接的過程中，我們看到作者已經隱退，甚至可以說

㉖　路易斯・賈內梯著，《認識電影》（北京：中國電影出版，1997年12月初版），頁80。

㉗　飯島愛著，《柏拉圖式性愛》，頁161-2。

作者已經死亡，而在剪接、接拼的過程，我們看到拼貼代替了原創。現代思維中充斥著對原創性的強調，原創性的強調背後代表的是一個強烈的作者的觀念，這意味著這個新的東西乃是作者本身的新創作，原創性是要排拒作者以外東西，是要區隔作者／模效者，原創者／抄襲者之間明顯的疆界，但是拼貼恰好顛覆著區別原創性與抄襲性這樣一個作者傾向的疆界，我們在拼貼裏面看不到作者是什麼，因為作者是被模糊的、是多元的，而在拼貼裏面成為一種「新」創作，這個新創作是以剪接他人的東西成為一個新成品，此反而構成了後現代文化的一個新特色，而性電影恰好彰顯了作者的死亡以及拼貼的情狀。

結　語

人文精神具現人對自身的理解與期盼，從啟蒙以下，人文精神取得豐富而且重要的成就，但是人文精神顯然並非一成不變的，從性電影的初步反省，我們看到原來被邊緣，被禁止的色情，不但滲透、顛覆社會主流價值，甚至它更進而生產、塑造新的社會價值，而看似掌握權力的主流價值，卻反諷的在種種展示權力的禁止中顯示著它自身的衰弱，以及原有的美學依據的限制。筆者認為性電影正具體而微的預示著、呈現著後現代美學的黎明。

【參考書目】

「香港電影信息庫」網站。

David Wood ed., *Derrida: A Critical Reader* (Oxford; Blackwell, 1992)

Edward Donnerstein, Daniel Linz, Steven Penrod, *The Question of*

Pornography: Research Findings and Policy Implications (New York: Free Press; London : Collier Macmillan, 1987)

Edward Laumann el.at, *The Social Organization of Sexuality: Sexual Practices in the United States* (Chicago: University of Chicago Press, 1994).

HerCafe 之「愛情、性、身體親密討論區」，Online：2000/10/25 Available http://hercafe.yam.com/hertalk/herlove/sexuality/。

Kappeler, Susanne, *The Pornography of Representation* (Cambridge, U.K.: Polity Press, 1986).

Linda Lovelace and Mike McGrady, *Ordeal* (New York : Berkley Books, 1983).

Linda Lovelace with Mike McGrady, *Out of Bondage* (Secaucus, N.J.: L. Stuart, 1986.)

Pamela Church Gibson and Roma Gibson, *Dirty Looks: Women, Pornography, Power* (London: BFI Pub., 1993)

Philip Elmer-Dewitt, "Now for the Truth for Americans and Sex," in *Times,* October 17, 1994 Volume 144, No. 16。

Susan M. Easton, *The Problem of Pornography: Regulation and the Right to Free Speech* (London; New York: Routledge, 1994)

布希亞著，洪凌譯，《擬仿物與擬像》（臺北：時報文化公司，1998 年初版）。

亞當‧朱克思著，吳庶任譯，《爲何男人憎恨女人》（臺北：正中書局，1996 年 4 月初版）。

林芳玫著，《女性與媒體再現：女性主義與社會建構論的觀點》（臺北市：巨流出版社，1996 年初版）。

林芳玫著，《色情研究：從言論自由到符號擬象》（臺北：女書
　　文化出版，1999 年初版）。

唐湘龍著，〈飯島愛不幹了〉，文載《中時晚報》，第十版「影
　　視鮮聞」，2000 年 10 月 25 日。

曹俊峰著，《康德美學引論》（天津：天津教育出版社，1999 年
　　9 月）。

湯姆・L・彼徹姆著，雷克勤、郭夏娟、李蘭芬、沈珏譯，《哲
　　學的倫理學》（北京：中國社會科學出版社，1990 年初版）

飯島愛著，《柏拉圖式性愛》（臺北：尖端出版有限公司，2001
　　年 2 月初版）。

溫蒂・莫艾洛依著，葉子啓譯，《女人要色－女性的色情刊物權
　　利》（台北：時報文化公司，1997 年 12 月初版）。

董介白著，〈囚禁女童拍片 周瑞彬自扮主角〉，《中時晚報》，
　　1998 年 4 月 8 日。

路易斯・賈內梯著，《認識電影》（北京：中國電影出版，1997
　　年 12 月初版）。

鄒念祖著，〈羅曼史發人深省 立委期盼新聞局重新思考電檢制
　　度〉，該文載於《明日報》，2000 年 10 月 20 日。Online:
　　2000/10/26 Available http://www.ttimes.com.tw/2000/10/20/enter-
　　tainment/200010200240.html

劉昌元著，《西方美學導論》（臺北：聯經出版事業公司，1985
　　年 8 月）。

謝瀛華等著，《男人，難！新男性研討會》（臺北：宇宙光文化
　　公司，1994 年初版）。

〈美、色與人文片論：性電影的後現代閱讀〉審查意見

黎　活　仁

香港大學中文系副教授

1. 吳教授這篇論文引了很多後現代的理論，內容很豐富，比較從正面去肯定，我個人在情色問題沒有預設的看法，現象總有正反兩面，不妨從反面思考。

2. 我於一九八九年會後修讀了北京大學法律系在香港開設的遠距學位，如是四年，終於修讀完畢。假如從法律基本概念處理的話，情色要靠道德來調整；閱報知道有此案例：一個青少年看了情色錄像帶，受了影響，結果強姦了鄰家的女兒，強姦在大陸會判死刑。這實在令人感慨的事。透過教育和宗教可以解決部分這類社會問題；道德與法律是一種補充；譬如孩子不供養父母，法律沒有效力，但道德會起一定的作用。

3. 道德標準是隨著社會發展浮動，成為修訂法律的基礎，香港的西方教會十分強而有力，在情色問題上一方面會採較開放的態度，另一方面又提示人們，還有更遠大的理想，如是得到制衡，似乎相當理想，也就是說，適度地培埴宗教力量，有助於解決問題。

4. 佛教的現代化、企業化實際上已取得成功，相信可以成為台灣法律制度的補充。（完）